10|18
12, avenue d'Italie — Paris XIIIe

Sur l'auteur

Né à Washington D.C. en 1944, Armistead Maupin passe ses premières années en Caroline du Nord. Après avoir servi dans la marine au Viêt-nam, il s'installe à San Francisco en 1971. C'est en 1976, dans les colonnes du quotidien *The San Francisco Chronicle* – renouant ainsi avec une vieille tradition littéraire du XIXe siècle –, qu'il commence à publier ses *Chroniques de San Francisco* : elles connaissent un succès immédiat. Puis, avec leur publication sous la forme d'une série de six romans, traduits dans toutes les langues et adaptés à la télévision, un événement local s'est transformé en véritable phénomène international. Armistead Maupin a depuis écrit deux autres romans, *Maybe the Moon* et *Une voix dans la nuit*. Il vit et travaille toujours à San Francisco.

Pour plus d'informations, vous pouvez visiter le site Internet « 28 Barbary Lane Online » : www.talesofthecity.com

D'UN BORD À L'AUTRE

PAR

ARMISTEAD MAUPIN

Traduit de l'américain
par Gwenaël HUBERT

10|18

« Domaine étranger »
dirigé par Jean-Claude Zylberstein

LES ÉDITIONS PASSAGE DU MARAIS

Du même auteur
aux Éditions 10/18

Chroniques de San Francisco (t. 1), nº 3164
Nouvelles chroniques de San Francisco (t. 2), nº 3165
Autres chroniques de San Francisco (t. 3), nº 3217
Babycakes (t. 4), nº 3257
► D'un bord à l'autre (t. 5), nº 3283
Bye-bye Barbary Lane (t. 6), nº 3317, *à paraître en août 2001*

Titre original :
Significant Others

ISBN 2-264-02993-5

Note de l'éditeur

Ce roman contient, naturellement, une multiplicité de références — pour la plupart intraduisibles — propres à la culture américaine et à l'époque des années 80. Nous en avons volontairement gardé beaucoup — en anglais — dans l'espoir qu'une telle démarche favorise le dépaysement du lecteur et son immersion dans l'univers de San Francisco. Notre souci constant a néanmoins été de bien veiller à ce qu'elles ne constituent en aucun cas un obstacle au plaisir de la lecture.

Dans le même esprit, nous avons tenu à garder sous sa forme originale l'épigraphe choisie par l'auteur, laquelle se révèle difficilement traduisible de façon satisfaisante.

Enfin, nous remercions Colette Carrière et Tristan Duverne pour leur contribution à l'édition de cet ouvrage.

POUR TERRY ANDERSON, QUI A PRIS SON TEMPS
POUR DÉBARQUER DANS MA VIE.

ET POUR JANE STUART MAUPIN QUI, ELLE,
A TOUJOURS ÉTÉ À MES CÔTÉS.

Note de l'auteur

Le *Bohemian Grove* existe réellement, et j'en ai évoqué les rituels en les modifiant quelque peu, afin de les adapter à la structure du récit.

Le camp de *Wimminwood,* en revanche, relève de la pure fiction, mais je me suis néanmoins inspiré des festivals de femmes organisés dans le Michigan, en Californie, en Géorgie et ailleurs.

Je tiens donc à remercier chaleureusement mes amis des deux « camps ».

If you go down in the woods today
You'd better not go alone.
It's lovely down in the woods today
But safer to stay at home.
For every Bear that ever there was
Will gather there for certain because
Today's the day the Teddy Bears have their picnic.

CHANSON POUR ENFANTS, 1907

Descente au paradis

Presque toujours, Brian s'éveillait naturellement à 4 h 56, ce qui lui laissait quatre minutes entières pour se délecter du corps nu allongé près de lui. Après, l'élégant mais tyrannique « bip-bip » du réveil Braun, sur la table de nuit, animait sa femme qui commençait son marathon matinal.

Ce jour-là, vu qu'il lui restait trois minutes, il roula vers elle pour se lover doucement contre son dos en lui entourant la taille. Parce que ainsi Mary Ann se réveillait parfois en sursaut, cette étape n'était pas sans risque.

Il enfouit son visage dans son cou, puis parcourut avec son index les courbes du nombril désormais lisse et ferme grâce aux séances d'aérobic qui l'avaient miraculeusement transformé en petit coquillage rose. Elle remua un peu, ce qui l'incita à plaquer sa main sur son corps pour éviter de la chatouiller et pour vérifier si leurs respirations étaient toujours synchronisées.

Deux minutes avant la sonnerie, il glissa doucement son genou entre les jambes de sa femme et la serra plus fort contre lui. Elle émit de faibles gémissements, puis toussa pour s'éclaircir la gorge. Il relâcha alors son étreinte, craignant de l'écraser, mais elle lui chuchota qu'elle se sentait bien ainsi. Elle avait besoin de ce moment privilégié autant que lui.

Les Français se trompaient à propos de *la petite mort.* Selon lui, la petite mort ne correspondait pas tant à une soudaine baisse d'énergie après l'amour qu'à ces quelques instants d'excitation qu'il savourait encore avant que les exigences professionnelles de Mary Ann ne la conduisent à bondir hors du lit, pour se diriger vers les toilettes et la cafetière.

Un autre instrument bien militaire, que cette cafetière ! À ce moment même, tandis qu'il caressait à nouveau le nombril de Mary Ann, l'appareil, dans la cuisine, était en train de moudre ses grains. Ce bruit la tira de sa torpeur et elle toussa une nouvelle fois avant de parler.

— Tu aimes ? demanda-t-elle.

— Quoi ?

— Mon nombril.

— Mmm.

— Il m'a fallu sept cents heures pour obtenir un tel résultat, dit-elle. J'ai calculé.

Il rit de l'obsession des chiffres qui gouvernait l'existence de Mary Ann. « Tout a un prix », lui disait-elle. En ce moment, c'était son sujet préféré.

Elle se retourna dans ses bras et enfonça un doigt dans son nombril à lui.

— Hé, marmonna-t-il, ne sachant pas s'il s'agissait d'un geste de tendresse ou de reproche.

Elle remua son doigt.

— Attention, si tu t'aventures là-dedans, nous allons devoir organiser une expédition de secours !

Il s'attendait à ce qu'elle proteste gentiment, mais ce ne fut pas le cas. Il n'eut même pas droit à un petit : « Et puis quoi encore ? », mais elle se contenta de retirer son doigt et s'appuya sur le coude.

— Bien, annonça-t-elle, je pense qu'il faut que je me lève.

Il se garda bien d'émettre la moindre objection, sinon il aurait à subir l'énoncé classique du régime cryptofasciste de ses matinées. Aérobic à 6 heures. Bol de céréales à 7 heures. Réunion avec le producteur à 7 h 30. Maquillage à 8 heures. Réunion avec l'équipe de 9 heures à 9 h 30, suivie des prises de vues pour la bande-annonce de l'émission du lendemain, puis d'une discussion dans les loges avec les célébrités du jour. Pour l'animatrice la plus célèbre de San Francisco, la vie allait à cent à l'heure.

— Quel est le sujet, aujourd'hui ? s'enquit-il.

— Grosse et mannequin, répondit-elle.

— Quoi ?

— Tu sais bien : ces espèces de truies qui présentent les collections de mode destinées aux femmes fortes et jolies.

— Oh !

— C'est un énorme business.

Elle rit.

— Pardonne-moi ce jeu de mots.

Elle l'enjamba d'un saut et sortit du lit en bâillant bruyamment.

— Le livre est sur la coiffeuse, si tu veux jeter un œil dessus.

Tandis qu'elle se dirigeait vers la salle de bains, il réfléchit un moment aux cinq kilos qu'il avait en trop au niveau de la taille, puis se leva pour aller prendre sur la coiffeuse le livre, avec lequel il retourna se coucher. Il alluma la lumière de la table de nuit et examina la couverture. Elle portait le titre suivant : *Plus grosse que nature — Confessions de la grosse femme la plus belle du monde.* L'ouvrage était écrit par Wren Douglas.

Une splendide photo de star retouchée semblait confirmer le titre. Il est vrai que la femme était grosse, mais son visage, avec des lèvres toutes rouges, un nez parfait et d'immenses yeux verts débordant de gentillesse et de provocation, ressemblait à celui d'une déesse. Ses cheveux de jais encadraient tout cela admirablement, tombant en cascade sur son décolleté dont le sillon semblait vouloir rivaliser avec la faille de San Andreas.

— Qu'est-ce que c'est que ça ? demanda Mary Ann en brandissant le rouleau d'essuie-tout que Brian avait laissé la veille dans la salle de bains.

— On n'a plus de papier hygiénique, répondit-il en haussant les épaules.

Brian se serait bien passé de ce genre de questions à 5 heures du matin.

Le réveil sonna.

— Ta gueule ! cria-t-il vers l'engin, qui s'arrêta avec docilité au son de sa voix.

Mary Ann grogna et, avec colère, frappa violemment le rouleau d'essuie-tout contre sa jambe.

— J'avais demandé à Nguyet de s'assurer que nous en aurions suffisamment pour...

— Je le lui dirai, concéda-t-il. Moi, elle me comprend mieux.

Nguyet l'aimait mieux aussi, mais il ne le préciserait pas. Depuis qu'il avait découvert qu'elle ne faisait pas la différence entre une bombe d'insecticide et un produit pour lustrer les meubles, il avait établi une relation particulière avec la domestique vietnamienne. Le pacte du silence qu'il avait instauré au sujet de l'incident semblait la moindre des choses à observer à l'égard d'une malheureuse femme dont l'oncle avait été tué au cours d'un bombardement américain sur le delta du Mekong.

— C'est juste un problème de langue, ajouta-t-il. Elle fait des progrès, tu sais. Vraiment.

Mary Ann soupira et retourna dans la salle de bains.

Il éleva la voix pour qu'elle l'entendît bien :

— Tu n'en mourras pas, d'utiliser de l'essuie-tout. Prends ça comme une expérience enrichissante.

— D'accord, marmonna-t-elle.

— Ça pourrait faire un sujet d'émission, proposa-t-il sur un ton amusé. Une nouvelle maladie redoutable...

Cela ne la fit pas rire.

— Rendors-toi, lui dit-elle. Tu vas réveiller Shawna.

Il savait ce qu'elle était en train de faire : elle lisait *USA Today* pour se préparer à l'émission et se mettre au courant des quelques petites choses qui l'empêcheraient d'avoir l'air stupide à l'antenne.

Il reprit le livre pour y étudier de nouveau le visage de la grosse femme la plus belle du monde. Puis il éteignit la lumière, se réfugia sous la couette et retomba dans le sommeil presque immédiatement.

Il rêva d'une femme dont les seins étaient aussi gros que des pastèques.

Lorsqu'il se réveilla pour la deuxième fois, sa jambe gauche découverte était investie par sa fille, qui menait à bien une manœuvre à la Rambo. Elle poussait un char en plastique vert le long de sa cuisse, dans un effort évident pour vaincre les collines velues qui s'étendaient au-delà. Pour le réveiller, plutôt qu'un traditionnel « Lève-toi, papa », Shawna choisissait immanquablement une sorte de jeu guerrier.

Il resta sur le ventre et fit retentir dans l'oreiller un grognement de monstre semblable à ceux des dessins animés.

Shawna cria de joie et laissa tomber le char entre les jambes de son père. Il se retourna, empoigna sa fille et l'envoya rouler sur le lit.

— Est-ce que c'est ma petite Puppy ? Miam-miam ! Le monstre mange des chiots bien dodus au petit déjeuner !

Il ne savait plus très bien comment cette histoire de « Puppy » avait commencé, mais Mary Ann et lui utilisaient tous les deux ce surnom. Étant donné le dégoût de Mary Ann pour le prénom donné à l'enfant à sa naissance, c'était peut-être simplement une manière pour eux d'éviter le problème sans manquer de respect aux morts.

Après tout, Connie avait choisi ce nom-là pour l'enfant, et elle était morte en lui donnant la vie : ils ne pouvaient pas lui choisir un nouveau prénom comme on le fait pour les animaux qui changent de maître.

Était-ce vraiment cela que « Puppy » signifiait ? Quelque chose qui ne leur appartenait pas ? Un animal qu'ils avaient ramassé à la SPA ? Ce surnom blesserait-il Shawna quand elle serait suffisamment grande pour en comprendre toutes les implications ?

Il attrapa sa fille par la taille et la leva en l'air comme un avion.

La petite fille écarta les bras et poussa un cri aigu.

Brian se propulsa en avant, ce qui la fit monter comme une flèche, mais il retomba maladroitement, les fesses sur le petit char vert.

— Nom de Dieu ! Puppy, c'est quand même pas maman qui t'a acheté ça ?

Elle réussit à garder un visage impassible, jouant toujours à faire l'avion.

Il la redescendit sur le lit et extirpa de sous son postérieur l'engin de guerre incriminé.

— C'est à Jeremy, n'est-ce pas ? Tu as encore fait un échange.

L'enfant restait muette.

— Je ne l'ai pas acheté, maman non plus, et je sais que tu ne prends pas les choses qui ne t'appartiennent pas.

Elle secoua la tête.

— J'ai faim, fit-elle.

— Ne change pas de sujet, jeune fille.

Shawna s'assit sur le bord du lit et laissa pendre sa tête en lui faisant faire des demi-cercles. En dernier ressort ce petit charlatan essayait de faire la maligne.

— Contre quoi l'as-tu échangé ? demanda-t-il.

La réponse fut inintelligible.

— Pardon ?

— Ma *Preemie,* dit-elle.

Elle glissa du lit, arrachant un petit bruit sourd à la luxueuse nouvelle moquette, puis expliqua :

— Ma première poupée *Cabbage Patch* !

Le ton de Shawna indiquait qu'il s'agissait d'une simple affaire de troc qui ne le regardait absolument pas.

Cela aurait dû le mettre en colère, mais il ne pouvait s'empêcher de sourire en imaginant la scène qui ne manquerait pas de se produire chez les copropriétaires qui habitaient de l'autre côté du couloir : Cap Sorenson, reaganien pur et dur, rentrant chez lui après une dure journée d'informatique et de tennis, pour tomber sur son petit soldat en train de jouer à la maman avec une poupée *Cabbage Patch.*

Shawna tira sur le bras de son père.

— Viens, papa !

Il jeta un coup d'œil au réveil : 7 h 37.

— D'accord, Puppy, va chercher une cassette.

C'était son stratagème habituel pour la faire sortir de la chambre tandis qu'il enfilait son peignoir. Lui s'en fichait un peu, mais Mary Ann pensait qu'il n'était « pas souhaitable » qu'il se baladât tout nu devant sa fille. Et Mary Ann était censée savoir de quoi il retourne : c'était elle qui animait des talkshows.

— Non, dit Shawna.

— Qu'est-ce que tu veux dire par « non » ?

— Pas cassette. Veux voir Anna.

— On ira la voir, Puppy, mais pas tout de suite. Anna dort. Vas-y, maintenant... Va chercher un film. Maman t'a apporté *Peter et Elliott, Popeye,* et je pense qu'il y a...

L'enfant poussa un long gémissement. Elle rampa militairement à la surface de la moquette, laissant un sillage soyeux dans son épaisseur bleu pastel. Il ne pouvait s'empêcher de se demander si élever un enfant relevait d'un savoir-faire lié à l'âge, comme pour faire la guerre, activité supportable et peut-être même stimulante lorsqu'on a vingt ans, mais futile à quarante.

Il regarda sa fille dans les yeux et s'adressa à elle en utilisant son nom de baptême pour lui montrer qu'il était sérieux.

— Je veux que tu ailles chercher une cassette avant que papa ne soit trop en colère contre toi. Nous irons voir Anna plus tard.

La lèvre inférieure de Shawna tomba net, mais il fut obéi. Quand l'enfant eut disparu, il tituba vers la salle de bains et se brossa les dents. Le sol était encore mouillé des ablutions frénétiques de Mary Ann ; il l'essuya donc avec une serviette humide qu'il lança ensuite dans le panier à linge.

Il hésita avant de se peser, mais décida que l'horrible vérité constituait un antidote infaillible aux beignets à la confiture qu'il s'était offerts sans modération jusque tard dans la nuit. La balance le surprit : il avait perdu deux kilos en quatre jours.

Il ne comprenait pas, mais il n'était pas du genre à mal accueillir les cadeaux du ciel.

Au petit déjeuner, Shawna piqua sa crise de colère habituelle. Cette fois, son yaourt n'était pas de la bonne couleur et il n'y avait pas suffisamment de Perrier pour faire pétiller son jus d'airelle... Se lasserait-elle jamais de le mettre à l'épreuve ?

Après, selon la coutume, il lui laissa choisir ses vêtements pour la journée. Elle opta pour un col roulé vert en coton, avec des coccinelles sur les manches, et un 501 modèle réduit. Il l'habilla, puis la laissa sous la garde de Robin Williams et du magnétoscope, tandis qu'il se changeait et enfilait sa propre version de son ensemble à elle.

Il était 8 h 46 quand il alla à la fenêtre pour observer

vingt-trois étages plus bas le canyon vert et feuillu de Barbary Lane. À cette hauteur, la cour d'Anna Madrigal n'était rien de plus qu'un timbre-poste d'un brun clair, mais il distinguait une silhouette qui se promenait avec insouciance autour de ce périmètre.

La logeuse donnait son coup de balai matinal et brandissait son ustensile avec tellement de vigueur que ce rituel semblait plus relever de l'exercice physique que de considérations pratiques sur la propreté. Plus tard, elle avait l'habitude de traverser le timbre en diagonale pour s'asseoir sur le banc à côté du massif d'azalées. Malgré son côté libre-penseur très nettement affiché, c'était un personnage plutôt prévisible.

Il leva les yeux de la cour pour admirer la vue. La ville s'étendait devant lui, immense. La baie et le ciel allaient du Mount Diablo à Angel Island et au-delà.

Il n'y avait ni tuyau de cheminée ni branche d'eucalyptus pour gêner la vue, aucune cage d'escalier de service disgracieuse ni éminence rocheuse encadrant injustement quelque petit morceau d'océan. La vue dont ils jouissaient au Summit était un sacré panorama.

Parfois, quand il fixait l'horizon suffisamment longtemps, leur salle de séjour gris foncé, tirant sur le vert, perdait complètement son aspect familier et devenait la salle de conférences d'un jet de fonction dont les ailes s'inclinaient pour saluer le bâtiment de la Bank of America.

Aujourd'hui, la clarté du ciel et la transparence de l'atmosphère n'apprenaient rien sur le brasier qui faisait rage à cent kilomètres au sud de la ville. Là-bas, pourtant, au milieu des broussailles cassantes des montagnes de Santa Cruz, l'incendie qui avançait sur un front de dix kilomètres avait déjà noirci six cents hectares et chassé cinq mille personnes de leur domicile.

Mais pas ici, pas au Summit. La nature s'arrêtait bien avant.

Il s'interrogeait parfois sur la préposition appropriée. Devait-il dire qu'il vivait *au* Summit, *dans* le Summit ou *sur* le Summit ? En général, quand on insistait, il avouait vivre au 999 Green et en restait là.

L'embarras qu'il pouvait éprouver se justifiait pleinement. Pendant presque huit ans, le maudissant quotidiennement, il avait vécu dans l'ombre de ce monstre en béton de proportions gigantesques. Maintenant, parce que sa femme avait insisté et qu'il vivait à ses crochets, il était passé à l'ennemi d'une manière spectaculaire.

Ils l'avaient fait pour Shawna, pour la sécurité. Et parce qu'ils étaient gagnants sur le plan fiscal. Ils l'avaient fait aussi parce que Mary Ann voulait pour son « style de vie » (la malheureuse avait réellement employé ce mot !) un cadre plus luxueux que ce vieux havre du 28 Barbary Lane.

Mme Madrigal l'avait bien pris, mais Brian savait que leur départ lui avait causé de la peine. Son sens de la famille en avait été froissé. Même maintenant, cinq mois après leur départ, leur ancien appartement restait inoccupé comme si quelque chose y était mort.

C'était d'ailleurs peut-être bien le cas.

La vie avait changé, à présent : il en était conscient. Le Brian qui avait été serveur chez *Perry* ne ressemblait guère à la version postmoderne du nouveau Brian Hawkins.

Le nouveau Brian conduisait une Jeep de vingt mille dollars. Il possédait trois smokings et un blouson d'aviateur doublé en vison de chez Wilkes, qu'il portait seulement lorsqu'il prenait la Jeep. Il avait sa table au *Pier 23,* où il déjeunait entouré de la meilleure société.

Quand le nouveau Brian allait à une soirée, il se retrouvait habituellement à parler entre hommes avec le mari du maire ou celui de Danielle Steel, et même, ce fut une fois le cas, avec l'époux de Geraldine Ferraro.

Bon, d'accord, il était devenu lui aussi une sorte de prince consort.

Mais même ça, ça demandait des compétences, non ?

Et qui pouvait dire qu'il ne faisait pas partie des meilleurs ?

Quand Shawna se fut lassée de la télévision, il l'aida à enfiler son coupe-vent et lui fit des recommandations pour le bout de chemin à faire jusqu'à Barbary Lane. Il y avait deux conditions : ne pas hurler dans l'ascenseur comme si on l'écharpait et ne pas montrer le portier du doigt en criant : « Mister T ! »

Elle lui obéit, chose miraculeuse, et ils atteignirent Green Street sans accroc. Alors qu'ils marchaient sur les hauteurs de Russian Hill, il se sentit curieusement des jambes de plomb, et quelques battements au niveau de ses tempes lui annoncèrent une migraine.

Si c'était la grippe, ce n'était vraiment pas le moment : quatre événements majeurs étaient inscrits au programme, rien que pour la semaine suivante.

Shawna insista pour qu'il la porte dans ses bras quand ils descendirent la pente la plus raide de Leavenworth, mais elle retourna au sol en se tortillant dès qu'ils arrivèrent à l'escalier en bois délabré qui conduisait à Barbary Lane.

— Les marches d'Anna, dit-elle.

Elle reconnaissait toujours les frontières d'un autre duché. La ruelle, après tout, appartenait à Mme Madrigal. Même les adultes le savaient.

Il y avait là une pancarte qui confirmait la souveraineté de la logeuse : SAUVEZ LES MARCHES DE BARBARY *— De froids technocrates insensibles projettent de remplacer nos bien-aimées marches en bois par des horreurs en béton. C'est le moment de réagir. Contactez Anna Madrigal, 28 Barbary Lane.*

« Anna a bougrement raison de leur mener la vie dure », pensa-t-il.

Cependant, il prit la main de Shawna lorsque les

planches bien-aimées couvertes de moisissures craquèrent dangereusement sous leurs pas. En haut, là où le sol était hérissé de tiges de fenouil sec coupées, il la laissa aller, la regarda se faufiler entre les poubelles et arriver dans l'obscurité chargée de l'odeur des eucalyptus. Elle avait l'air d'une enfant qui rentrait chez elle.

Au moment où il atteignit le premier groupe de maisons, elle était déjà en train de taquiner Boris.

— Doucement, lui dit-il, c'est un vieux minou. Ne le caresse pas si fort.

D'un geste brusque, en pérorant à la manière d'un savant fou, elle ôta sa main du chat tigré puis remonta l'allée à toute allure. Le chemin, pavé à cet endroit de pierres concassées, était traître, même pour les adultes.

— Ralentis, Puppy. Tu vas encore te faire mal.

Il la rattrapa, lui prit la main et l'emmena vers la partie plus large et aplanie de l'allée.

— Tu te souviens du numéro d'Anna ? demanda-t-il à l'enfant.

Elle ne s'en souvenait évidemment pas.

— C'est le 28, dit-il, en éprouvant instantanément un sentiment de stupidité.

Pourquoi fallait-il qu'elle apprît *cela* ?

Parce que la maison au bout de l'allée représentait tout ce qu'il avait à donner à un enfant.

C'était tout ce qu'il connaissait, son seul livre d'histoires.

La porte conduisant au porche était ouverte.

La logeuse se tenait debout dans la cour, penchée sur son plant d'herbe — de la sinsemilla — le plus développé. Avec une pince à épiler, elle en arrachait les feuilles pour faire monter la sève magique. L'opération semblait aussi délicate qu'une intervention chirurgicale, mais elle chantonnait un joyeux refrain.

Shawna fonça dans la cour et alla se perdre dans les

plis de la jupe en mousseline pâle de Mme Madrigal. La logeuse poussa un cri de surprise en laissant tomber la pince à épiler, puis elle se mit à rire avec l'enfant.

— C'est le FBI, plaisanta Brian en arborant un large sourire.

Mme Madrigal baissa les yeux sur la petite créature cramponnée à sa jambe et lui caressa les cheveux affectueusement.

— Vous lui avez manqué, reprit Brian. Cela fait deux jours entiers.

Les immenses yeux bleus de la logeuse se tournèrent d'un seul coup vers lui. Elle lui adressa un faible sourire avant de reporter son attention sur Shawna.

— Tu m'as manqué aussi, dit-elle à l'enfant.

C'était bête mais il se sentait un peu jaloux de l'attachement profond et total que vouait Mme Madrigal à Shawna.

— J'ai vu votre pancarte, déclara-t-il, cherchant à lui faire plaisir. Ces salauds vont vraiment démolir les marches ?

La logeuse hocha la tête calmement.

— Si on ne se défend pas.

Il remarqua qu'elle avait dit « on ». C'était quelque chose d'important, pour lui : elle le considérait toujours comme un membre de la « famille ».

— Eh ben... Si je peux faire quoi que ce soit pour vous aider...

— En fait, oui.

— Super !

— Je pensais que peut-être, si Mary Ann en parlait dans son émission... Tu sais, juste quelques mots sur la sauvegarde de notre patrimoine, ce genre de truc.

En attendant sa réponse, elle jouait avec une fine mèche de cheveux qui bouclait sur sa tempe.

— Ouais... finit-il par dire. Enfin, bien sûr... Je pourrais lui en toucher un mot. Mais le format de l'émission est très rigide.

Il faisait maintenant marche arrière car il se souvenait de l'aversion de Mary Ann pour ce qu'elle appelait les « nunucheries locales ». La croisade de Mme Madrigal tomberait vraisemblablement dans cette catégorie.

La logeuse lisait en lui comme dans un livre.

— Je vois... murmura-t-elle.

— Je lui dirai quand même. Je suis sûr qu'elle en sera bouleversée.

Mme Madrigal l'observa attentivement pendant un moment, presque avec nostalgie, puis elle se mit à scruter le sol autour d'elle.

— Alors, où ce truc a-t-il bien pu se fourrer ? Shawna chérie, va voir si la pince à épiler d'Anna n'est pas dans ce lierre, là-bas.

Il pensa un instant implorer son pardon, puis il masqua sa gêne derrière un ton frivole.

— Hé ! lâcha-t-il. Vous devriez laisser pousser vos ongles.

Maintenant à quatre pattes, Mme Madrigal leva les yeux vers lui.

— Pourquoi ça, mon chéri ?

— Vous savez, comme ces femmes au foyer de Humboldt County ! Elles disent que ça marche bien mieux que la pince à épiler.

Elle traita cette ineptie avec sa grâce habituelle :

— Ah oui, je comprends.

Elle se tut à nouveau, continua ses recherches jusqu'à ce qu'elle trouve la pince, puis se leva et se frotta les mains sur sa jupe.

— J'ai essayé ça, autrefois... de me laisser pousser les ongles.

Elle retint son souffle et secoua la tête.

— Il aurait fallu que je sois aussi courageuse qu'un homme, pour y arriver.

Brian s'esclaffa, extrêmement soulagé. Dans le répertoire de Mme Madrigal, faire une blague était une façon d'accorder son pardon. Quand elle fixa ses yeux sur lui, ils étaient remplis de leur vieille espièglerie familière. Il décida de profiter de l'occasion.

— Je me demande, risqua-t-il, si vous ne pourriez pas me rendre un grand service.

Elle le regarda un moment, puis baissa les yeux pour s'adresser à l'enfant accrochée à sa jupe :

— Tu veux que je te dise, mon enfant ? Va voir sur le sofa, dans la maison. Il y a là un nouvel ami pour toi.

— Un *Gobot* ? demanda Shawna, l'air sceptique.

— Tu verras. Fais bien attention aux marches. La porte est ouverte.

Comme l'enfant s'éloignait à pas hésitants, le visage de Mme Madrigal s'épanouit en un large sourire admiratif.

— Elle est vraiment très mignonne.

— Qu'est-ce que vous lui avez encore déniché ? voulut-il savoir.

— Juste un animal en peluche, marmonna-t-elle.

Cela le gênait un peu, que la logeuse dépensât de l'argent pour Shawna.

— Vous n'auriez vraiment pas dû, dit-il.

Elle lui adressa un sourire légèrement je-m'en-foutiste, puis demanda :

— Quel genre de service ?

— Eh bien, mon neveu vient en ville pour quelques jours, et je me demandais si... s'il ne pourrait pas loger dans notre ancien appartement.

Elle cligna des yeux.

— Si ça vous pose problème, s'empressa-t-il d'ajouter, dites-le et je...

— Quel âge a-t-il ?

— Euh... dix-huit ans, je pense. Peut-être dix-neuf.

Elle hocha la tête :

— Bon... Il n'y a pas de meubles, bien sûr. Mais j'ai un lit de camp au sous-sol et peut-être une commode.

Elle tapota sa lèvre inférieure avec son index. Manifestement, ses réflexes maternels fonctionnaient encore. Cela réconforta Brian, de savoir qu'il pouvait toujours lui procurer ce plaisir.

— Il s'appelle Jed, dit-il. Il prépare ses études de droit à Rice University. C'est tout ce que je sais, mis à part qu'il est probablement hétéro.

La logeuse lui décocha un sourire malicieux.

— C'est ce qu'il t'a dit ? Qu'il était probablement hétéro ?

Cela le fit rire.

— Bon, accorda-t-il, actuellement, il a le béguin pour Bruce Springsteen, j'ai donc supposé qu'il l'était.

— Attends une minute...

— C'est la théorie de Michael : demandez-lui de vous l'expliquer. Il prétend que chaque génération produit un artiste masculin qu'on permet aux mecs hétéros d'adorer. Ç'a été Mick Jagger pendant longtemps, maintenant c'est Bruce Springsteen. Je pense donc que le gamin est hétéro.

— Toi et tes théories de cinglé !

— Ce n'est pas ma théorie. J'ai seulement...

Brian s'interrompit, se rendant compte qu'elle avait adressé ses remarques à Michael qui venait d'entrer dans la cour d'un pas nonchalant.

— Qu'est-ce que j'ai encore fait ? demanda Michael.

Brian lui sourit.

— J'étais seulement en train d'expliquer ta théorie sur Bruce Springsteen.

— C'est vrai, dit Michael. Pour lui, les hétéros sont prêts à virer leur cuti.

Mme Madrigal se tourna vers Brian :

— Est-ce qu'il t'inclut dans cette généralisation hâtive ?

— Bien sûr ! lança Michael. Pour le Boss, il serait prêt à tout.

Michael jeta une œillade coquine dans la direction de Brian.

— Je veux dire : s'il te le demandait, non ?

Brian adorait la manière dont Michael lançait des piques à ses amis.

— T'es qu'un petit con, répliqua-t-il à sa manière.

— Je pense que c'est super, continua Michael. Springsteen a fait des miracles pour les mecs qui s'appellent Bruce. C'était un prénom à forte connotation péjorative, avant.

Il s'arrêta un moment.

— Je suis en retard, les amis. J'aimerais rester et discuter en détail de tout ceci, mais... Wren Douglas n'attend pas.

Brian eut besoin d'un moment pour associer le nom à une personne. Puis le visage et les seins de la femme dansèrent dans sa tête comme les images d'un film érotique.

— Oh, ouais : le gros mannequin. Tu la connais ?

— Non, mais je l'admire beaucoup. Mary Ann m'a eu un billet pour l'émission d'aujourd'hui.

Mme Madrigal eut l'air perplexe :

— Elle est... euh... elle pèse lourd ?

— Certes, répondit Brian, mais elle est plutôt sexy.

— *Plutôt ?* aboya Michael sur un ton indigné et surpris. Et pourquoi pas *très* ?

Brian lança un regard complice à la logeuse :

— Il s'y connaît, non ?

Michael se dirigea vers le porche, s'arrêtant brièvement pour renifler un bourgeon de la sinsemilla de Mme Madrigal. Il simula un léger évanouissement théâtral à son intention, puis il déclara :

— Vous feriez mieux de faire attention : on coince les gens pour ça, maintenant.

— Bien ! dit la logeuse qui resta de marbre. Si par hasard Mme Reagan faisait un saut pour le thé, j'espère que tu me préviendrais à temps.

Mme Madrigal accepta de garder Shawna pendant quelques heures. Brian en profita pour aller faire des courses au Searchlight Market (du Pepsi sans sucre, un paquet de Milky Way et le nouveau dentifrice doseur Colgate) avant de rentrer au Summit. De retour au vingt-troisième étage, il trouva Nguyet en train de faire les carreaux de la cuisine avec ce qui semblait être le dernier rouleau d'essuie-tout.

Il se rappela alors avoir oublié d'acheter du papier hygiénique.

« Qu'est-ce qu'on utilise quand il n'y a plus d'essuie-tout ? »

— Euh... Nguyet ?

La femme de ménage s'arrêta de faire les carreaux et le regarda en souriant avec inquiétude.

— Cet après-midi... quand tu iras faire des courses... Achète du papier toilette, d'accord ?

Le sourire de Nguyet s'évanouit : elle ne suivait plus.

— Du papier toilette... tu sais bien...

Il envisagea de mimer la chose, puis renonça à cette idée. Finalement, il alla à la salle de bains et revint avec le petit rouleau en carton.

Le visage de Nguyet rayonnait de compréhension.

— Ah, dit-elle, Shommin !

— Si tu veux, répliqua-t-il. Shommin. Achète du Shommin cet après-midi, d'accord ?

Elle hocha la tête énergiquement et retourna à ses travaux, l'observant du coin de l'œil en train de fouiller le placard pour en sortir une boîte de filtres à café Melitta n° 4.

Papier en main, il se dirigea vers les toilettes. La monumentale Wren Douglas, qui le regardait depuis la table de nuit, l'arrêta dans sa trajectoire. Admiratif, son sexe gonfla. Il fit donc un rapide détour et prit le livre avec lui.

Vanessa Williams n'aurait qu'à attendre.

Wren en chair et en os

Réveillée tard dans la suite qu'elle occupait au *Fairmont Hotel,* Wren Douglas commanda un petit déjeuner copieux, puis entra tranquillement dans la salle de bains pour faire l'inventaire des nombreux échantillons de shampooings et de crèmes qui l'attendaient inévitablement.

Les chambres d'hôtel, c'était vraiment le bon côté d'une tournée promotionnelle pour un livre, avec ces échantillons que l'on pouvait emporter, les grands lits avec leurs draps rabattus et les bonbons à la menthe sur l'oreiller, les serviettes parfumées et moelleuses, les toilettes aux chasses d'eau silencieuses et les postes de télévision cachés dans des armoires, prêts à offrir le réconfort transcontinental de Mary Tyler Moore.

C'était sa seizième ville en trois semaines. Son petit topo sur les gros lui donnait l'impression d'être devenue un vieux disque rayé, plus qu'usé. Elle ne supportait plus le son de sa voix et encore moins ces présentateurs télé style Ken et Barbie qui lui posaient habituellement les quatre mêmes questions.

Étiez-vous une enfant obèse ? (« Oui, j'étais déjà un gros fœtus. »)

Pensez-vous que les femmes américaines soient tyrannisées par cet engouement actuel pour la forme et la santé ? (« Pas nécessairement. Tout le monde devrait être au meilleur de sa forme, y compris les personnes fortes. La tyrannie commence à partir du moment où l'on nous dit que nous devrions tous avoir l'air semblable. »)

Quelles sont vos mensurations ? (« Quatre-vingt-onze kilos... cent trente-deux, quatre-vingt-quatorze, cent quarante-cinq... un mètre soixante-douze. »)

Selon vous, quelles sont les raisons pour lesquelles vous êtes devenue un sex-symbol international ? (« Ça me dépasse, mon chou. Certains mecs craquent pour les femmes aux formes plantureuses, c'est comme ça. »)

Toutes ces reparties superficielles commençaient à lui rester en travers de la gorge comme autant de corn flakes secs. Elle comptait maintenant les jours et les villes ; il ne lui restait plus qu'à aller à Portland et à Seattle, jusqu'à ce que le dernier vol la ramène comme par magie à Chicago, dans son grenier, avec son chat et son bel amant cubain toujours en érection.

Non pas qu'elle eût été en manque de marques d'attention pendant la tournée. Il y avait eu ce cameraman culturiste à Miami, remarquablement musclé et si imprévisible. Et puis cet adorable jeunot à Washington, qui l'avait emmenée dîner, lui avait abandonné sa virginité et l'avait reconduite à l'aéroport le lendemain en sifflant tout le long du trajet. Horizontalement parlant, elle s'était bien débrouillée.

Dans la salle de bains, elle monta sur la balance. Elle avait presque peur de regarder les chiffres qui s'affichèrent.

Quatre-vingt-sept ! Ses pires craintes étaient confirmées ! Les rigueurs de la tournée lui faisaient perdre du poids très vite. Si elle ne retrouvait pas ses formes bientôt, la une des journaux cesserait de célébrer le sex-symbol de quatre-vingt-dix kilos et elle frémit, suffoquant à la seule pensée qu'elle ne serait plus dans le coup si son postérieur continuait à perdre du volume.

Elle savoura ce dilemme ridicule, puis se lava le visage avec un savon anglais à la violette.

Dans peu de temps, on lui servirait des crêpes aux myrtilles pour que tout rentre dans l'ordre.

Quarante-cinq minutes plus tard, elle attendait sa limousine devant le *Fairmont.* Elle était parée de sa tenue de scène préférée : une robe turquoise, décolletée et cintrée, ceinturée de cuir marron.

La ceinture et ses bottines — modèle à lacets de

style victorien — lui donnaient l'allure, pensait-elle, d'une dominatrice facile à vivre. Elle se sentait de plus en plus nerveuse et devait retrouver toute son assurance pour affronter ses interviewers.

Le physique de son chauffeur fut une bonne surprise : jeune et brun, de type très nettement italien, avec des lèvres qu'elle aurait bien mâchées toute une nuit. Tandis qu'il descendait California Street à toute allure pour l'emmener à son rendez-vous aux studios, elle lui demanda ce qu'il savait à propos de l'émission.

— Pas grand-chose, répondit-il. Juste que... ça s'appelle *Mary Ann le matin.*

Elle laissa échapper un faible gémissement. Elle imaginait déjà la nénette.

— Ma p'tite femme la regarde, dit le conducteur. C'est vachement populaire. Mary Ann reçoit... enfin, vous savez bien : des stars comme vous... Lee Iacocca, Shirley MacLaine, le gosse de Pat Boone qui a cette maladie...

— Je vois.

— Je vous ai regardée dans l'émission de Carson, l'autre soir.

— Oh... vraiment ?

Elle détestait qu'on la laissât dans l'incertitude. Qu'était-elle donc supposée dire ?

— Vous étiez bien.

— Merci.

— Nous avons le même âge. J'ai remarqué ça tout de suite. Vous avez vingt-huit ans et j'ai vingt-huit ans.

— Sans blague...

Il rit et la regarda par-dessus son épaule.

— Ma p'tite femme est assez forte, aussi.

— Ouais ?

— Pas aussi forte que vous, j'veux dire. Pas aussi forte que j'aimerais.

— Je vous comprends.

— J'les aime vraiment grosses. Comme vous... si ça ne vous dérange pas que je parle comme ça.

Elle trouva son petit flacon d'Obsession, en vaporisa ses seins et fit baisser sa voix d'un octave.

— Pas du tout, le rassura-t-elle.

— J'veux pas avoir l'air d'un...

— Qu'est-ce qu'on a de prévu cet après-midi ?

— Vous voulez dire... après l'émission ?

— Ouais.

Il réfléchit un instant :

— Juste une apparition.

— Où ?

— Vous savez... un de ces magasins *Pretty and Plump,* sur la péninsule.

Elle laissa tomber l'atomiseur dans son sac.

— Et ensuite on est libres jusqu'à demain ?

— C'est ça.

— Donc... on a le temps.

Elle sentit le léger coup de volant qu'il donna, mais il retrouva ses esprits instantanément. Ses lèvres charnues et appétissantes s'ouvrirent en un sourire compréhensif.

— Bien sûr, acquiesça-t-il. On a le temps.

Dans les studios de télévision, tout alla comme sur des roulettes jusqu'à ce que le maquilleur essayât de camoufler son triple menton avec un maquillage plus foncé.

— Ces bébés, c'est mon gagne-pain, lui dit-elle gentiment. Que penseront les gens si j'essaie visiblement de les cacher ?

— Ça ne se verra pas, mon petit chou. Tu verras. C'est de l'*Égyptien Léger,* très subtil. Lena Home s'en met partout.

— Chéri, fit-elle patiemment, mes mentons et moi sommes de la même race. Si nous ne l'étions pas, je les appellerais quelque chose comme les Supremes, mais ce n'est pas le cas, OK ?

Il eut l'air blessé, c'est pourquoi elle ajouta :

— Belle Swatch ! C'est Keith Haring ?

Il jeta un coup d'œil sur sa montre et répondit avec un « Ouais » assez morne.

— Écoute, reprit-elle, essayant une nouvelle tactique. Je te laisse carte blanche pour mes yeux. Que penses-tu de ça ? Or, turquoise, peu importe. Il doit bien y avoir quelque chose que tu as envie d'essayer depuis toujours.

Comme elle s'y attendait, cela marcha. Elle s'était offerte comme une palette, et il n'y avait aucune raison pour que l'artiste y résistât. Les yeux du garçon s'animèrent en fouillant les profondeurs de sa trousse de maquillage.

— Je crois qu'il y a un *Or Aztèque* là-dedans... ça sur les paupières, une petite touche au centre.

— Super, fit-elle.

— Et juste un peu de poudre violet pâle sous les yeux.

— Allons-y.

Il lui semblait parfois qu'elle pouvait manipuler tous les hommes de la terre.

Un assistant de production la conduisit dans la loge des artistes qui était cette fois-ci couleur pêche et crème, parée d'une affreuse déco années soixante-dix. Sur les murs, il y avait d'immenses photos encadrées de la légendaire Mary Ann : Mary Ann avec Raquel Welch, Mary Ann avec le Dr Ruth, Mary Ann avec Ed Koch, Mary Ann avec Michael Landon.

— Faites comme chez vous, dit l'assistant de production en reculant vers la porte. Il y a du café, là-bas, des petits gâteaux sucrés et d'autres trucs comme ça. Mary Ann passera vous dire bonjour dans un petit moment.

— Suis-je la seule invitée ? demanda-t-elle.

Il acquiesça :

— Excepté Ikey St Jacques. Il participe à la « Cuisine de *Latchkey* ».

— Qu'est-ce que c'est ?

— Une de nos rubriques. Quinze minutes à la fin. Des enfants célèbres viennent et... vous savez bien, apprennent aux gamins dont les parents travaillent à se faire la cuisine quand ils sont seuls chez eux.

— Vous plaisantez ? s'exclama Wren.

— C'est très populaire.

Il semblait un peu sur la défensive.

— On nous a fait des propositions pour distribuer ce programme sous licence.

Wren essaya de se représenter la petite vedette noire de *What It Is !* en train de cuisiner en vitesse un ragoût de thon facile et rapide à préparer.

— Ikey est tellement jeune ! s'étonna-t-elle. Il ne doit pas avoir plus de sept ans.

— Euh... Écoutez... Je suis plutôt pressé, maintenant... J'espère que ça ne vous ennuie pas si je vous laisse toute seule un moment.

Quelque chose l'énervait, elle pouvait le voir.

— Ça ira, dit-elle. Vous rigolez, ou quoi ? Seule avec toute cette nourriture...

Avec un rire gêné, l'assistant de production sortit à reculons en fermant la porte. Elle essaya de comprendre son comportement pendant un moment, puis se dirigea tout droit vers les petits gâteaux sucrés, se rappelant qu'elle avait perdu du poids. Elle s'en envoya un et s'essuyait les lèvres avec une serviette lorsque la porte s'ouvrit à nouveau.

— Salut la compagnie !

C'était Ikey St Jacques, arborant un large sourire de citrouille d'Halloween et beau comme le diable dans son survêtement rouge et blanc. Ses mains étaient tendues, à la Jolson, et l'une d'elles tenait un cigare allumé.

Elle essaya de rester calme.

— Euh... salut. Tu es Ikey... n'est-ce pas ?

— Je le savais, se lamenta-t-il avec un petit rire rauque. Cet imbécile m'a menti.

— Qui ?

— Ce producteur à la con, là-bas, dehors. Il sait que j'aime les grosses dondons, et il m'a bel et bien menti, le salaud ! Je savais que t'étais ici.

Il tira une longue bouffée sur son cigare et la regarda des pieds à la tête. Il ne lui arrivait pas à la taille.

— Je t'ai vue à l'émission de Carson. J'ai dit à mon agent que je t'avais trouvée sexy.

Elle n'en croyait rien.

— Écoute, petit...

Elle battait l'air en direction du cigare.

— Ces trucs me rendent malade. Ton entrée était réussie, mais ça suffit comme ça.

Il l'observa d'un air lugubre pendant un instant, puis se dirigea vers la table et écrasa le cigare.

— Merci, fit-elle, tendant la main. Bien... Je suis Wren Douglas.

Il lui serra la main.

— Je m'excuse.

— Hé... C'est pas grave.

— J'y vais un peu fort de temps en temps. Je sais pas pourquoi.

Elle commençait à avoir envie de l'asticoter.

— Bon, c'était juste ce cigare. Tu ne devrais pas en fumer, même pour rire. Ça risque de...

— Retarder ma croissance ?

Il rit d'une voix rauque.

— J'ai dix-sept ans, madame !

— Attends une minute : qui pourrait croire ça ?

— T'as qu'à consulter mon acte de naissance. Et ma mère.

Elle se recula pour l'examiner.

— Non. Désolée. Je peux pas avaler ça.

— Tu penses que je mens ?

Elle fit porter son poids sur l'autre hanche et le jaugea sans la moindre gêne.

— Ouais. Je pense que tu mens.

Il lui lança un regard plein de défi et baissa son pantalon de survêt' jusqu'aux genoux.

Elle évalua les possibilités de l'article en démonstration et répondit aussi calmement que possible.

— D'accord... Bien... Ta maturité est établie.

L'enfant ne bougeait pas, les bras toujours croisés sur son torse.

— Dis que j'ai dix-sept ans !

Elle jeta un coup d'œil angoissé à la porte.

— Remonte ton pantalon, Ikey.

— Dis que j'ai dix-sept ans.

— Ikey, si quelqu'un entre, nous pourrions être arrêtés pour... je ne sais pas quoi. D'accord, la belle affaire : tu as dix-sept ans. Je m'excuse. Je me suis trompée.

Sur le visage du gamin un sourire s'épanouit jusqu'aux oreilles tandis qu'il se rajustait.

Wren mit la main sur sa poitrine et poussa un léger hennissement de soulagement.

— Mon Dieu, marmonna-t-elle pour elle-même.

Ikey se dirigea vers la table et prit un gâteau sucré presque aussi gros que sa tête.

— Il me semble que tu pourrais trouver une façon plus subtile de préciser les choses aux gens, dit Wren, maintenant irritée par sa nonchalance.

Le gosse lécha le bord de la pâtisserie, puis haussa les épaules.

— Ça évite les longs discours.

— Ne me raconte pas de salades.

Il haussa les épaules encore une fois.

— Apparemment, tu *aimes* ça, te déculotter.

Il posa le gâteau et la fixa avec le même regard de cocker affectueux qu'il affichait à l'antenne.

— Ma petite, si tu passais toute ta putain de vie à avoir l'air d'un gamin de sept ans, de temps en temps tu baisserais aussi ta culotte.

Elle sourit, comprenant enfin quelle difficile condition était la sienne.

— Ouais, je pense que je le ferais.

— Je suis un de tes fans, ajouta-t-il. Je ne veux pas me disputer avec toi.

À présent, elle était gênée.

— Écoute... Tout va bien, Ikey.

— Isaac.

— Isaac, répéta-t-elle.

— Est-ce que je peux rallumer mon cigare, maintenant ?

— Pas question.

Elle atténua cet ultimatum en souriant à nouveau.

— Je ne le supporte vraiment pas, Isaac.

Il hocha la tête.

— Tu es furieuse contre moi parce que j'ai dit que tu étais sexy ?

— Pas le moins du monde. Je t'en suis reconnaissante.

— Eh bien, ça me botte, ce que tu fais pour... les gens qui ne sont pas coulés dans le même moule.

En une demi-douzaine de mots, il avait expliqué le lien qui les unissait ; elle en fut subitement émue.

— Et alors ? J'*aime* faire ça. Je veux dire, la plupart du temps. C'est la fin d'une tournée et il est normal que je sois un peu nerveuse, non ?

Elle voulait que ça ait l'air d'une confidence entre professionnels.

Il émit un petit rire d'adolescent.

— Je regarde ton émission à chaque fois, continua-t-elle.

Cela sembla lui faire plaisir.

— Vraiment ?

— Je pense que tu es d'une crédibilité extraordinaire. La plupart des gosses de la télé sont tellement écœurants, tu sais... trop maniérés dans leur parler. De plus, j'aime tes textes.

Il apprécia d'un signe de tête sérieux.

— Je pense qu'ils s'améliorent.

Il hésita ensuite un moment :

— Dis-moi, est-ce que je peux te demander quelque chose ?

— Vas-y, l'encouragea-t-elle.

— Mais je ne veux pas que tu te remettes de mauvais poil.

Elle lui sourit.

— Je suis au-dessus de ça maintenant. Ne t'inquiète pas.

En fait, elle se sentait complètement à l'aise, près de lui. Il n'avait fait que lui dire la vérité.

— Vas-y, je t'écoute.

Après un autre silence significatif, il demanda :

— Puis-je mettre la main... là ?

Il montrait du doigt la vallée entre ses seins.

Elle fit la moue et examina attentivement son visage.

— Combien de temps ? demanda-t-elle.

Il haussa les épaules.

— Vingt secondes.

— Dix, opposa-t-elle.

— D'accord.

— Et pas de tripotages.

Elle se pencha pour lui permettre un accès plus facile.

— Dépêche-toi. Nous avons une émission à faire.

Isaac avait engouffré son bras jusqu'au coude quand la porte de la loge s'ouvrit. La femme sidérée qui était plantée là était celle dont l'image ornait les murs.

— Oh... excusez-moi. Je...

— Y a pas de mal, dit Wren.

Elle enleva le bras d'Isaac d'un seul geste et se redressa.

— J'ai perdu une boucle d'oreille.

Elle donna une petite tape au gosse sur son épaule.

— Merci quand même. Je la chercherai plus tard.

La présentatrice de télévision resta de marbre, puis porta son regard froid du côté d'Isaac.

— Le réalisateur veut te voir sur le plateau cuisine, Ikey.

Le gosse lança un « OK » et se dirigea vers la porte à grands pas. Il leva haut la main pour faire un signe à Wren en partant.

— Bien, commença Wren, se retournant vers la présentatrice. Vous devez être Mary Ann.

La jeune femme ne se laisserait pas attendrir, elle le sentit.

— Vous devez être cinglée, dit effectivement celle-ci.

— Allons, attendez...

— J'ai fait des émissions sur les enfants victimes d'attentats à la pudeur, mais je n'aurais jamais pensé que je...

— Cet enfant, protesta Wren, a dix-sept ans !

— Et alors, je ne vois pas ce que... Qui vous a dit ça ?

— Lui.

Décontenancée, la présentatrice réfléchit un moment, puis déclara :

— Et j'imagine que cela résout le problème ?

— Non, répondit Wren sans sourciller. Cela ne vous regarde pas.

Un membre digne d'égards

L'émission ne s'était pas déroulée comme Michael l'avait prévu. Au lieu d'un libre papotage, il y eut de la froideur, de longs silences et une tension palpable dans l'air. Les problèmes avaient commencé, soupçonna-t-il, quand Mary Ann avait présenté Wren Douglas au public du studio comme : « La femme qui a montré à l'Amérique comment exploiter au mieux un problème de poids. »

Quelle qu'en soit la cause, l'interview avait irrémédiablement mal tourné. Il décida donc de ne pas demander à rencontrer Wren après l'émission. Mary Ann avait déjà eu la gentillesse de le présenter à Huey Lewis, Scott Madsen et Tina Turner. Il n'y avait rien à gagner à trop faire valoir ce privilège.

De plus, il était 11 h 15, et il avait une jardinerie à faire tourner.

L'endroit était à lui depuis 1984, date à laquelle son associé, Ned Lockwood, était retourné s'installer à Los Angeles. Le bonheur d'être propriétaire avait constitué, pour Michael, une nouvelle expérience qui le poussa à rénover et développer son commerce au-delà de ses rêves les plus fous. Il avait construit une nouvelle serre pour les cactus, agrandi le bureau, puis changé le nom de l'établissement : les *Verts Pâturages* étaient devenus les *Plantes adoptives.*

Le seul problème quand on est l'unique propriétaire, il l'avait découvert depuis longtemps, c'est qu'on ne peut pas se téléphoner à soi-même pour prévenir qu'on est malade. Pour rendre les choses pires, ses trois employés (deux autres gays et une lesbienne) savaient comment provoquer subtilement chez lui un sentiment de culpabilité chaque fois qu'il arrivait en retard au travail.

En réalité, il passait de bons moments à la jardinerie. Le temps qu'il consacrait aux affaires l'aidait à oublier combien lui manquait ce qu'on avait fini par appeler « l'échange dangereux de fluides corporels ». Car s'il restait oisif trop longtemps, son passé euphorique pouvait lui revenir par surprise, brisant son cœur nostalgique.

Le sida n'était plus seulement une épidémie ; c'était aussi l'équivalent d'une famine, un phénomène de manque, qui tôt ou tard affligeait chacun. Certains capitulaient face à la terreur, se renfermant dans leur panique, évitant le regard des inconnus dans la rue. D'autres adoptaient une sorte de fraternité homosexuelle sincère, manipulant leur préservatif, lors de leurs rituels orgiaques, avec toute la précision austère de Jeunes Pionniers démontant leurs armes automatiques.

Beaucoup trouvaient un soulagement au téléphone, payant des sommes importantes pour atteindre le nirvana. Le sexe par téléphone, avait remarqué Michael, non seulement développait l'imagination mais donnait aussi la possibilité aux hommes de faire une chose qui jusque-là ne leur était pas possible : *faire semblant d'avoir un orgasme.*

Michael lui-même avait déjà simulé un orgasme au téléphone. Incapable de jouir, et pour mettre fin au rituel, il avait exprimé son extase en grognant pendant au moins trente secondes, martelant la tête de lit pour faire plus d'impression. Son partenaire (quelqu'un de Teaneck dans le New Jersey) avait tellement apprécié la performance que Michael s'endormit après, éprouvant un sentiment d'étrange satiété.

La plupart du temps, cependant, il se retrouvait au lit avec le dernier numéro d'*Inches* ou d'*Advocate Men,* ses organes génitaux sanglés avec la ceinture de son peignoir en éponge.

Il avait appris plusieurs choses intéressantes sur la pornographie. À savoir que, premièrement, ça finissait par ne plus produire d'effet ; deuxièmement, que ça repartait si on regardait les images à l'envers ; et, enfin, que c'était réutilisable si on laissait ces images de côté plusieurs mois.

Contrairement à la plupart de ses amis, il ne faisait pas régulièrement l'amour devant des vidéos. Il l'avait fait une ou deux fois, mais seulement avec un pote rencontré dans une *jack off party.* Ils avaient été tellement peu synchronisés que son seul souvenir était de s'être penché brusquement en avant pour chercher le bouton d'avance rapide parmi les draps.

— Qu'est-ce que tu fais ? avait demandé son copain quand les images s'étaient accélérées, Al Parker et ses amis se mettant à s'agiter comme des flics dans un film muet.

Michael avait répondu :

— Je cherche ce cow-boy... Tu sais : à la fin de la cassette.

Et c'était ce qui l'ennuyait, d'avoir un magnétoscope. Si on n'avait qu'à se donner la peine de choisir ce cow-boy en appuyant sur un bouton, à quoi bon rechercher les contacts humains ?

Il avait passé le test en avril, et il s'était révélé positif. C'est-à-dire que soit il portait le virus, soit, comme il avait tendance à penser pour se rassurer, il l'avait déjà vaincu. Selon certains médecins, il (et des millions d'autres personnes) avait entre dix et vingt-cinq pour cent de risque de développer la maladie, mais d'autres médecins n'étaient pas d'accord là-dessus.

Que savaient les médecins ?

Tout ce qu'*il* savait, lui, c'était que sa santé était bonne. Pas de mollesse ni de transpiration nocturne. Pas de perte de poids inhabituelle ni de mystérieuses taches violettes sur la peau. Il mangeait des légumes, se bourrait de vitamines et se stressait au minimum. Pour un homme qui avait perdu douze amis et un amant en moins de trois ans, il s'en sortait bien.

N'empêche qu'une grippe légère, ou la moindre tache blanche sur sa langue, était maintenant capable de le plonger dans une terreur irrationnelle. L'autre émotion dominante, le chagrin, devenait de moins en moins prévisible au fur et à mesure que le nombre des victimes augmentait. Il lui arrivait de ne pas pleurer du tout au chevet d'un ami mourant, mais ses larmes coulaient des semaines plus tard devant les films de Marilyn Monroe diffusés à la télévision tard dans la nuit.

Et les gens ne parlaient de rien d'autre. De qui l'a. De qui pense l'avoir. De qui est séropositif. De qui n'a *certainement* pas pu rester séronégatif. De qui ne passera jamais le test de dépistage. De qui est presque prêt à passer le test.

Pour échapper à cette tragédie — et aux racontars — certains de ses amis avaient déménagé dans des endroits comme Phoenix et Charlottesville, mais Michael ne trouvait à cela aucun sens. Le pire des moments à San Francisco valait toujours mieux que le meilleur des moments n'importe où ailleurs.

Ici, il était entouré de beauté, de gens remarquablement courageux et d'hétérosexuels civilisés qui apportaient leur soutien du mieux qu'ils pouvaient. C'était chez lui, en fin de compte. Il aimait cet endroit d'une passion irraisonnée et profonde ; il n'avait plus le choix.

Quand Michael arriva à la jardinerie, une Pinto étrangère était garée en toute impunité à la place qu'il occupait habituellement devant l'entrée. Il aperçut Polly au milieu de la végétation en train de tailler un arbuste pour un client, et il klaxonna gentiment pour attirer son attention.

— On connaît ? beugla-t-il, montrant du doigt la voiture incriminée.

Sa jeune employée posa son sécateur et s'essuya les sourcils avec le dos d'une main.

— La nouvelle coqueluche de David ! répondit-elle en criant. Je vais lui demander de changer sa bagnole de place.

Comme il voyait qu'il y avait une autre place de parking libre au bout du pâté de maisons, il décida de ne pas faire de cela un sujet de bisbille.

— Ce n'est pas la peine, lui dit-il. On ne peut pas séparer des inséparables.

C'était l'heure du déjeuner, après tout : David et son nouveau petit ami étaient sans aucun doute en train de se faire les yeux doux dans la serre, par-dessus leurs Big Macs.

Il se gara et retourna à la jardinerie en marchant dans la chaleur agréable du soleil. Polly était maintenant sur le trottoir, soulevant les arbustes pour les charger dans le break du client.

— Excuse-moi. Je ne savais pas que tu serais de retour si tôt.

— Pas de problème, fit-il.

Enlevant la terre de ses mains, Polly le suivit jusqu'au bureau.

— Comment ça s'est passé ? Est-ce que tu m'as rapporté une trace de rouge à lèvres ?

— Merde, murmura-t-il, se souvenant de sa promesse.

— Tu as oublié, dit-elle calmement. Ce n'est pas grave.

— Je ne l'ai pas rencontrée, expliqua-t-il. Elle et Mary Ann se sont détestées. J'ai donc décidé de ne pas prendre le risque.

Polly haussa les épaules. Jusqu'à présent, elle avait obtenu, à force de cajoleries, les empreintes de rouge à lèvres de Linda Evans, Kathleen Turner et Diana Ross.

— Tu es déçue, constata Michael. Je suis vraiment désolé.

— Est-ce qu'elle était superbe ? demanda Polly, s'appuyant, rêveuse, contre la caisse enregistreuse.

— Plutôt, répondit-il. Comme dans les films de Fellini.

Il pensait qu'il était sage de réfréner l'exaltation qu'elle éprouvait.

Polly soupira :

— Je l'accueille dans mon film quand elle veut.

Il s'amusa à imaginer la rencontre : la très ronde et voluptueuse Wren Douglas draguant la jolie Polly

Berendt, musclée, quoique menue, dans sa combinaison de travail vert délavé.

— Bof, fit-il. Tout laisse à penser qu'elle est désespérément hétéro.

— Et alors ? le défia Polly. Je ne suis pas sectaire !

Il rit. L'audace des nouvelles mœurs lesbiennes lui procurait une source d'amusement inépuisable. Si les mecs homosexuels ne pouvaient plus se laisser emporter par leur désir comme avant, il était réconfortant de savoir que les lesbiennes avaient pris le relais. Il fallait bien que *quelqu'un* entretînt la flamme.

Polly lui entoura la taille et appuya son visage plein de taches de rousseur sur son épaule.

— Je veux une copine, Michael. Vraiment.

— Je sais, je sais.

— C'est parce que j'ai vingt-deux ans ? C'est ça ? Tu étais comme ça, à vingt-deux ans ?

— J'étais même encore comme ça à trente-deux ans, mais je n'en suis pas mort.

Elle pencha la tête vers lui.

— Mon amie Kara est allée chez une voyante, le mois dernier, et elle a dit que le grand amour de Kara se manifesterait dans le mois... et qu'elle serait au volant d'un char doré.

— Bien.

— Je te jure que c'est vrai. Kara a rencontré le mois dernier cette fille qui s'appelle Weegie et depuis elles sont inséparables.

— Et le char doré ?

— Elle conduisait un taxi jaune !

Il faillit s'étrangler de rire.

— Kara a appelé un taxi de DV8, Weegie est arrivée, et voilà. Le bonheur conjugal. Moi... je n'arrête pas de chercher et je me retrouve toujours avec une ancienne femme battue qui m'emmène voir *Femmes* de Cukor sur Castro et qui siffle à tous les passages sexistes.

— Pourquoi est-ce que tu me racontes ça? demanda-t-il.

Elle hésita, puis déclara :

— Parce que je veux aller à *Wimminwood.*

— Où ça?

— Un festival de femmes, en amont sur le fleuve.

Il haussa les épaules :

— Vas-y. Tu as bien droit à des vacances. Quel est le problème?

— Eh bien... c'est la semaine prochaine, quand tu seras en congé.

Il voyait où elle voulait en venir : David et Robbie seraient seuls à diriger la jardinerie.

— Je veux vraiment y aller, Michael.

— Bien sûr, mais...

— J'ai parlé à Kevin, ajouta-t-elle. Il dit qu'il sera content de me remplacer.

— Qui est Kevin?

Elle indiqua la serre de la tête :

— Le nouveau copain de David. Il a de l'expérience.

— Je pensais qu'il travaillait chez Tower Records.

— Ouais, mais il est de repos la semaine prochaine... Et il jardinait chez un amiral, quand il était dans la marine... Allez, Michael, ne me fais pas louper cette occasion.

Il lui sourit.

— Des milliers de femmes à moitié nues qui se déchaînent dans les forêts de séquoias! fit-il semblant de se lamenter.

— Non, protesta-t-elle, certaines sont *totalement* nues.

Il rit.

— On ne dirait pas que tu cherches à te marier, remarqua-t-il.

En fait, il reconnaissait en elle celui qu'il était des années auparavant lorsqu'il se délectait à la perspective d'aller passer un week-end de débauche au *National Gay Rodeo* de Reno.

Le nouveau petit ami de David demeura à la jardinerie le reste de l'après-midi, se rendant utile dans la cabane à engrais. Il était travailleur, plein d'entrain et apparemment honnête. Michael ne trouvait aucune raison de penser que ce garçon ferait un mauvais remplaçant pour Polly.

À 16 h 25, Teddy Roughton appela.

— Je préviens tard, dit-il, mais il y a une *jack off party* chez Joe ce soir. J'ai pensé que ça t'intéresserait.

Michael se sentit vaguement gêné.

— Merci, Teddy. Je ne pense pas venir.

— Pourquoi ?

— Je ne sais pas. Ces soirées me mettent... mal à l'aise, ou quelque chose comme ça.

Teddy fit claquer sa langue comme une matrone anglaise marquant sa désapprobation.

— Tu es vraiment bête.

— Je sais, mais...

— Il a des films super, Michael. Et puis ce type du *Muscle System* sera là.

Michael réfléchit un moment :

— Celui qui... ?

— Ouuiiii. Et si ça ne te suffit pas, Joe a loué *One in a Billion.*

— C'est bien, mais...

— Penses-y, au moins. D'accord ?

On aurait dit qu'il recrutait pour la kermesse de la paroisse.

— Huit heures, chez Joe. On verra bien si tu nous fais faux bond.

Le temps était anormalement doux, au moment de la fermeture. Michael abaissa la capote de sa Volkswagen pour rentrer chez lui. Il roulait tranquillement sur Clement et s'émerveillait de sentir sur son visage un air chaud et doux comme de la soie. Ce n'était rien de moins qu'une soirée d'été typique, et la ville exhalait des odeurs de bifteck et d'hibiscus. Son entrejambe prit bonne note du climat tropical et commença à revendiquer ses droits :

Tu te souviens de ce mec, disait-il, *ce tombeur à la bite comme une canette de bière et aux pecs en acier. Quel mal y aurait-il à s'asseoir dans la même pièce que lui ? S'asseoir là-bas dans le plus simple appareil avec lui et deux douzaines de types nus et se branler...*

Non, c'était trop gênant.

Rappelle-toi les Explorers, continuait son entrejambe. *Cette randonnée en Géorgie du Nord, en 64. Des mecs autour d'un feu de camp, fatigués par la marche. Les cous bronzés, l'odeur d'Off, le sourire parfait et éclatant de Billy Branson dans la lueur du feu, terriblement et incroyablement tentant. La masturbation collective qui avait failli avoir lieu.*

Eh bien, maintenant c'est possible !

Quand il arriva au 28 Barbary Lane, Mme Madrigal se trouva nez à nez avec lui sur le palier.

— Tu ferais mieux de te dépêcher, dit-elle. Ça commence dans moins d'une heure.

Michael fut complètement interloqué : si Mme Madrigal n'avait jamais prétendu s'adonner à la voyance, elle donnait vraiment l'impression d'avoir de sérieuses dispositions.

— J'en ai entendu parler à la radio, expliqua-t-elle.

— Vous avez entendu parler de quoi ? demanda-t-il.

— Du retour des otages homosexuels, répondit-elle.

Il commençait à comprendre. Deux des trente-neuf touristes américains pris en otage par des terroristes à Beyrouth s'étaient révélés être des gays de San Francisco — et amants, s'il vous plaît ! Dès leur retour aux États-Unis, ils s'étaient comportés comme un couple devant les caméras, le sourire large et fier, avant d'accepter les hommages de Ronald et Nancy Reagan.

Michael avait débordé de joie à ce spectacle et en avait parlé à Mme Madrigal.

— Où a lieu la cérémonie ? demanda-t-il.

— Au croisement de la 18e Rue et de Castro, dit-elle. Ils sont en train de bloquer la rue.

Il fit quelques calculs rapides. La *jack off party* se déroulait au 21 Noe, à seulement quatre rues du rassemblement, en montant la colline. S'il se dépêchait, la soirée pourrait être à la fois érotique et patriotique.

— Merci pour l'information, lança-t-il à la logeuse.

Elle se pencha pour attraper un seau en plastique rempli d'eau savonneuse.

— Je pensais bien que ça t'intéresserait, mon petit.

Il montra le seau de l'index :

— Boris a encore vomi dans l'escalier ?

Elle rit :

— Non, c'est le neveu de Brian qui vient passer quelques jours chez nous.

— Son neveu ? Est-ce qu'il... a fini sa croissance ?

Tout lui donnait l'impression qu'il n'était plus qu'un croulant, ces jours-ci. À trente-quatre ans, il avait toujours du mal à se rappeler que certains de ses contemporains étaient les parents d'adolescents.

— Il a dix-neuf ans, dit Mme Madrigal. Je suis en train de lui préparer l'ancien appartement de Mary Ann et de Brian. Peut-être pourrais-tu me donner un coup de main, plus tard, pour les lits jumeaux du sous-sol ?

— Bien sûr, répondit-il. Ouais... bien sûr... avec plaisir.

Sa tiédeur avait dû être sensible car la logeuse lui adressa un sourire.

— Bon, je ne te retiens pas, conclut-elle. Je sais que ta soirée va être *très* chargée.

Ce *très* le fit de nouveau s'interroger sur les talents cachés de Mme Madrigal.

De retour dans son appartement, il prit une douche rapide et se tailla la moustache. Il était heureux, surtout ce soir-là, de ne pas s'être rasé la moustache alors que tout le monde l'avait fait. Ça lui allait bien, pensait-il, et que les victimes de la mode qui le rayaient de leur liste aillent se faire voir.

Au moment de s'habiller, il alla fouiller au fond du tiroir du bas et trouva son plus vieux 501. La toile en jean était douce comme de la peau de chamois et fine comme du vélin, et le seul fait de la sentir sur ses cuisses le plongea dans une délicieuse nostalgie.

Il laissa défait le bouton du milieu de sa braguette, juste en souvenir du passé.

Quand il arriva sur Castro, il trouva une place de parking sur la partie escarpée de Noe. Il descendit ensuite la côte à grands pas en direction de la musique. Sur une estrade installée en face de l'Hibernia Bank, une chorale gay était déjà en train de chanter *America the Beautiful.* Des centaines de personnes, dont certaines pleuraient, s'étaient rassemblées dans la rue.

Il se glissa dans la foule jusqu'à ce qu'il pût entrevoir les amants otages. L'un était maigre, blond et barbu ; l'autre, également barbu mais plus brun et un peu plus âgé, évoquait davantage une figure paternelle. Michael pouvait se les imaginer assez facilement ensemble dans cet avion détourné, désespérés au moment où la mort leur avait semblé imminente, et se passant des billets doux sous le regard fixe et meurtrier de leurs ravisseurs.

Ensuite, la fanfare gay entonna l'hymne national et la foule commença à chanter. Michael observa le nombre de couples présents, de larges dos collés à de larges torses, lorsque les voix de ténor emplirent la nuit chaude. Le couple était décidément à la mode aujourd'hui, il n'y avait pas de doute là-dessus.

Les otages se relayèrent sur le podium. Ils parlèrent

patrie et famille et de la nécessité d'exprimer son amour ouvertement. Puis ils demandèrent une minute de silence pour le marin qui avait été tué dans leur avion. Quand ce fut terminé, Michael essuya une larme et jeta un coup d'œil à sa montre. Il avait déjà une demi-heure de retard pour la *jack off party.*

Il marcha d'abord d'un bon pas, puis se mit à remonter Castro en courant tandis que la fanfare faisait retentir les premiers couplets de *Si mes amis me voyaient maintenant.* Il retrouva Noe à l'intersection de la 19e Rue et continua son ascension jusqu'à l'appartement de Joe. La maison, comme dans ses souvenirs, était une belle demeure de l'époque victorienne complètement défigurée, recouverte d'un affreux crépi vert datant d'Eisenhower.

Il retint son souffle un instant, puis appuya sur la sonnette. Joe apparut, seulement vêtu d'un short en jean :

— Oh... Michael. Tu es un peu en retard, mec.

— C'est fini ?

— Non. C'est plutôt... le deuxième round. Entre.

Michael s'introduisit dans le vestibule sombre et baissa la voix jusqu'à chuchoter.

— Excuse-moi, dit-il. J'étais là-bas en train de chanter l'hymne national et je n'ai pas vu le temps passer.

Son hôte ne fit aucun commentaire.

— Déshabille-toi ici. Fous tes affaires avec les autres sur l'escalier.

Il donna une claque aux fesses de Michael et se glissa derrière la couverture qui servait de séparation entre le vestibule et le salon.

Michael se dévêtit, entassant son T-shirt, son jean et ses boots à côté d'une douzaine de tas semblables. Il se mit devant la glace de l'entrée et s'examina brièvement — pour trouver *quoi ?* se demanda-t-il — avant d'écarter la couverture pour saluer son public.

Les hommes étaient affalés sur des canapés et des chaises disposés en un rudimentaire arc de cercle devant le poste de télévision. Sur l'écran, un homme en complet-veston taillait une pipe dans un ascenseur. Quelques têtes se tournèrent vers Michael, mais la plupart des regards restèrent fixés sur le film, ou absorbés par les travaux manuels.

Il parcourut la pièce des yeux pour trouver un endroit où s'asseoir. Aucune place n'était libre sauf au milieu d'un canapé, de l'autre côté du salon. Pour y aller, il passa devant le récepteur, et il lui vint à l'esprit — à tort — que quelqu'un pouvait crier « Baisse-toi ! » rien que pour le mettre en boîte.

Ce ne fut pas le cas. Il s'assit sur le canapé, saluant solennellement ses camarades d'un signe de tête, puis il jeta un coup d'œil discret aux autres participants. C'était à l'évidence le deuxième round. Comme Teddy lui-même aurait pu le remarquer, il y avait dans l'assistance très peu de membres au garde-à-vous.

Le sexe à la main, Teddy était assis dans un fauteuil près de la fenêtre, adressant des sourires malicieux et irrésistibles au nouveau venu. Michael détourna le regard, de peur de rater ce que la soirée pouvait encore lui réserver d'excitant.

Au bout de quelque temps, il prit goût à l'ambiance. Il y avait tout de même des mecs bandants — y compris l'étalon du *Muscle System* — et le film porno lui convenait parfaitement. Une fois dissipé son malaise, il commença à savourer la sensation qui lui avait tellement manqué, celle du tribalisme des années passées. Cela se déroulait autrement désormais, mais réveillait quand même quelques souvenirs chez lui.

Il était sur le point d'éjaculer quand deux types, près du fauteuil de Teddy, se levèrent pour quitter la pièce. Trois autres les suivirent quelques instants plus tard. À présent, un léger brouhaha provenait du vestibule, où la cérémonie du rhabillage avait commencé.

Les commandements gutturaux et les grognements primitifs de la cassette vidéo ne faisaient pas le poids contre les échos du débat qui parvenaient d'au-delà de la couverture : « Et pas de salade de pâtes, hein? déclara quelqu'un assez distinctement. T'en as fait une la dernière fois et personne n'a aimé. »

L'excitation de Michael retomba comme un vulgaire château de cartes. Tandis que Teddy sortait par une porte coulissante en direction de la salle à manger, Michael attira son attention en lui souriant tristement. Teddy se pencha pour lui murmurer à l'oreille :

— Il n'y a rien de plus chic qu'être en retard à une *jack off party* !

Il restait maintenant deux autres invités dans la pièce. L'un d'eux, le bel étalon du *Muscle System,* regardait l'écran d'un air déterminé et impassible ; l'autre, d'une manière identique, regardait Michael en train de regarder le beau mec. Cela devenait trop intime, décida Michael ; il renonça à faire des efforts et vida les lieux.

Il s'habilla à la hâte, évitant les conversations, puis il n'oublia pas d'être poli en allant remercier l'hôte. Alors qu'il descendait Noe pour rejoindre sa voiture, il s'arrêta pour admirer les dernières traînées rougeâtres d'un coucher de soleil derrière Twin Peaks.

Il entendait toujours la musique qui se jouait plus bas à l'intersection de la 18e Rue et de Castro.

Une proposition intéressante

Wren Douglas et le chauffeur de la limousine, eux, avaient regardé le coucher de soleil depuis le grand lit qu'elle occupait au *Fairmont.* Le ciel couleur de nectarine bien mûre avait constitué une toile de fond parfaite pour les câlins après l'amour, une sorte de bénédiction païenne.

— Est-ce que le ciel est souvent comme ça? demanda-t-elle.

— Parfois, répondit-il. Quand il fait chaud comme aujourd'hui.

Elle lui massa négligemment les tempes du bout des doigts, puis remonta vers son cuir chevelu. Il poussa un petit gémissement à la Stallone et reposa sa tête sur ses seins, comme entre deux oreillers ; ses cheveux bruns et bouclés sentaient la gomina.

— Cela ferait une fin magnifique, dit-elle. Le générique devrait défiler sur ce coucher de soleil : « Ici s'arrête la tournée promotionnelle du livre ! »

— Non, encore deux villes, marmonna-t-il.

Elle lui donna une petite tape en signe de désapprobation :

— Ne me le rappelle pas.

— Portland et Seattle, c'est ça ?

— Ouais.

— Tu veux pas le faire ?

— Je veux rien faire, protesta-t-elle. Je veux lambiner comme une vraie limace.

Le téléphone, qui se mit à sonner près du lit, la dérangea dans sa rêverie.

— Je te parie que c'est mon attaché de presse, rouspéta-t-elle.

Tout en continuant à jouer avec les cheveux bouclés du chauffeur, elle attrapa le combiné et aboya dedans.

— Oui, Nicholas chéri, je suis toujours vivante et en tournée.

Il n'y eut ni réponse immédiate ni éclats de rire chevrotants, typiques chez Nicholas le nasilleur. Elle se rendit compte qu'elle avait mal deviné. Finalement, la personne qui appelait déclara :

— Je vous demande pardon. J'essaie de joindre Mlle Douglas... Mlle Wren Douglas ?

— C'est moi, répondit-elle. Je pensais que vous étiez quelqu'un d'autre.

— Oh... fit la voix au téléphone.

— Que puis-je faire pour vous ?

— Eh bien... J'ai quelques affaires dont j'aimerais vous parler. Je m'appelle Roger Manigault. Je suis président du conseil d'administration de Pacific Excelsior.

« Pacific Excelsior ? Quoi, le matériel d'emballage ? Quel rapport, s'interrogea Wren, entre une grosse fille comme moi et du matériel d'emballage ? »

— Désolée, mentit-elle. J'en ai jamais entendu parler...

Avec l'index de sa main libre, elle suivit le contour des lèvres charnues du chauffeur, puis enfonça le doigt dans sa bouche. Son amant le suça obligeamment.

— On travaille dans l'aluminium, expliqua l'homme d'affaires. Entre autres.

Wren s'en fichait.

— Oh... très bien, répliqua-t-elle. Je vais vous donner le numéro de mon agent : vous pourrez lui parler de vos projets. Ce n'est vraiment pas le meilleur moment pour discuter...

— Je suis dans le hall, mademoiselle Douglas. Je sais que ce n'est pas très correct, mais... je ne dispose pas de beaucoup de temps. Si vous pouviez m'accorder seulement dix minutes.

Sous ses yeux, les traits classiques de son Romain décadent disparurent entre ses seins.

— Écoutez, monsieur, peut-être que si vous rappelez demain...

— Il y a un joli cachet à la clef.

Elle hésita un moment, se souvenant de sa fringale de chaussures neuves, et imaginant à quoi son loft de Chicago ressemblerait avec des néons roses autour des fenêtres.

— Ah, oui ? demanda-t-elle. Combien ?

Le chauffeur leva la tête pour la regarder et plissa

les yeux. Elle sourit d'un air satisfait et lui tortilla le lobe de l'oreille.

— Cinq mille dollars, annonça la voix au téléphone. Pour trois ou quatre jours de votre temps.

— Je...

— Dix mille, alors.

Elle recouvrit le combiné avec une main et s'adressa au chauffeur.

— Trouve-moi mon Filofax, s'il te plaît, mon chou. Je pense que je l'ai laissé dans l'autre pièce.

Le chauffeur avait l'air perplexe.

— Mon agenda ! expliqua-t-elle. Il est dans un des tiroirs. Va vérifier, d'accord ?

Quand il fut sorti, elle ôta sa main du combiné et se renseigna :

— Écoutez, est-ce qu'il s'agit de sexe ?

Son interlocuteur semblait s'attendre à cette question.

— Non, répondit-il calmement et presque immédiatement. Je pourrais mieux vous expliquer la chose si vous veniez me retrouver en bas. Je suis au *Cirque Room.*

— Qu'est-ce que c'est que ça ?

— Le bar, répondit-il. Dans le hall.

— Bien. J'y serai dans quinze minutes. À quoi ressemblez-vous ?

— Euh...

Il bredouilla un moment.

— Je porte un costume rayé gris. J'ai des cheveux blancs... et une moustache également blanche.

— Je vous trouverai, dit-elle en raccrochant le téléphone.

Le chauffeur apparut dans l'embrasure de la porte avec le Filofax.

— C'est ça que tu voulais ?

— Oui, répondit-elle.

Il posa l'agenda sur la table de nuit et la rejoignit sous les couvertures.

— Dis-moi, j'ai bien entendu le mot « joli » ?

— Un joli *cachet,* prononça-t-elle, lui pinçant la joue. Pas un joli mec. Ne prends pas cet air dépité de beau Rital éconduit.

— C'est pour faire quoi ?

— Je ne sais pas, avoua-t-elle, se hissant hors du lit. Mais je le saurai bientôt.

Après quelques hésitations, elle enfila une tenue de marin bleu pâle aux manches bouffantes et à la taille basse. C'était mignon et cela lui allait bien (sans être ouvertement sexy). L'ensemble conviendrait très bien à un rendez-vous d'affaires.

Tandis qu'elle faisait le nœud à boucles flottantes, le chauffeur s'adressa à elle langoureusement depuis le lit.

— Tu reviens ?

— Bien sûr. Tu m'attends ?

Il acquiesça.

— Combien de temps ? voulut-il savoir.

— J'sais pas. Le type est en bas, au bar. Environ une heure, je pense.

Elle tapota le nœud pour le mettre en place.

— Ta femme ne t'attend pas ?

Il secoua la tête.

— Ce soir, elle va à une réunion de parents d'élèves.

Elle mit rapidement ses chaussures et se dirigea vers la porte, ramassant son sac au passage.

— Garde le lit chaud. Il y a du champagne et de l'Almond Roca dans le frigo, si tu as faim.

Une fois descendue au *Cirque Room,* elle repéra son mystérieux interlocuteur sans difficulté. Il était assis, raide comme un piquet, sur une banquette d'angle et son allure était si militaire qu'elle s'attendait presque à découvrir des galons sur son complet-veston. Elle lui donna environ soixante-dix ans.

Il se dressa d'un bond quand il la vit approcher. Cet effort de galanterie — ou du moins sa conception à *lui* de la galanterie — lui parut bien plus touchant que ce qu'elle aurait pu imaginer. Elle lui sourit, puis s'agenouilla près du verre qu'elle venait de faire tomber de la table, ramassant les glaçons éparpillés.

— S'il vous plaît ! s'offusqua-t-il. Ne vous donnez pas cette peine !

Elle leva les yeux sur lui :

— Pourquoi pas, bon Dieu ?

Une serveuse s'approcha.

— On a eu un petit accident, ici ? plaisanta-t-elle.

— Je suis tellement maladroite !... s'exclama Wren, dévisageant la nouvelle venue. Ne pas pouvoir m'asseoir près d'un gentleman sans renverser son verre, c'est tout moi !

La serveuse lui prit le verre des mains, puis regarda le vieil homme :

— Qu'est-ce que c'était, monsieur ? Je vous en apporte un autre.

— Un scotch avec de l'eau, lui dit-il. Et apportez à madame ce qu'elle désire.

Un truc fort était de mise, décida-t-elle, s'enfonçant dans la banquette.

— La même chose, commanda-t-elle.

Elle se retourna ensuite vers l'inconnu.

— Votre nom ne me dit rien.

Il ne comprenait pas.

— Pacific Excelsior, expliqua-t-elle.

— Oh... Il s'agit d'un mot latin qui veut dire « toujours vers le haut ».

Elle lui fit un clin d'œil.

— Je le savais.

Elle tendit la main et patienta jusqu'à ce qu'il la lui serre.

— Wren Douglas, se présenta-t-elle. Rappelez-moi votre nom...

— Boo... Roger Manigault.

— Boo-Roger? Intéressant! Je n'avais jamais entendu ce nom-là avant.

Il sourit pour la première fois :

— Certains de mes amis m'appellent Booter. J'y suis habitué.

— « Booter » ? Pourquoi ?

— Je jouais au football, répondit-il. Il y a bien des années. À Stanford.

— Ça me plaît bien, ce surnom. Puis-je vous appeler comme ça ?

— Si vous voulez.

Elle posa les mains à plat sur la table et attaqua :

— Alors... Qu'est-ce que c'est que ces dix mille dollars ?

Il hésita, puis déclara :

— J'ai... eh bien, une petite maison très confortable, là-haut, dans les séquoias. J'aimerais vous y inviter quelques jours.

Elle l'examina attentivement un instant, puis éclata d'un gloussement triste et blasé.

— Ce n'est pas ce que vous croyez, murmura-t-il en rougissant.

Elle secoua lentement la tête.

— Vous m'avez menti, Booter. Vous êtes un très vilain garçon.

— Je voulais que vous me rencontriez d'abord. Avant de dire non.

— Allez, soyez franc ! lança-t-elle au moment où la serveuse revint avec leurs boissons.

Wren fit tinter ses glaçons sans rien dire, en observant le vieil homme du coin de l'œil.

— Je n'ai jamais rien fait de tel, avoua-t-il enfin.

— Ça me fait une belle jambe, répliqua-t-elle sèchement.

— Penseriez-vous que je ferais ça, si...

— Où m'avez-vous vue ?

Il eut l'air décontenancé.

— Que voulez-vous dire ?

— Qu'est-ce qui a déclenché ça ?

Elle rit.

— Je veux dire : dix mille dollars, Booter, ce n'est plus de la prostitution, c'est... Merde, je n'en sais rien, ce que c'est.

— Vous n'êtes pas une prostituée, murmura-t-il d'une voix triste.

— Répondez donc à ma question.

Il baissa les yeux sur son verre.

— J'ai vu votre photo dans *Newsweek.* Je vous trouve très désirable.

Elle eut un signe d'approbation, puis :

— Vous avez alors lu mon livre et vous avez pensé que cela valait peut-être la peine de tenter le coup.

— Non, objecta-t-il.

— Pardon ?

— Je n'ai *pas* lu votre livre.

Elle esquissa un mouvement de recul, offensée pour la première fois de la soirée.

— Je suis trop occupé, s'excusa-t-il. Je m'accorde un petit polar de temps en temps mais pas grand-chose d'autre.

— Êtes-vous marié ?

— Oui.

— Êtes-vous vraiment... président du conseil d'administration, comme vous l'avez dit ?

— Vous pouvez vérifier, affirma-t-il. Je ne suis pas un cinglé.

Il la regarda sérieusement.

— Je m'excuse si je vous ai froissée. Je suis un homme riche, mais plus tout jeune. Je voulais simplement que l'affaire soit intéressante pour vous.

— Oh, s'il vous plaît... implora-t-elle, roulant les yeux.

Il se leva pour partir.

— Oublions que je...

— Asseyez-vous, ordonna-t-elle, en saisissant sa main charnue, mais étonnamment vigoureuse.

Il lui obéit.

— Quel âge avez-vous ? s'enquit-elle.

— Soixante et onze ans, répondit-il.

— J'ai déjà eu des liaisons avec des hommes de cet âge, dit-elle. Vous le sauriez, si vous aviez lu mon livre...

Conflit de générations

Le neveu de Brian était un rouquin grand et maigre. Il se coiffait en utilisant du gel avec la même détermination que Brian à son âge, lorsqu'il en tenait pour le naturel. Jed était un petit jeune d'aspect ordinaire, à peine délivré de son allure gauche de premier de la classe par une connaissance élémentaire de la mode pour ados. (Il avait une prédilection pour les Reebok montantes aux couleurs variées et il laissait ses pans de chemise dépasser de ses pulls ras du cou.)

D'une certaine manière, Brian le plaignait.

— Alors, dit-il un soir après le dîner, c'est ta deuxième année de collège, l'année prochaine, hein ?

Jed acquiesça en avalant la dernière part de pizza. Ils étaient assis autour d'une table de jeu que Mme Madrigal avait remontée du sous-sol. Hormis une étagère à livres et un canapé délabré, il n'y avait pas d'autres meubles dans la pièce éclairée à la bougie. La logeuse avait atténué l'austérité de l'ensemble en disposant çà et là des bouquets de roses jaunes qui venaient de son jardin.

— Je me souviens de ma deuxième année de collège, continua Brian, essayant de faire sortir Jed de sa coquille. Je passais mon temps à glander. La terreur du bizut avait disparu, et les filles devenaient intéressantes.

Pas de réponse. Que dalle.

Brian fit une autre tentative :

— Je suppose que les choses n'ont pas tant changé, hein ?

— Je fais un peu la fête, répondit Jed, mesurant ses paroles. Mais je dois maintenir mon niveau, si je veux être compétitif sur le marché du travail.

« Oh, très bien, pensa Brian, il parle comme un véritable fonctionnaire. »

— Cissie et moi avons élaboré un plan.

— Cissie est ta petite amie ?

Le petit jeune confirma.

— On veut se marier pendant ma première année de droit, fonder une famille et tout et tout. Mais ça demande de l'argent ; je pense donc qu'il vaudrait mieux que j'obtienne mon diplôme de fin d'études au collège avec au moins douze sur vingt si je veux entrer à la faculté de droit d'Harvard. Les entreprises les plus prestigieuses n'embauchent jamais de gens qui sortent de... Enfin, tu sais : de facs de droit moins réputées.

Brian réprima une forte envie de vomir.

— Il faut planifier, ajouta Jed. Ça coûte cher, une famille.

— Tout à fait.

— Bien sûr, je n'ai pas besoin de te dire tout ça, à toi. Regarde combien de temps vous avez dû attendre, Mary Ann et toi.

« Cette observation est plus naïve que méchante », jugea Brian.

— On n'a pas eu besoin d'attendre, dit-il calmement. C'est ce que nous voulions l'un et l'autre. Nous avions tous les deux la trentaine quand nous nous sommes mariés.

— Pas croyable ! répliqua Jed, comme s'il entendait une citation du *Livre mondial des records*.

Brian passa à l'offensive, décidé à émanciper son neveu.

— J'ai bien profité de mon célibat, commença-t-il. Ça m'a appris une foule de choses sur le monde et moi-même. Je pense que je suis un meilleur mari grâce à ça.

— Sûr, dit Jed. Mais est-ce que ta vie, alors, n'était pas un peu... dépourvue de sens ?

— Non. Ah, putain, non !

Ce n'était pas entièrement vrai, mais il détestait le ton suffisant du jeune homme.

— J'étais indépendant et c'est le sexe qui m'a aidé à le devenir.

Confronté à ce concept désespérément démodé, Jed sourit avec indulgence.

— C'est la vérité, insista Brian. Tu ne t'es pas senti plus... responsable, la première fois que tu as fait l'amour avec une fille ?

L'adolescent tira sur la manche de son pull.

— Il n'y a pas eu d'autres filles avant Cissie, s'offusqua-t-il.

— Très bien. Alors... la première fois que tu as fait l'amour avec Cissie ?

Silence.

Brian examina le visage de son neveu où la terrible évidence s'afficha comme un accès d'acné.

— Putain, excuse-moi... Je ne voulais pas... Je veux dire que beaucoup de mecs...

Jed accueillit ce bégaiement avec un autre vague sourire, plus suffisant que le précédent.

— C'est une question de choix, Brian.

— Oh... Eh bien...

— Nous sommes contre les relations sexuelles avant le mariage. L'un comme l'autre.

Relations sexuelles avant le mariage ? Il ne se souvenait pas d'avoir entendu cette expression depuis le début des années soixante, quand cela cessa d'être un sujet d'exposé tabou au lycée. Et puis, qui était cette petite garce de Cissie, d'abord ? Qu'est-ce qui donnait le droit à cette fille d'embarquer ce pauvre gosse innocent dans une vie de servitude conjugale ?

— Jed... Écoute, mon gars... Peut-être que ça ne me regarde pas, mais je pense que tu fais une grosse bêtise. Quelques expériences n'ont jamais fait de mal à personne. C'est pour toi, vieux. Comment peux-tu être sûr que Cissie te convienne si...

— J'en suis sûr, Brian. D'accord ?

Brian secoua la tête :

— Ce n'est pas possible. Tu es trop jeune. Tu n'as pas assez vécu.

— Je ne suis pas intéressé par les aventures d'un soir, dit Jed.

— Tu as peur, riposta Brian. Et c'est normal. La première fois, c'est pour tout le monde la...

— Les choses ont changé, maintenant, Brian. Cela ne se passe plus comme de ton temps.

Ou celui de ta mère, pensa Brian. Sunny avait eu quatre liaisons et subi un avortement avant d'arriver à avoir Jed. Comment la vie avait-elle pu changer si radicalement en vingt ans ?

— Certaines choses sont immuables, affirma-t-il à son neveu en espérant vraiment que cela fût vrai.

Jed se leva pour jeter la boîte de la pizza dans un sac Hefty.

— J'ai eu une dure journée, Brian.

C'était manifestement un signal pour signifier à son oncle trop indiscret de partir.

— Ouais, conclut Brian. Très bien.

Il se leva pour aller à la porte.

— Je suis là-haut, au Summit, si tu as besoin d'un guide touristique ou de quoi que ce soit d'autre. Mme Madrigal a dit qu'elle serait heureuse de répondre à toutes tes questions sur le quartier.

— Laisse tomber, fit Jed. Elle est trop bizarre.

Brian ne se donna pas la peine de répliquer. Pourquoi gaspiller sa salive pour ce petit con mesquin ?

Dix minutes plus tard, de retour au Summit, Mary Ann demanda à Brian comment s'était passé le dîner.

— L'enfer, répondit-il.

— Eh bien, j'espère au moins que tu as été gentil avec lui !

Il lui jeta un regard maussade.

— Oui, j'ai été gentil avec lui. C'est lui qui n'a pas été gentil avec moi.

— Qu'est-ce que tu veux dire ?

— J'sais pas... Tout simplement mal élevé et crispé.

Il ne voyait aucun intérêt à parler de leur échange sur la virginité. Mary Ann trouverait ça sans aucun doute « mignon ».

— Il est jeune, lança-t-elle, en remplissant le lave-vaisselle.

L'indulgence de commande dont elle faisait montre l'agaça.

— Tu veux que je l'invite ? proposa-t-il.

— Non, répondit-elle prudemment. Pas si tu penses qu'il est... difficile.

— Épargne-moi tes platitudes, alors. Ce boutonneux est vraiment un trou du cul.

Elle ferma le lave-vaisselle et le regarda :

— Qu'est-ce qui ne va pas, Brian ?

C'était une sacrée bonne question. Il avait toujours mal à la tête et son ventre avait commencé à le faire souffrir d'une manière étrange. Cette curieuse fatigue était-elle liée à la grippe ? Ou bien seulement au fait d'avoir quarante-deux ans ? Était-ce cela qui le rendait si amer, confronté à la jeunesse de Jed ?

— Excuse-moi, dit-il finalement. J'ai mal à la tête. Je dois avoir la grippe.

Elle fronça les sourcils, puis lui caressa le front.

— Tu n'as pas de fièvre, constata-t-elle.

Il haussa les épaules et se détourna.

— Je vais nous préparer un chocolat chaud. Va te reposer un peu.

— Non, merci.

— Allez, le brusqua-t-elle. Ne sois pas si grincheux. C'est sans sucre.

La télévision mise en sourdine devant laquelle elle lui massait les pieds leur tenait presque lieu de cheminée.

— Oh ! s'exclama-t-elle après un long silence. DeDe a appelé, ce matin. D'or et elle veulent que nous venions profiter de leur piscine, dimanche prochain.

Il grommela évasivement. Il se méfiait de l'amitié grandissante de sa femme pour ce couple Halcyon-Wilson, non parce qu'elles étaient lesbiennes, mais riches et mondaines. Mary Ann était simplement en train de suivre la même voie, il en était pratiquement certain.

— J'ai pensé que ça serait bien pour Shawna, ajouta-t-elle en tirant sur son petit orteil. Je sais que tu ne les aimes pas à la folie, mais leur piscine a de quoi faire crever d'envie.

— C'est comme tu veux...

— Allez, dit-elle en roucoulant. Ne sois pas comme ça.

— Très bien. On ira. Je serai peut-être malade comme un chien, mais...

— Oh, mon pauvre petit !

Elle appuya ses pouces sur la plante de son pied.

— Tu iras mieux d'ici là, et...

La sonnerie du téléphone l'interrompit.

Brian étendit le bras pour attraper le combiné :

— Ouais ?

— C'est Jed, Brian.

— Oh... ouais.

— Je voulais juste te remercier pour la pizza. Et

pour l'appart' et tout et tout. Tu m'as vraiment sauvé la mise.

— Euh... mais y a pas de quoi.

— Tu es un oncle génial. Je comprends pourquoi maman t'aime tant.

— Écoute... Tout baigne, d'accord ? On recommencera.

— Bien sûr, dit Jed.

— Bon. Super. Alors, euh... On se voit demain ?

— Et comment !

Brian raccrocha.

— C'était ton neveu ? demanda Mary Ann.

Il hocha la tête.

— Il a de bonnes manières. Tu dois l'admettre.

— Ouais, concéda-t-il distraitement, passant l'éponge sur ce qu'il s'était empressé de lui raconter tout à l'heure.

Ce grand dadais, après tout, était aussi la chair de sa chair. Il méritait une seconde chance.

Peut-être qu'il avait tout simplement besoin de s'envoyer en l'air.

Les dames du soir

DeDe et D'or dînaient ce soir-là dans un tout petit restaurant français sur Guerrero Street.

— Quel adorable petit trou !... s'exclama D'orothea.

DeDe, qui se remettait du rouge à lèvres, leva les yeux, d'un air faussement scandalisé.

— Je t'en prie !

— Je parle du restaurant, expliqua D'orothea. Il s'appelle comme ça : *Le Trou.* Ne sois pas misogyniste.

— Misogyne, rectifia DeDe. C'est bien ce que tu

veux dire ? D'accord : traite-moi de misogyne si tu veux m'accuser de quelque chose. Mais je ne vois pas bien ce que...

— Ça te gênait, que je parle de trous ! se défendit D'orothea. Tu ne trouves pas que ça fait un peu gouine planquée ?

— Écoute, laisse-moi tranquille : c'est encore toi qui as remis ça sur le tapis. C'est énervant : tu passes ton temps à parler de chattes quand ça n'est pas de trous.

D'orothea attaqua sa tarte aux fraises avec une moue.

— Nous y voilà : une « chatte », c'est gentil ; un « trou », ça ne l'est pas.

Une femme assise à la table d'à côté les regarda de travers.

— Crie-le sur les toits, tant que tu y es, murmura DeDe. Encore mieux, publie-le : « Pour DeDe, une chatte, c'est gentil. Un trou, ça ne l'est pas. »

— Arrêtons, fit D'or.

— Tu es furieuse contre moi uniquement parce que je ne veux pas aller à *Wimminwood.*

— Eh bien... Je pense que cela révèle aussi un problème autrement plus important chez toi.

— *Un problème autrement plus important chez moi ?*

— La résistance totale dont tu fais preuve face à tout ce que tu ne...

— Je te l'ai déjà expliqué, reprit DeDe. J'ai invité Mary Ann et Brian à venir prendre un brunch dimanche.

D'or fit la grimace :

— C'est juste un prétexte. En vérité... tu te sens menacée.

— Oh, très bien ! riposta DeDe. Par quoi ?

— Par le fait qu'il n'y ait que des femmes.

DeDe ronchonna :

— J'ai fait partie de la *Junior League,* non ?

D'or se rembrunit.

— Ne te moque pas de *Wimminwood.* Je ne le tolérerai pas. Ça représente beaucoup pour moi.

— Tu n'y es jamais allée.

— Je suis allée au camp du Michigan. Je sais comment c'est, OK ? C'est une partie de moi, et c'est... quelque chose de spécial que je veux partager avec toi.

DeDe repoussa son dessert.

— C'est ce que tu m'as dit quand on est parties au Guyana.

Son amie lui jeta un regard incendiaire :

— Ça, c'est un coup bas.

Se sentant coupable, DeDe regarda ailleurs.

— Tu deviens comme ta mère, ajouta D'or sur un ton lugubre. Est-ce vraiment ce que tu veux ?

— Tu pouvais parler de *coup bas* ! ironisa DeDe.

D'or haussa les épaules :

— C'est la vérité : tu deviens comme ta mère.

— C'est complètement faux. Je ne lui ressemble pas du tout.

— D'accord, tu ne consommes pas jusqu'à l'overdose.

Cette phrase même relevait du pur jargon lesbien, synthétisant tout ce que DeDe détestait dans le renouveau gauchiste de son amie.

— Bon, écoute, D'or. Contente-toi de traiter ma mère d'ivrogne et restons-en là.

C'était un peu méchant, DeDe en était consciente. Veuve depuis neuf ans, sa mère avait lutté vaillamment pour se tenir à l'écart de la bouteille, sans jamais vraiment capituler, jusqu'à son remariage en 1984.

Aussi loin que remontât sa mémoire, le beau-père de DeDe avait été leur voisin le plus proche à Hillsborough. (En fait, ses courts de tennis touchaient la pommeraie d'Halcyon Hill.) Sa mère l'avait épousé neuf mois après la mort de sa première femme et avait emménagé dans son ranch de l'après-guerre, plein de coins et de recoins.

Les seuls habitants de l'édifice pseudo-Tudor d'Halcyon Hill étaient désormais DeDe, D'orothea et les enfants. L'arrangement satisfaisait tout le monde, étant donné que D'or et sa mère ne s'entendaient guère et que le nouveau mari de sa mère n'avait aucune intention de vivre sous le même toit que sa belle-fille lesbienne et ses jumeaux eurasiens âgés de huit ans.

Par consentement mutuel et tacite, DeDe et D'or se remontèrent le moral en buvant du vin blanc au *Baybrick Inn.*

Quand le spectacle commença, une strip-teaseuse musclée, travestie en policier, se dirigea tout droit vers leur table en se déhanchant. DeDe ne put s'empêcher de rire sottement quand la femme-flic commença à manier sa matraque de façon obscène.

— C'est toi qui es à l'origine de ce coup monté ? demanda-t-elle à son amie.

Les yeux de D'or étaient remplis de malice.

— *Moi ?*

— Je t'aurai. Je te le jure.

— Elle attend. Donne-lui quelque chose.

La strip-teaseuse commença à se frotter contre le dossier de la chaise de DeDe, encouragée par les cris d'une centaine de femmes.

— De l'argent, tu veux dire ?

— Bien sûr que oui !

La femme-flic ôta son casque et le présenta à DeDe, qui fouilla dans son sac comme une folle. La foule s'excitait de plus en plus.

— D'or... combien ?

— Le billet de vingt dollars.

— Ce n'est pas un peu trop ?...

— C'est pour le sida. Donne-le-lui.

Elle déposa le billet dans le casque, sous des applaudissements frénétiques. Pour montrer sa reconnaissance, la flic se pencha et fourra sa langue dans l'oreille de DeDe.

— Tu avais l'air complètement désespérée, déclara D'or, plus tard, tandis qu'elles rentraient à Hillsborough à toute vitesse dans leur grande Buick break. Si seulement je t'avais prise en photo à ce moment-là !...

DeDe rit avec elle :

— Heureusement que non !

Quand les lumières de la ville disparurent et que la route se transforma en un ruban sombre qui serpentait au milieu des collines, elles restèrent toutes les deux silencieuses. DeDe jeta quelques regards furtifs à la femme fantasque et pétillante de vie qui conduisait.

— D'or ? demanda-t-elle enfin.

— Ouais ?

— Est-ce qu'on pourrait emmener les enfants ?

— Où ça ?

— À *Wimminwood.*

D'or tourna la tête et lui sourit d'un air endormi.

— Je pense.

— Bon... Peut-être que tu as raison, alors. Ça pourrait nous faire du bien.

— Tu en es sûre ?

— Oui. Enfin, je veux dire que... je suis prête à tenter l'expérience.

D'or tendit un bras pour lui pincer la cuisse.

— Je le savais, que cette strip-teaseuse était ce qu'il fallait pour te convaincre !

Leur baby-sitter était une jeune fille aux longues jambes, étudiante en première année au collège de Foothill. Quand elles arrivèrent à la maison, elle était en train de regarder la cassette de *Love Letters* au magnétoscope. Étant donné que D'or et elle s'étaient procuré ce film dans l'unique intention de reluquer la nudité de Jamie Lee Curtis, DeDe ne put s'empêcher de penser que leur intimité était en quelque sorte violée.

La baby-sitter, cependant, ne semblait guère sensible à l'érotisme latent dégagé par l'écran.

— C'est tellement vieux jeu ! dit-elle sans se lever.

D'or adressa un sourire malicieux à DeDe qui déclara :

— Eh bien, vous pouvez parler finances toutes les deux. Je vais voir les enfants.

Ceux-ci dormaient profondément, couchés en travers dans leurs lits comme des poupées de chiffon. Leurs visages, avec leurs yeux en amande, paraissaient plus lisses et arrondis que jamais et la lumière vive du clair de lune estival leur donnait un reflet ivoire.

Un peu d'exercice dans les bois leur profiterait, pensa-t-elle. Il y aurait d'autres enfants, à *Wimminwood,* de petits camarades vivant dans le même contexte familial que le leur. Que pouvait-elle trouver de mieux pour eux ?

Elle borda Edgar, puis se pencha pour l'embrasser sur le front. Il ouvrit ses grands yeux d'un seul coup.

— Tu ne dormais pas... chuchota-t-elle.

— Tu t'es bien amusée ? demanda-t-il.

— Oui, chéri.

Elle s'assit sur le bord du lit et dégagea les cheveux qui tombaient sur le front de son fils.

— Et toi ?

— Cette baby-sitter est une attardée, dit-il.

— Pourquoi ?

— Elle aime bien David Lee Roth.

— Tu ne lui en as pas fait voir de toutes les couleurs, n'est-ce pas ?

Il secoua négativement la tête.

— Endors-toi, alors. Demain matin, je te parlerai d'un super voyage que l'on va faire au bord de la Russian River.

— D'or m'en a déjà parlé, avoua-t-il.
— Ah bon ? Quand ça ?
— Il y a longtemps.
Elle n'était pas surprise. D'or avait pour habitude de rassembler ses troupes avant de lancer l'attaque.
— Mais je ne peux pas y aller, ajouta Edgar. Parce que j'suis un garçon.
— Qui t'a raconté ça ?
— D'or.
— Eh bien, elle devait plaisanter, chéri.
— Je ne pense pas.
— Tu l'as mal comprise, alors. On ira tous là-bas. On n'irait jamais nulle part sans toi.
Elle remonta la couverture jusqu'à son menton.
— Endors-toi, maintenant. Avant que tu ne réveilles Anna.
Elle descendit l'escalier qui menait à l'entrée de la maison, le visage brûlant de colère. Elle entendit la voiture de la baby-sitter s'éloigner dans l'allée de gravier quand elle coinça D'or dans la cuisine.
— Est-ce que tu as vraiment dit à Edgar qu'il ne pourrait pas venir à *Wimminwood* avec nous ?
D'or ouvrit le réfrigérateur et prit une bouteille de lait.
— Non. Bien sûr que non, répondit-elle.
— Il prétend que si.
— Mais non, bon sang ! Je lui ai précisément dit le contraire, que nous pourrions tous y aller cette année, justement, parce qu'il n'a pas encore dix ans.
D'or posa une casserole sur la cuisinière et la remplit de lait.
— Et ? insista DeDe.
— Et... les petits garçons ne sont plus admis une fois qu'ils ont dépassé dix ans. C'est le règlement, DeDe. Je voulais être franche. Les enfants comprennent toujours les règlements.
— Je déteste ça, tu le sais. C'est *exactement* ce que je déteste.

— Oh, allez !

— Cette connerie d'esprit doctrinaire ! Ces... Ces...

— Tu veux un chocolat ?

— Tu as blessé Edgar, D'or. Un petit garçon ne comprend pas ce qu'il y a de si menaçant à avoir un pénis.

— Je lui parlerai, d'accord ?

— Quand ?

D'or ouvrit le placard, prit une boîte de cacao et la passa à DeDe.

— Prépare-nous du chocolat, lui suggéra-t-elle, et apporte-le dans la chambre. J'arrive dans un petit moment.

DeDe était toujours furieuse quand D'or la rejoignit dans leur lit.

— Est-ce qu'il va bien ? demanda-t-elle.

— Ça va, fit D'or.

— Qu'est-ce que tu lui as raconté ?

— Je lui ai dit que ce règlement à propos des petits garçons avait été créé parce que les garçons de dix ans sont presque des hommes, et que les hommes sont tous des violeurs au fond d'eux-mêmes.

— D'or, bon sang !

— Très bien ! Merde... ne me frappe pas !

— Alors répète-moi ce que tu lui as vraiment raconté.

— J'ai reconnu que j'avais expliqué les choses n'importe comment.

— C'est tout ?

— Non. Je lui ai dit que cela ne serait pas drôle s'il n'était pas là avec nous, et que je l'aime autant que toi. Et puis Anna s'est réveillée et m'a demandé ce que « chaude-pisse » voulait dire.

— *Quoi ?*

— C'est le petit Atkins qui lui a appris ce mot aujourd'hui.

DeDe grogna :

— Ce gosse est le plus ignoble...

Le téléphone sonna avant qu'elle ait pu finir sa tirade. D'or attrapa le combiné, y marmonna un salut et le passa à DeDe.

— C'est ta mère, annonça-t-elle avec une grimace. Demande-lui ce que « chaude-pisse » signifie.

DeDe la foudroya du regard, puis parla dans le combiné :

— Bonsoir, maman.

— Ne me parle pas sur ce ton.

— Quel ton ? Je t'ai juste dit bonsoir.

— Je m'en rends compte quand tu es désagréable, chérie.

— Il est minuit passé, maman.

— Eh bien, je t'aurais volontiers appelée plus tôt, mais j'étais prise.

Elle avait prononcé « pise » au lieu de « prise ».

— Vas-y, je t'écoute, déclara DeDe.

— Vous dormiez ?

— Non, mais nous sommes au lit.

— Pas d'indécence, s'il te plaît.

— Maman...

— Très bien, très bien ! J'appelais pour savoir si vous aimeriez venir déjeuner dimanche, D'orothea et toi. Avec les enfants, bien sûr.

— C'est adorable, maman, mais on a déjà des projets. J'avais moi-même prévu d'inviter des amis à déjeuner, mais je vais annuler.

D'or sourit victorieusement, puis se pencha pour caresser la cuisse de DeDe.

Sa mère ne renoncerait pas, elle le savait.

— Oh, chérie, s'il te plaît, dis oui. Je vais me retrouver toute seule.

— Pourquoi ? demanda DeDe. Où va Booter ?

— Au *Grove,* grogna sa mère avec amertume.

— Oh ! J'avais oublié que ça tombait à ce moment de l'année.

— Tu te rends compte ? se plaignit sa mère. Combien de fois aurai-je été une veuve *Grove* ? J'ai calculé : trente-deux fois. Ce n'est pas juste.

DeDe avait entendu ce genre de jérémiades toute sa vie. Les « veuves *Grove* », comme on les appelait, étaient les épouses que les membres du *Bohemian Club* laissaient derrière eux lorsqu'ils partaient passer deux semaines dans leur campement du *Bohemian Grove.* C'était une sorte de colonie de vacances pour aristocrates grisonnants, une enclave réservée aux hommes dont les rituels secrets et fraternels au beau milieu des séquoias se perpétuaient depuis presque cent ans.

Le père de DeDe était autrefois un *Bohemian* fervent, ce qui avait plongé sa mère dans des crises de dépression aiguë pendant le supplice qu'avait constitué pour elle, à chaque fois, cette séparation annuelle. Comme son nouveau mari faisait aussi partie du *Bohemian,* le supplice recommençait.

— Tu aurais dû épouser un roturier, lança DeDe.

— Je ne trouve pas ça drôle du tout.

— Bon. Qu'est-ce que tu veux que je dise, alors ?

— Je veux que tu viennes déjeuner avec moi.

— Maman... on s'en va.

— Où ça ?

— Juste... au nord. On met les enfants dans le break et on part.

Wimminwood, en fait, se trouvait à seulement deux ou trois kilomètres en aval du *Grove,* mais le dire à sa mère, jugea DeDe, n'aurait fait que raviver le sentiment d'abandon familial dont elle souffrait.

— Je m'inquiète pour Frannie, confia-t-elle à D'or plus tard. Je ne peux pas m'en empêcher.

D'or ajusta son masque de sommeil.

— Quel est le problème, cette fois ?

— Oh... le départ de Booter pour le *Grove.*

— Oh merde ! soupira D'or. Les problèmes des riches !...

— Je sais.

— C'est tous les ans pareil. Pourquoi n'organise-t-elle pas quelque chose ?

— C'est justement ce qu'elle essaie de faire. Elle veut nous inviter à déjeuner.

DeDe tendit le bras pour éteindre la lumière.

— Et maintenant tu te sens affreusement coupable, je me trompe ?

— Non.

D'or marqua un temps d'arrêt, puis proposa :

— Bien sûr, on pourrait toujours l'emmener avec nous...

DeDe ralluma la lumière.

— *Quoi ?*

— Pourquoi pas ? Se défoncer en musique avec ses sœurs, les seins à l'air, elle aimerait ça !

DeDe éteignit à nouveau la lumière.

D'or continua :

— Des groupes de travail pour apprendre à gaver une oie, des débats sur le sadomasochisme...

— Tu vas la fermer, D'or ?

Son amie partit d'un rire guttural et se rapprocha pour se réchauffer, entourant d'une jambe celles de DeDe.

— Ça va être génial, mon petit chou. Je suis vraiment impatiente.

— On n'est pas obligées de se promener les seins nus, j'espère ? demanda DeDe.

D'or pouffa une deuxième fois.

— Ne ris pas, se fâcha DeDe. Je pense qu'on devrait en discuter.

— D'accord, concéda D'or. Allons-y.

— Eh bien... Quoi qu'on décide, soyons cohérentes.

— Ça veut dire ?

— Soit on le fait toutes les deux, ou... Tu sais bien : soit on s'abstient l'une et l'autre.

— Peut-être que si on ne se dénudait qu'un seul sein toutes les deux... commença D'or.

— Ha ha ! l'interrompit DeDe sur un ton ironique.

— Ça va, fiche-moi la paix.

DeDe resta silencieuse un instant, puis déclara :

— Je pense juste que ça troublerait les enfants, c'est tout.

— Qu'est-ce que tu racontes ? Les enfants nous ont déjà vues toutes nues des tas de fois.

— Je sais, mais... si l'une de nous enlève le haut et que l'autre le garde...

— Ce que tu veux dire, c'est que... tu as l'intention de garder ton chemisier et tu veux que j'en fasse autant.

— C'est ça, affirma DeDe. Oui.

— Pourquoi ?

DeDe hésita :

— Nous n'avons pas... Eh bien, nous n'avons pas besoin de prouver quoi que ce soit, c'est tout.

— Mais qui veut prouver quoi ? s'insurgea D'or. C'est agréable ! Pourquoi en fais-tu toute une histoire ? Tu te promenais partout les seins nus, à Cabo, l'été dernier.

— C'était différent. C'était dans un endroit retiré.

— Celui-là aussi est retiré.

— Avec des centaines de personnes dedans, D'or. Ce n'est pas ce que j'appelle un endroit retiré.

— Ce sont toutes des *femmes,* nom de Dieu !

— Précisément, lui opposa DeDe.

— Mais enfin, de quoi es-tu en train de parler ? demanda D'or.

DeDe parlait de jalousie, bien sûr, sans parvenir à prononcer le mot.

Décoincer Jed

Le dépucelage de son neveu était devenu l'idée fixe de Brian. Après avoir passé en revue une demi-douzaine de candidates pour cette opération, il limita son choix à Jennifer Rabinowitz et Geordie Davies, deux *Golden Oldies* qui faisaient partie de ses quarante meilleurs coups. Il s'avéra que Jennifer était allée rendre visite à son frère dans le Nebraska ; c'est donc à Geordie que cet honneur revint par défaut.

Geordie avait trente ans et vivait seule dans un appartement en rez-de-jardin près de l'entrée sud du Presidio. Ils s'étaient rencontrés un soir au Serramonte Mail alors qu'ils achetaient des logiciels pour leur Macintosh. Réciproquement séduits, ils avaient discuté, l'air gêné, de Macpaint et de Macdraw, avant de filer vers le parking. Brian l'avait suivie chez elle dans sa Jeep.

Depuis cette fameuse nuit — il y avait deux ans, presque trois —, il était retourné la voir une douzaine de fois, mais pas plus. Ni l'homme avec qui elle sortait ni sa propre épouse ne leur avaient procuré dans cette relation sexuelle, agréablement dénuée d'amour, un sentiment de culpabilité. Geordie était une véritable célibataire, qui aimait sa vie telle qu'elle la menait.

Le problème, bien sûr, venait de la nécessité d'arranger le coup sans faire peur à Jed, mais Geordie aurait probablement quelques idées là-dessus. Quand il l'appela en milieu d'après-midi, il tomba sur son répondeur dont le message minimaliste, qui demandait de « laisser votre nom et numéro de téléphone après le bip sonore », le surprit. Il avait l'habitude d'entendre des chiens aboyer, de vieux airs des Shirelles, ou sa propre interprétation de *Valley Girl* qui n'avait rien de drôle.

D'après lui, elle était chez elle en train de filtrer les

appels. Il prit donc sa voix la plus virile quand il laissa son message, mais sans résultat ; peut-être était-elle sortie. Avec Geordie, on ne savait jamais très bien.

Dès le soir même, il décida d'aller la voir. Le projet paraîtrait moins celui d'un manipulateur s'il pouvait le lui exposer en face. « Rends-moi un service : baise mon neveu ! » ne passerait pas très bien au téléphone...

Après le dîner, il dit à Mary Ann qu'il descendait voir Jed à Barbary Lane.

Elle leva les yeux de son travail, un livre sur les problèmes du cuir chevelu, le sujet de son émission du lendemain.

— Ne la laisse pas te coincer, plaisanta-t-elle.

Un bref instant, il parut interloqué.

— Je parle de Mme Madrigal, expliqua-t-elle. Elle est obsédée par ses marches. C'est gentil, mais c'est une cause sans espoir. Elle a certainement dû t'en causer, non ?

— Oh, ouais... Elle m'en a touché un mot.

— Personnellement, reprit Mary Ann, je pense qu'elle prend son pied à jouer les excentriques.

— J'aime ces marches, laissa-t-il échapper.

— Moi aussi, mais elles sont dangereuses. Et la Ville ne va pas en construire des neuves en bois.

Elle se remit à lire, mettant ainsi un terme à la discussion.

Il se dirigea vers la porte.

— Je ne rentrerai pas tard, lança-t-il.

— Dis bonjour à Jed !

Il mit vingt-cinq minutes pour arriver chez Geordie. Il se gara dans l'allée située en face et traversa les massifs d'arbustes parfumés pour aller dans le jardin de derrière. Une lampe était allumée dans le salon.

Il sonna, mais personne ne répondit. Il ne s'était jamais présenté sans prévenir, il était donc tout à fait possible qu'elle fût en compagnie de son amant. Elle serait peut-être très en colère.

Quand elle arriva à la porte, cependant, son visage pâli lui apparut dénué de toute expression.

— J'allais t'appeler, annonça-t-elle.

Évasion à Alcatraz

Le premier jour de ses vacances, Michael alla s'installer au soleil sur les marches de Barbary Lane avec son courrier. Selon le journal, les incendies continuaient à se propager vers le sud, et la période de chaleur ne montrait pas le moindre signe de rémission. Son métabolisme paresseux de jeune homme du Sud s'était peu à peu mis en sommeil.

Il cueillit une tige de *finocchio* séché et la mâcha pensivement, à la manière d'Huckleberry Finn. Au printemps, cette herbe ressemblait à de la dentelle vert pâle, et avait un très fort goût de réglisse, une saveur qu'il n'avait pourtant jamais appréciée lorsqu'il était enfant. Elle poussait partout et restait luxuriante autant que décorative, malgré les efforts constants destinés à l'exterminer.

Finocchio, avait-il lu quelque part, était aussi une expression argotique italienne qui voulait dire « pédé ».

Et cela paraissait logique, quelque part.

Il se débarrassa du courrier le moins prometteur et ouvrit une enveloppe en papier pelure bleu qui venait d'Angleterre. Ces missives courtes mais vivantes de sa vieille amie Mona étaient devenues très importantes pour lui.

Bien cher Mouse,

La saison touristique a commencé à Easley, et on en a plein le cul des millionnaires texans. J'enverrais tout balader si nous n'avions pas tant besoin d'argent. Je sors en fait avec la receveuse des postes de Chipping Campden, mais je ne suis pas si sûre que cela soit une bonne idée. Elle utilise des mots comme « saphique » pour parler des gouines. De plus, je pense qu'elle aime davantage le fait que je sois Lady Roughton qu'elle ne m'aime en réalité, ce qui m'agace prodigieusement, vu que je ne me sens en rien une lady. (M. Hargis, le jardinier, insiste pour m'appeler « Madame la comtesse » quand il y a des touristes, mais je lui ai vite appris à arrêter ces conneries le reste du temps.)

Wilfred s'est offert une coupe de punk pour ses dix-huit ans et a pris l'habitude de se cacher dans la tribune des musiciens pour terroriser les touristes. Il a pris presque dix centimètres depuis la dernière fois où tu l'as vu. Sa coupe lui va plutôt bien, en réalité, mais je ne le lui ai pas dit : je redoute ce dont il serait capable ensuite. Il s'est inscrit pour la rentrée dans un collège technique à Cheltenham, mais il pourra faire la navette d'ici.

On a enfin entendu parler du sida en Angleterre, mais la plupart du temps, dans les quotidiens populaires, ça ne donne que de gros titres destinés à faire peur aux pédés. Selon Wilfred, l'idée qu'ils se font du sexe sans risques, c'est celle-là : faut éviter de coucher avec des Américains ! Tu lui manques, au fait, et il m'a dit de te l'écrire. Mais tu me manques à moi aussi, Babycakes,

Mona.

P.-S. Savais-tu qu'il existe toujours une île grecque qui s'appelle Lesbos ? Cela doit être merveilleux. Pourquoi ne pas s'y retrouver le printemps prochain ?

P.P.-S. Si tu vois Teddy, dis-lui que Mme Digby, du

village, veut installer chez elle une porte de garage automatique. Je suis quasiment sûre que c'est interdit, mais j'ai besoin de sa confirmation avant de lui dire non.

Le sourire aux lèvres, Michael reposa la lettre. Le mariage blanc de Mona avec Teddy Roughton constituait apparemment la meilleure chose qu'elle eût jamais décidée pour elle-même. En troquant son pays contre celui d'un aristocrate mécontent du sien, elle avait trouvé le cadre parfait pour épanouir sa nature excentrique.

Et Teddy, manifestement, se plaisait beaucoup à San Francisco.

Michael devait encore décider de l'organisation de ses vacances. Une partie serait consacrée à la reprise tranquille de rituels domestiques : écrire des lettres, repeindre la cuisine, aider Mme Madrigal dans son jardinage. Il avait également promis de distribuer des prospectus pour sa campagne de sauvegarde des marches de Barbary Lane, qui pour l'instant n'avait suscité qu'indifférence dans le quartier.

Après le déjeuner, il prit sa voiture pour aller sur Dolores Street à une réunion Tupperware chez Charlie Rubin. Charlie était rentré chez lui après un nouveau séjour à l'hôpital St Sebastian et il souhaitait rattraper le temps perdu en oubliant ses heures d'angoisse.

La représentante de Tupperware était une Arménienne bien charpentée dont le baratin avait été spécialement conçu pour les ménagères. Habituée à être de bonne humeur, cette créature ne voyait apparemment aucune raison de modifier l'ordre des choses en fonction de son public. Quand elle brandit fièrement son mixer à la forme phallique, les treize hommes réunis explosèrent de rire.

Mme Sarkisian sourit sans hésiter, comme si elle comprenait, mais Michael voyait bien qu'elle avait été blessée. Il se sentit tellement désolé pour elle qu'il acheta un bac à légumes immédiatement après et passa plus tard cinq minutes à lui raconter en privé combien sa vie en serait changée.

Quand les invités se furent éclipsés les uns après les autres avec leur butin, il rejoignit Charlie sur la terrasse.

— Eh bien, c'était quelque chose ! ironisa-t-il.

Charlie regardait fixement les jardins voisins, une mosaïque de tournesols et de linge qui séchait.

— Je me suis toujours demandé comment ça se passait. Pas toi ?

Michael acquiesça :

— Maintenant, on sait.

Ils restèrent tous les deux silencieux un moment. Puis Charlie déclara :

— J'ai fait une liste, à l'hôpital, et c'était au programme.

Il marqua un temps d'arrêt, puis regarda Michael.

— Tu n'as pas fait de commentaires sur ma nouvelle lésion.

Qu'y avait-il à dire ? Il s'agissait d'une tache violette qui se trouvait au bout du nez de Charlie, évidemment impossible à dissimuler.

Charlie dressa la tête et prit une pose majestueuse à la Condé Nast.

— Ça ne me sied pas vraiment, n'est-ce pas ? Tu penses que je devrais exiger un remboursement ?

Michael émit un petit rire forcé, se rapprocha de lui et glissa une main dans la poche arrière du Levi's de son ami.

— Ça n'a pas l'air si méchant, risqua-t-il.

— Je t'en prie, dit Charlie. Je ressemble à Pluto !

Michael lui sourit.

— Écoute...

— Non, pas même à Pluto : lui avait l'air sympa.

— Toi aussi, tu as l'air sympa.

— Qui étaient ces mecs qui passaient leur temps à voler la cassette remplie d'argent d'oncle Picsou ?

— Les Rapetout, répondit Michael.

— C'est ça, dit Charlie. C'est plutôt mon style de personnage.

Michael lui adressa un petit signe de tête pour marquer son désaccord.

— Qu'est-ce qu'il y a d'autre sur ta liste ? En dehors des réunions Tupperware ?

Charlie réfléchit un moment, puis :

— Un tour en montgolfière, écrire une lettre de fan à Betty White, te trouver un mari...

— Eh bien, plaisanta Michael, de ces trois propositions, les deux premières me bottent assez.

— Ne le prends pas comme ça. Il y avait chez moi quelques beaux spécimens, aujourd'hui. Tu n'as même pas essayé d'obtenir le moindre numéro de téléphone ?

— Non.

— Pourquoi ?

— Parce que je ne racole pas aux réunions Tupperware, répliqua Michael.

— On se demande ce qui t'intéresse encore : tu ne donnes même pas dans le romantisme platonique. À quand remonte ta dernière aventure ?

— Arrête de me taquiner là-dessus, tu veux ? Tu perds ton temps. Allons faire un tour en montgolfière.

Charlie inspecta ses ongles.

— Trop tard, objecta-t-il. Richard et moi nous avons déjà programmé ça pour la semaine prochaine... Tu pourrais venir avec nous.

— Non, dit Michael, je te remercie.

— Et Alcatraz, qu'en penses-tu ? demanda Charlie. Je n'y suis jamais allé.

— Moi non plus, fit Michael.

— J'ai un peu peur que ça soit déprimant.

— Peut-être...

Charlie laissait glisser ses doigts sur la balustrade.

— J'ai entendu dire qu'on donnait aux pires délinquants les cellules avec vue sur la ville. On considérait que c'était le plus terrible des châtiments : voir encore San Francisco mais ne plus pouvoir y aller.

Michael grimaça d'indignation.

— Tu penses que c'est vrai ?

— Non, probablement pas, murmura Charlie.

— Allons vérifier tout ça en voyage organisé.

— Tu es sûr d'en avoir envie ? Ça fait très Américain moyen.

— Et une réunion Tupperware, alors ?

Charlie sourit.

— Tu as trouvé ça ringard à ce point ?

— Non. J'ai trouvé Mme Sarkisian très gentille, finalement.

— Oui, c'est vrai.

Une mouette survola le linge du voisin, puis se posa sur la balustrade.

— Tout le monde est certainement très gentil, conclut Charlie. Mais ça n'a plus aucun sens pour moi...

Michael le regarda et pensa aux brins de *finocchio,* qui s'obstinaient à pousser entre les crevasses du trottoir.

Leur bateau s'appelait *Reine des mers,* au grand amusement de Charlie. Les autres passagers formaient un mélange fellinien de femmes en tailleurs-pantalons accompagnées de leurs maris, avec en prime une troupe de collégiennes catholiques en jupes écossaises bleu et gris.

À bord, il y avait aussi un mec superbe, d'un blond vénitien, aux sourcils longs et pâles et dont les yeux avaient la couleur d'un jean délavé. Charlie était complètement séduit.

— Je te préviens, confia-t-il généreusement à Michael, il n'arrête pas de te tourner autour.

Michael leva sa tasse de café et souffla dessus.

— N'en rajoute pas, Charlie.

— Réagis, bon Dieu ! Arrête de jouer les vierges effarouchées.

— Il ne me regarde même pas.

— Eh bien, tout à l'heure il te *regardait,* pauvre cloche !

— Vise un peu ces mouettes, dit Michael. C'est stupéfiant de les voir voler si longtemps sans battre des ailes.

Charlie poussa un soupir exaspéré et scruta la mer d'un air effaré.

— Qu'est-ce que je vais bien pouvoir faire pour réussir à te caser ?

Un léger voile de brume couvrait l'île tandis qu'ils en approchaient. Le pénitencier semblait encore intact, tapi comme une bête menaçante au sommet du Rocher, mais un grand nombre de bâtiments annexes étaient réduits à l'état de ruines, de décombres recouverts de fleurs sauvages.

Au-dessus d'une pancarte affichant FEDERAL PENITENTIARY, Michael distingua à peine le mot « Indiens », grossièrement peint en rouge, manifestement une trace de l'occupation des *Native Americans* à la fin des années soixante.

Ils débarquèrent avec la foule. Le flot des voyageurs traversa les quais et passa devant la conciergerie pour entrer dans un bâtiment qui ressemblait curieusement à une cave à vins, avec des murs suintants et des plafonds bas et voûtés. Là, ils eurent droit à une projection de diapositives de dix minutes destinée à leur démontrer que les détenus d'Alcatraz avaient été les pires des criminels, des types irrécupérables qui méritaient leur isolement sur le Rocher.

Ensuite, dans l'attente d'autres informations, ils se rassemblèrent devant une autre entrée, à l'arrière du pénitencier. Quand leur guide arriva, il expliqua qu'en raison de leur nombre, il serait demandé aux visiteurs de se diviser en choisissant parmi les trois thèmes de visite proposés.

Ces trois thèmes, expliqua-t-il sur un ton posé, étaient « Mesures de sécurité », « Détenus célèbres » et « Discipline ».

Charlie se pencha et souffla « Discipline » à l'oreille de Michael.

Celui-ci lui adressa un sourire complice.

Comme s'il lisait dans leurs pensées, le guide ajouta brusquement :

— Que ceux qui ont choisi « Discipline » veuillent bien suivre Guy au bloc d'en passant par la salle des douches.

— Oh, Guy !... ulula Charlie.

Quand ils furent tous réunis dans la salle des douches, la composition de leur groupe offrit un échantillonnage significatif : on y trouvait Michael, Charlie, le beau blond, et au moins deux douzaines de collégiennes.

Le guide les mena à l'intérieur du bloc D, faisant de son mieux pour canaliser le flot des gamines qui riaient sottement.

— Beaucoup de noms différents ont été donnés à cet endroit, commença-t-il. Régime cellulaire, claustration, centre de traitements spéciaux, isolement. Ici, les prisonniers passaient jusqu'à vingt-quatre heures par jour à l'intérieur de leurs cellules. Ils avaient leurs douches là-bas, au bout du bloc cellulaire, car il leur était interdit de se doucher avec les autres détenus.

Michael et Charlie échangèrent des regards entendus.

— Les cellules 9 à 14 étaient appelées par les détenus « cellules sombres » et elles représentaient la forme de punition la plus sévère à Alcatraz. Les hommes restaient dans l'obscurité totale, à l'intérieur de ces cellules aux murs doublés d'acier, et on ne leur donnait de matelas qu'une fois la nuit tombée. On les nourrissait deux fois par jour avec ce qu'on appelait le « régime réduit » — une purée de légumes dans une tasse.

— Waou ! firent en chœur les collégiennes.

— Si vous avez envie de voir à quoi ça ressemblait, de passer tout son temps dans une « cellule sombre », choisissez-en une et je fermerai la porte derrière vous.

Les gamines poussèrent des cris d'épouvante, comme si elles découvraient la maison des horreurs d'une fête foraine, se rassemblèrent en petits groupes et s'entassèrent ainsi dans les cinq cachots. Michael se dirigeait vers la cellule 11 quand Charlie l'attrapa *manu militari* par le bras.

— Réfléchis un peu, pauvre gourde. File dans la 12 !

Michael jeta un coup d'œil à la cellule 12 et surprit un sourire magnifique flottant au-dessus d'une marée de collégiennes.

— Allez ! ordonna Charlie.

Michael hésita, puis entra dans la cellule, regardant le sourire s'élargir.

Quelques secondes plus tard, le guide approcha et ferma la lourde porte dans un fracas métallique assourdissant. Le cachot minuscule fut plongé dans une obscurité immédiate et complète, ce qui provoqua un autre hurlement de la part des jeunes filles.

Leur simulacre de supplice dura seulement quelques secondes, car la porte s'ouvrit à nouveau, et la cellule fut envahie par la lumière. Le beau blond ne souriait plus, mais il semblait s'être rapproché.

— Assez terrifiant, dit-il à Michael.

— N'est-ce pas ?

— Et pourtant nous étions accompagnés ! Qu'est-ce que ça doit être quand on est tout seul !

Michael se laissait entraîner par le flux de collégiennes, lorsque son interlocuteur le rattrapa en lui tendant la main.

— Je m'appelle Thack.

Michael lui rendit son salut :

— Et moi Michael.

Charlie les regardait, les bras croisés sur sa poitrine, avec une lueur triomphante dans les yeux.

— Comment c'était ? demanda-t-il.

— Euh... Charlie, répondit Michael avec maladresse. Je te présente Thad.

— Thack, corrigea son superbe tombeur. C'était génial ! Tu n'as pas essayé ?

Il soutint le regard de Charlie sans sourciller, remarqua Michael. Un point pour lui.

Charlie fit non de la tête.

— Je ne suis pas très à l'aise dans les cocktails mondains.

Thack rit, puis se retourna vers Michael.

— Vous êtes de la région ?

— Oui, répondit Michael, évitant son regard.

Il était beaucoup trop dangereux d'y plonger.

— Est-ce que Alcatraz n'est pas un peu trop... touristique, pour les gens du coin ?

Michael haussa les épaules.

— On ne l'avait jamais fait ; on a donc pensé qu'il était plus que temps.

— Comme les New-Yorkais avec la statue de la Liberté.

— Exactement, acquiesça Charlie. C'est de là que tu viens ?

Il se montrait aussi circonspect qu'une mère juive faisant passer un entretien à son futur gendre.

— Non, dit Thack. De Charleston.

— Virginie-Occidentale ?

— Caroline du Sud.

— Un homme du Sud ! s'exclama Charlie, un peu

trop joyeusement. Michael aussi vient du Sud. À en juger par ton accent, tu ne sembles pourtant pas venir de là-bas. Où est-il passé, cet accent traînant ?

Michael ne savait plus où se mettre.

— Je crois que nous ferions mieux de partir, suggéra-t-il. Un autre groupe arrive.

Les trois hommes quittèrent le pénitencier en passant par l'entrée principale et s'attardèrent au pied du fanal à regarder le brouillard envahir la ville.

— J'allais presque oublier... annonça soudainement Charlie. Je veux prendre une photo de la salle des douches.

— Tu n'as pas pris ton appareil, lui fit remarquer Michael.

— Ah bon ? Merde.

Il lança à Michael un regard faussement furieux qui signifiait : « Ferme-la, andouille ! »

— Peut-être qu'ils vendent des cartes postales, ou des trucs comme ça ?

— Sûrement, répondit Michael.

Charlie se tourna vers Thack :

— Surveille-le, s'il te plaît.

Tandis que Charlie s'éloignait à grands pas, Thack demanda :

— C'est ton ange gardien ?

— C'est ce qu'il pense, oui.

— Est-ce que c'est un kaposi ?

Thack toucha le bout de son nez.

Michael hésita, puis répondit :

— Oui.

— Je n'en avais jamais vu.

Michael confirma en hochant la tête :

— C'en est bien un.

— Tu sors avec lui ?

— Non. C'est un ami.

Thack se retourna pour désigner la ville du doigt :

— Tu habites là-bas, hein ?

— Oui, oui. Je peux voir ce fanal depuis ma chambre.

— Ça doit être pas mal...

— Mmm, acquiesça Michael.

Il ramassa brusquement un galet sur le sol et le lança en direction de la conciergerie.

— C'est la première fois que je viens ici, lui apprit Thack.

— Et comment tu trouves ça ?

— Bien, mais il n'y a pas beaucoup d'endroits pour se baigner.

— L'océan est dangereux, oui. En revanche, la rivière est agréable. Tu devrais remonter vers la Russian River.

— J'en ai entendu parler. Où est-ce ?

— Au nord. Pas très loin.

Thack s'assit sur un mur en pierre et arracha d'un coup sec une mauvaise herbe qui poussait dans une fente.

— Combien de temps restes-tu ici ? demanda Michael.

Thack haussa les épaules :

— Encore une semaine. À quelques jours près.

— Où est-ce que tu loges ?

— Au *San Franciscan.* Sur Market Street.

— Eh bien, si tu as besoin d'un guide... Je veux dire... Je suis moi-même en congé, en ce moment.

— Vraiment ? Eh bien, c'est d'accord.

— Je suis dans l'annuaire. Michael Tolliver. Ça s'écrit comme ça se prononce. Tu veux que je te l'écrive ?

— Non, répondit Thack. Je m'en souviendrai.

Pendant le trajet de retour, ils n'échangèrent que de menus propos et quelques données biographiques. Thack gagnait sa vie à Charleston en rénovant des demeures d'avant la guerre de Sécession. Il avait trente et un ans, mangeait rarement de la viande rouge et ne regardait jamais *Dynasty.* Il s'appelait William Thackeray Sweeney, grâce à une mère originaire de Chattanooga, qui enseignait toujours l'anglais au lycée.

Dès que Thack les eut quittés au *Pier 41,* Charlie pressa Michael de lui raconter les détails.

— Je veux être la damoiselle d'honneur, annonça-t-il. C'est tout ce que je demande.

— Il n'appellera pas, laissa tomber Michael.

— Pourquoi ça ?

Michael haussa les épaules.

— C'est un touriste. Il veut seulement s'envoyer en l'air, sans perdre de temps. Il trouvera vite quelqu'un dans un bar ou dans les petites annonces de l'*Advocate.*

— Ne sois pas d'un tel cynisme, le gronda Charlie. Ça finit par devenir désagréable.

Ils remontèrent Hyde Street en tramway et se séparèrent à Union, où Michael descendit. Il rentra à Barbary Lane à pied. Quand il arriva à son appartement, Mme Madrigal montait les escaliers d'un pas aérien et l'appela.

— Euh... mon petit Michael ?

— Oui ?

— Brian est venu. Il a demandé si tu pouvais lui passer un coup de fil.

— Est-ce qu'il a dit à quel sujet c'était ?

La logeuse fit non de la tête.

— Probablement son neveu, hasarda Michael. Il est gay et Brian ne sait pas s'y prendre !

Elle sourit sagement.

— Je ne crois pas.

— J'espère bien que non. Je ne tiens pas à ce qu'il soit de notre bord !

Elle leva les yeux vers l'appartement de Jed, puis mit un doigt sur ses lèvres.

— Il n'y a pas de *bord,* chéri.

Michael essaya de prendre l'air penaud.

— Il est jeune, c'est tout. J'espère que Brian et toi pourrez tous les deux lui être d'un grand secours.

Il en doutait sérieusement.

— Appelle Brian, conclut Mme Madrigal, s'apprêtant à redescendre les escaliers. Je pense que c'est important.

Le garçon d'à côté

Impatient de s'échapper, Booter Manigault quitta son travail tôt et rentra chez lui à Hillsborough en voiture. Il trouva sa femme en train de siroter des cocktails Mai Tai sur la terrasse, et sa domestique en train de ruminer dans la cuisine. C'était le scénario habituel et tout cela l'agaçait. Emma était même davantage tourmentée que lui par ce que Frannie buvait.

— Alors, dit-il, posant sa serviette sur la table de la cuisine. Que s'est-il passé cette fois-ci ?

La domestique frémissait d'indignation.

— Je lui ai dit qu'elle se tuait, explosa-t-elle, et elle m'a répondu : « C'est pas tes oignons, négresse. »

Emma avait entendu pire, bien sûr : elle était au service de Frannie depuis si longtemps qu'elle faisait en quelque sorte partie de sa dot, avec le cristal, les petits tapis persans et le tableau de John Singer Sargent qui représentait la grand-mère de Frannie.

Le Sargent n'était pas vraiment à sa place dans le ranch moderne et bas de plafond qui appartenait à Booter, mais Emma et le reste du mobilier s'y étaient bien intégrés. La domestique était vieille et acariâtre, mais sa loyauté demeurait incontestable. Booter la tenait pour le dernier spécimen d'une espèce éteinte.

— Madame ne voulait pas dire ça, expliqua-t-il calmement à la domestique. C'est l'alcool qui la fait s'exprimer ainsi.

Emma grogna, puis fit jouer sur la nappe ses gros doigts qui ressemblaient à des bâtons de réglisse.

— Non, c'est une vieille toquée de femme blanche, c'est tout.

Booter la laissa pour aller affronter sa femme sur la terrasse.

— Va te réconcilier avec Emma, s'il te plaît !

Frannie le regarda avec des yeux de cocker cerclés de rouge, serra ses mâchoires, puis, feignant la fermeté avec pathétique :

— Plutôt brûler en enfer, le défia-t-elle.

— L'as-tu vraiment traitée de négresse, Frannie ?

La lèvre inférieure de la vieille dame s'amincit brusquement.

— Est-ce que c'est vrai ? persista-t-il.

— Tu emploies bien ce mot-là tout le temps, toi !

— Pas à propos de gens que je connais, répliqua-t-il. Pas en face d'eux.

— Je la connais depuis quarante ans.

Elle leva ses mains chargées de bijoux et rajusta sa perruque.

— Je peux la traiter de tout ce que je veux.

— C'est une domestique, Frannie : ça ne se fait pas !

— Ça ne te regarde pas, Booter. Emma et moi nous comprenons parfaitement.

D'une certaine manière, sur ce point elle avait raison. Les deux femmes se chamaillaient constamment, les choses s'envenimaient vite, ensuite elles se réconciliaient. Emma formait davantage un couple avec sa femme qu'il n'y parviendrait jamais lui-même.

— Quand pars-tu ? demanda-t-elle.

— Cet après-midi, répondit-il.

— Pour combien de temps ?

Il détestait ce genre d'interrogatoire venant d'une

femme qu'il considérait toujours comme la veuve d'un ancien ami.

— Quatre ou cinq jours, fit-il entre ses dents.

Elle poussa un gros soupir mélodramatique.

— Pas d'histoire, hein ! reprit-il. Edgar y allait les deux semaines entières, lui !

— Ce n'est pas seulement le *Grove,* se plaignit-elle d'une voix triste. Tu ne m'emmènes jamais nulle part.

Elle lui avait reproché la même chose l'année précédente lorsqu'il était parti en Europe sans elle pour le quarantième anniversaire du débarquement. En tant que membre de l'*American Battle Monuments Commission,* il aurait eu le droit de l'emmener avec lui pour participer aux réjouissances, mais il s'était bien gardé de s'exposer à ce type d'embarras.

Comme d'habitude, Emma avait monté la garde au domicile conjugal, pendant qu'il avait arpenté les plages de Normandie, sanglé dans un imperméable, dans le sillage du Président. Il n'avait pas pu faire autrement que de voyager seul, étant donné les fluctuations alcooliques de l'humeur de Frannie et la querelle de longue date qui l'opposait à Nancy Reagan depuis l'époque où le mari de cette dernière était gouverneur de Californie.

— On fera quelque chose bientôt, promit-il.

Elle avala une gorgée de son cocktail et scruta d'un air lugubre les collines à l'horizon.

— Je vais faire un discours, déclara-t-il joyeusement, essayant de la faire sortir de sa morosité.

— Où ça ?

— Au *Grove.*

Elle grogna.

— C'est un *Lakeside Talk.*

— Et c'est un honneur ?

« Bon Dieu ! », pensa-t-il, exaspéré par l'indifférence délibérée de sa femme. Après tout, on n'avait jamais demandé à Edgar de prononcer un tel discours.

— De quoi s'agit-il, exactement ? demanda-t-elle.

— De l'IDS, répondit-il.

— De la quoi ?

— Frannie... L'Initiative de défense stratégique.

— Oh ! Tu veux dire la « Guerre des étoiles ».

Il grimaça :

— On ne l'appelle pas comme ça !

— Eh bien, moi oui ! Je me fiche pas mal de la manière dont cet épouvantail de vieux cabot l'appelle.

Il lui lança un regard noir, puis se détourna, apercevant une minuscule silhouette qui traversait le court de tennis à toute allure, pour remonter vers la pelouse. C'était le petit Edgar, le petit-fils métis de Frannie, qui venait encore une fois le déranger dans sa quiétude.

— Oh, celui-là ! Qu'il aille au diable ! grommela-t-il.

— Ne sois pas méchant avec lui.

— Je ne suis pas méchant avec lui. Quand ai-je été méchant avec lui ?

— Eh bien, du moins tu n'es pas très gentil ! C'est ton petit-fils, nom de Dieu !

— Oh non, protesta Booter. C'est *ton* petit-fils, pas le mien.

— Eh bien, tu pourrais lui accorder un minimum d'intérêt.

— Écoute. Ce n'est pas parce que DeDe débloquait au point de se faire sauter par un livreur chinetoque...

— Booter !

— Remarque, au moins, c'était normal, ça ! ajouta-t-il. C'est bien mieux que cette relation contre nature...

— Oh, Edgar chéri ! cria soudain Frannie. Viens dire bonjour à Magnie et Booter !

Elle jeta une œillade haineuse à Booter et finit son verre juste au moment où le garçonnet arriva tout essoufflé sur la terrasse. Booter ne pouvait s'empêcher de se demander ce que le premier mari de Frannie aurait pensé de cet homonyme aux yeux bridés.

— Maman m'a dit de venir, annonça le petit garçon.

— C'est gentil, déclara Frannie. Tu veux la cerise de Magnie ?

Elle lui tendit son verre.

Edgar refusa d'un signe de tête :

— D'or ne voudrait pas.

— Ne sois pas stupide, chéri. Juste la cerise, pas l'alcool.

— C'est plein de colorants, dit-il. C'est du poison.

Frannie, en posant le verre, eut l'air désorienté, puis un peu indigné. « Elle ne l'a pas volé », pensa Booter. Que pouvait-elle espérer de l'éducation dispensée par un couple de lesbiennes à un enfant ?

Le jeune Edgar déclara :

— Écoutez, les potes. Maman veut savoir si vous avez toujours cette tente pour deux...

— Mais je ne suis pas un *pote,* le coupa Frannie en se hérissant.

Le garçon observa attentivement sa grand-mère un moment, puis se tourna vers Booter.

— C'est celle qu'Anna et moi avions installée dans le verger, l'été dernier.

Booter hocha la tête :

— Elle se trouve dans la remise du jardin. Sur l'étagère.

— On peut s'en servir ?

— *Pouvons-nous* nous en servir ? corrigea Frannie.

Booter fit semblant de ne pas l'entendre.

— Viens, je vais t'aider à la descendre, proposa-t-il à l'enfant.

Il y eut un long silence, puis :

— Alors, reprit Booter, ta mère va camper ?

— On y va tous, répliqua le garçon.

— Eh bien, une seule tente ne suffira pas.

— Je sais. Nous avons une autre tente pour Anna et moi.

Booter s'imagina cette installation malsaine et sa bouche devint amère.

— Où allez-vous ? s'enquit-il.

Le garçon le regarda prudemment, puis haussa les épaules.

— Juste camper.

Quand ils arrivèrent à la remise, Booter trouva la tente et conseilla Edgar :

— Je crois que les piquets en plastique sont tous là et qu'on n'en a pas oublié, mais tu ferais mieux de demander à ta mère de vérifier.

Le garçon souleva le paquet et rétorqua :

— Je peux vérifier tout seul.

— Bien, concéda Booter.

Il attrapa derrière une rangée de pots de fleurs le dinosaure en plastique qu'il avait remarqué à cet endroit deux jours plus tôt.

— Ceci est à toi, je crois ?

Le garçon acquiesça en s'emparant du jouet.

— Merci, dit-il. C'est mon préféré.

— C'est un quoi ? Tu connais son nom ?

— Protoceratops.

Booter guida le garçon vers la porte.

— C'étaient de grands machins, commenta le vieil homme.

— Non, répliqua Edgar. Pas celui-ci.

— Eh bien, peut-être pas celui-ci...

— Ils mesuraient seulement un mètre quatre-vingts de long et quatre-vingt-dix centimètres de haut. Leurs œufs ne faisaient que quinze centimètres de haut.

— Je comprends...

— J'en ai de grands aussi. Tu veux les voir ?

— Pas aujourd'hui, fiston.

— Je pourrais les apporter ici. Tu n'aurais pas à venir dans notre maison.

— Je n'ai pas le temps, Edgar.

— Pourquoi ?

— Eh bien, je pars en voyage cet après-midi. Tout comme toi.

— Oh.

Ils traversèrent la pelouse en marchant silencieusement. Il avait peur qu'Edgar ne le suivît chez lui, mais le gamin emprunta son propre itinéraire quand ils furent arrivés au court de tennis. Il se faufila entre les troènes avant de traverser le verger qui menait à Halcyon Hill.

Signal d'appel

Charlie ne se donna pas la peine de s'annoncer :

— Alors ? Il a appelé ?

— Comment le pourrait-il étant donné que tu n'arrêtes pas de téléphoner pour le savoir ?

— Foutaise ! Tu as le signal d'appel.

— Eh bien... il n'a pas appelé.

— Mais il va appeler. Et que vas-tu lui dire ?

« C'est bien là le problème. Que dirai-je ? "Je t'aime bien, Thack. Tu me plais, et je pense qu'on pourrait sortir ensemble. Mais je crois que je devrais te dire avant que l'on aille plus loin que je suis séropositif." Ouais, mec : c'est du pur romantisme, ça ! Qui ne serait pas tout excité par ce type de baratin ? »

— J'improviserai le moment venu, opposa Michael à Charlie.

— Et la rivière ?

— Quoi, la rivière ?

— Pourquoi tu ne l'emmènes pas là-bas ? Tu m'as dit qu'il n'y était jamais allé.

— Je n'en ai pas les moyens, Charlie.

— Ah, mais j'ai une maison là-bas, moi.

— Depuis quand ?

— Depuis que mon volontaire *Shanti* est allé à Boca Raton inséminer une lesbienne.

Michael rit.

— Super ! Merci pour les détails !

— Tu sais, en réalité c'est un grand honneur ! Qui t'a demandé ton sperme, récemment ?

— Charlie, de quoi es-tu en train de parler ?

— Attends, je t'explique : Arturo — mon copain *Shanti* — possède une belle maison à Cazadero. Mais il ne peut pas y aller en ce moment, puisqu'il va être donneur de sperme.

— Très bien.

— Il a passé le test du sida, il y a deux semaines, et il s'est révélé négatif. Les filles se sont donc réunies en petit comité et ont décidé de lui envoyer un billet d'avion. Ce qui laisse cette grande maison complètement inoccupée. Et je ne peux pas en profiter puisque je m'envoie en l'air en montgolfière.

— Eh bien, c'est vraiment gentil, mais...

— Penses-y, c'est tout. Quand Thack appellera.

— *Si* Thack appelle, Charlie !

Le signal d'appel du téléphone de Michael émit à ce moment-là un bip.

— Voilà ! triompha Charlie. Quand on parle du loup...

— Raccroche, ordonna Michael.

— Hors de question. J'exige un compte rendu.

Michael soupira et prit l'autre appel.

— Bonjour.

— Salut, c'est Brian.

Michael ne put s'épargner un léger serrement de cœur.

— Oh, salut. Mme Madrigal m'a dit que tu étais passé.

— Ouais. J'avais un peu besoin de parler.

— Oh... euh, bien sûr.

— Le moment est-il bien choisi ?

— Maintenant ? Au téléphone ?

— Non. Est-ce que je pourrais descendre te voir ?

Le ton solennel de Brian indiquait qu'il y avait urgence. Il s'était sûrement encore disputé avec Mary Ann.

— Euh... bien sûr. Descends.

L'expression sonnait un peu de façon ridicule, comme une instruction donnée à un candidat de jeu télévisé, mais il l'utilisait beaucoup depuis que ses amis avaient déménagé au Summit.

— Merci, dit Brian.

Michael reprit l'appel de Charlie.

— Ce n'était pas *lui.*

— Merde.

— Je dois y aller maintenant.

— Tiens-moi au courant, lança Charlie.

Le regard gris-vert de Brian errait dans la pièce, sans pouvoir se fixer longtemps sur quoi que ce fût.

Ses favoris n'avaient jamais semblé aussi fournis à Michael (celui-ci avait une fois qualifié ce phénomène de « syndrome McCartney »), mais heureusement ils ne portaient guère atteinte au charme de ses boucles de cheveux châtains ou de sa belle mâchoire carrée mal rasée.

— Tu veux un café ou autre chose ? demanda Michael.

— Non, merci, fit Brian en s'asseyant sur le canapé.

— J'ai du décaféiné... et du Red Zinger.

— Michael... l'arrêta Brian. J'ai de gros ennuis.

Michael approcha son tabouret en chêne et s'installa en face de son interlocuteur.

— Que se passe-t-il ?

Brian hésita, puis :

— Tu te souviens de Geordie Davis ?

Michael fit non de la tête.

— Mais si, la femme que j'ai rencontrée au Serramonte Mall, reprit Brian.

— Oh, j'y suis !
— Elle a le sida.
— Quoi ?
— Elle a le sida, mec. Je l'ai vue hier. Elle est vraiment malade.
Michael n'en revenait pas.
— Comment l'a-t-elle attrapé ?
— Je ne sais pas. Elle doit sortir avec un junkie ou un truc comme ça.
— Oh...
— Qu'est-ce que je vais pouvoir dire à Mary Ann ?
Michael réfléchit un instant.
— Combien de fois l'as-tu... vue ? se renseigna-t-il.
Brian haussa les épaules.
— Six ou sept fois. Huit, au maximum.
— Tu m'avais dit que...
— Bon, je l'ai vue plus d'une fois. Ce n'était pas sérieux. Aucun de nous deux ne tenait à s'engager...
Il se mordilla un doigt.
— Qu'est-ce que je vais lui raconter ?
— À Geordie ?
— Mais non : à Mary Ann, bon sang !
— Ne hurle pas, s'il te plaît.
— On a fait des trucs anaux. Est-ce que ça... tu sais bien, enfin ?...
— Mary Ann et toi ?
— Non !
Brian lui lança un regard indigné.
— Geordie et moi.
— Tu veux dire que... tu l'as sodomisée ?
— Non.
Michael esquissa un mouvement de recul.
— *Elle* t'a sodomisé ?
— Très drôle, mec ! Vraiment très drôle !
— Excuse-moi : je ne comprends pas.
— Elle avait ces sortes de boules... tu vois ce que je veux dire ?

— Je vois.

Brian marqua un temps d'arrêt, baissant les yeux sur ses pieds.

— Elles n'étaient ni très... grosses, reprit-il, ni quoi que ce soit d'autre.

Michael fit tout son possible pour ne pas éclater de rire.

— Brian... ce n'est pas facile pour une femme de le transmettre à un homme de cette façon-là.

— C'est vrai ?

— Bien sûr. Tu vas quand même faire un test. Je connais un gars, dans une clinique aux environs de Castro. Je vais te prendre un rendez-vous.

— Je ne veux pas que tu leur donnes mon nom...

— Tu seras juste un numéro. Ne t'inquiète pas.

— Quel genre de numéro ?

— Un numéro sur une liste.

Il se pencha pour secouer un genou de Brian.

— Tu te sens en forme, n'est-ce pas ?

— Oui. La plupart du temps. Je me suis senti un peu bizarre, il y a quelques jours, mais ça ressemblait plutôt à une grippe.

— C'est probable.

Brian acquiesça.

— Ça va aller, fit Michael.

— Je n'ai jamais eu aussi foutrement peur...

— Je sais. Je suis déjà passé par là, rappelle-toi !

— Ouais, mais... c'est différent.

— Pourquoi ?

— Michael, il y a des innocentes mêlées à tout ça !

— Pardon ?

— Mary Ann... Shawna, bon sang !

— Innocentes ? Tu veux dire : pas comme moi, ni comme Jon, ni comme tous les pédés.

— Ce n'est pas ce que...

— Oublie ces conneries d'innocence. Il s'agit d'un virus. Tout le monde est innocent.

Il essaya de se calmer.
— Je vais appeler la clinique.
— Je te demande pardon si je...
— Laisse tomber.
— Je ne savais pas à qui d'autre parler.
— Tout se passera bien, le rassura Michael.
Brian le regarda droit dans les yeux.
— Moi aussi j'aimais Jon, tu sais.
— Je sais.

Cérémonies sans soucis

Comme Booter, la plupart des *Bohemians* arrivaient au *Grove* en voiture. La presse, toujours fascinée par l'argent et le pouvoir, exagérait énormément le nombre des jets Lear et Lockheed qui atterrissaient à l'aéroport de Santa Rosa pendant la durée du camp de juillet. Beaucoup de membres — enfin, certains d'entre eux, en tout cas — étaient des gens simples qui exerçaient des métiers ordinaires.

Ils venaient au *Grove* pour fuir leur vie quotidienne, et non pour élaborer des projets d'OPA, comploter des duels politiques ou bien faire la guerre. La bombe atomique y avait été conçue en 42 ? Certes, mais à la mi-septembre, presque deux mois après que le camp eut fermé ses portes.

La véritable fonction du *Grove* consistait à fournir une échappatoire, purement et simplement. Il représentait un refuge secret où les grands industriels et les piliers du gouvernement pouvaient en toute confiance s'adonner au luxe de la camaraderie en s'appelant par leurs prénoms.

S'échapper était certainement ce que Booter avait en tête alors qu'il roulait vers le nord à toute allure sur l'autoroute et s'éloignait de Frannie, de la ville et du stress d'un patron de l'aluminium.

Après une heure de voiture, il quitta l'autoroute et se dirigea vers l'ouest, cap sur Guerneville, où des vignobles ensoleillés et des vergers aux arbres entremêlés alternaient brusquement avec des tunnels verts et obscurs. Les doux reflets dorés de la rivière lui apparurent à travers les arbres en même temps que les cabanons déglingués, les caravanes rouillées, ainsi que les devantures des bars accrocheuses aux néons criards.

Il traversa Guerneville, s'efforçant de ne pas prêter attention aux adolescents boutonneux et aux caricatures d'homosexuels qui traînaient dans la rue principale aux enseignes tapageuses. Il avait préféré cette ville dans les années cinquante, avant qu'elle ne connût un nouvel essor, à cette époque où elle n'était encore qu'une bourgade endormie depuis les années trente.

À Monte Rio, il tourna à gauche et traversa la rivière en empruntant le vieux pont en acier. Il tourna encore une fois à gauche pour se retrouver sur une route qui serpentait le long de terrains couverts de carcasses de voitures, de mûriers et de sumacs vénéneux qui envahissaient le bitume.

Au bout de cette route se dressaient les grandes portes en bois du *Grove* et la pancarte noyée dans la verdure qui accélérait à chaque fois les battements de son cœur :

PROPRIÉTÉ PRIVÉE.
ACCÈS RÉSERVÉ AUX MEMBRES ET AUX INVITÉS.
DÉFENSE D'ENTRER SOUS PEINE DE POURSUITES.

Il franchit les portes, puis longea la réception aux charpentes grises et s'arrêta devant le bureau des arrivées pour décharger ses bagages. En sortant de sa voiture, il rajusta sa cravate, brossa son costume pour le défroisser, et huma la senteur des résineux qui imprégnait comme de l'encens la grande cathédrale forestière qui l'attendait.

Il reconnaissait déjà les personnages dont les catégories lui étaient familières : les nouveaux arrivants débordant de joie, les étudiants en jean chargés de garer les voitures et les agents de sécurité vêtus de cuir, coiffés de chapeaux de cow-boy, affichant leurs bedaines et les boucles de leurs ceintures, aussi grandes que des plaques d'immatriculation.

Il transpira un peu lorsqu'il ouvrit son coffre pour traîner ses deux valises jusqu'à la plate-forme de débarquement des bagages qui indiquait « Route de la Rivière ». Un sentiment de joie inexplicable s'empara de lui lorsqu'il prit un petit crayon pour inscrire sur deux vieilles étiquettes démodées les mots « Manigault » et « Montagnards ». Pourquoi avait-il autant l'impression de rentrer chez lui ?

Après avoir abandonné sa BMW à un voiturier, il aperçut Farley Stuart et Jimmy Chappell, et les rejoignit d'un pas nonchalant.

— Bon sang ! s'exclama-t-il. Ce coup-ci, on est dans le pétrin !

Les deux hommes l'accueillirent en lui donnant une tape dans le dos. Jimmy avait l'air un peu diminué physiquement, suite à un pontage, mais il semblait plus courageux que jamais. Farley, se dirigeant vers la navette, se retourna et fit un signe de la main à Booter.

— Viens boire le champagne demain matin, à la Volière, dit-il.

La Volière était le camp du chœur. Farley était un baryton estimé, un membre « associé » qui avait conquis sa place au *Bohemian* par son seul talent. C'était loin d'être un aristocrate, mais il était tout de même fort sympathique.

Booter lui fit aussi un signe de la main en criant qu'il viendrait.

Il savait déjà qu'il n'irait pas (il espérait une invitation pour boire le champagne au *Mandalay*), mais l'esprit de fraternité qui grandissait en lui rendait une réponse négative quasi impossible.

Il trouvait amusant, comme toujours, que les gardes du bureau des arrivées le fassent pointer en utilisant un appareil antédiluvien. C'était, lui avait-on raconté, surtout lié à la facturation de la nourriture, car on faisait payer aux membres tous les repas qu'ils prenaient ou ne prenaient pas pendant leur séjour au *Grove.*

Le garde était de ceux qu'il aimait bien, ce qui le réconforta, puisque c'était le gars qui en saurait le plus sur ses allées et venues.

Lorsqu'il eut terminé son installation, il retrouva Jimmy et Farley qui voulurent empêcher la navette de démarrer pour qu'il pût monter, mais il décida de marcher, leur faisant signe de continuer — une décision que prenaient en lui à la fois le vieillard vaniteux fier de sa résistance, et le jeune homme naïf de jadis, aux yeux écarquillés par la découverte.

Quelque part devant lui, quelqu'un jouait du banjo.

Le portique de bienvenue, dont le but était bien plus d'accueillir les membres du *Bohemian* que de refouler d'éventuels curieux, correspondait à ses rêves de petit garçon : il s'agissait d'une construction à la Tom Swift en énormes rondins. Comme Booter le franchissait, un geai bleu survola son épaule, jacassant furieusement. Chez le vieil homme, le sentiment d'un retour aux sources fut complet.

Il marchait d'un bon pas, suivant la route qui menait à une sorte de forêt vierge, tellement vierge, d'ailleurs, qu'une partie en existait déjà quand Gengis Khan commença sa marche à travers l'Asie. Quelque chose d'indescriptible se produisait toujours en lui à cet endroit : pour cette fois unique dans l'année, le monde se trouvait réduit à des dimensions humaines et paraissait facile à apprivoiser.

Malgré son ciel, ses arbres et sa rivière, le *Grove* était complètement marqué par la présence humaine, le produit du génie de l'homme ; même s'il se présentait comme un espace à l'écart du monde ordinaire, un repaire d'une tribu secrète fermée au reste de l'humanité, l'ordre y régnait en maître, on n'y décelait pas le plus petit relent d'anarchie. Rien d'étonnant qu'il s'en réjouît.

Booter sifflotait en passant devant la poste, l'épicerie, la boutique du coiffeur, le musée, le bureau du télégraphiste, les téléphones, l'hôpital et la caserne de pompiers. D'autres membres, déjà anonymes et parfaitement à l'aise dans leurs vieux vêtements, passèrent devant lui par groupes avec entrain, brandissant leurs gobelets remplis de whisky en l'interpellant de loin en loin.

Il y aurait bientôt, dans ces cent vingt-six camps réunis dans l'enceinte du *Grove,* plus de deux mille hommes. Pour Booter, cela équivalait en gros à une densité de population plus importante que celle de Chinatown à San Francisco.

Comme il s'approchait du Cercle du feu de camp, il s'arrêta pour lire les affiches accrochées aux arbres — chacune une véritable œuvre d'art —, lesquelles annonçaient les soirées de gala et les concerts, les pièces de théâtre en costume d'époque et les *Lakeside Talks.* La mention de son propre discours apparaissait sur l'une d'elles : *Roger Manigault — L'Aluminium et l'avenir de l'IDS.*

Une autre navette — celle-ci baptisée « La Vieille Garde » — passa devant lui en cahotant tandis qu'il longeait le lac. Henry McKittrick était assis à l'arrière, le visage rougeaud et solennel. Booter le salua amicalement, mais Henry se contenta de répondre par un signe de tête, manifestement toujours en rogne à cause du contrat de son confrère avec Consolidated.

Booter, ensuite, se mit à descendre River Road dans

la direction des Montagnards, se plongeant dans le spectacle de la communauté frontalière qui s'ébrouait sous les arbres géants comme les pionniers de jadis arrivés enfin à bon port. Les noms des camps eux-mêmes lui évoquaient la moitié de sa vie : le Chenil, le Pays des Jouets, la Marmotte, les Fils de la Terre...

Sur la corniche à gauche, quelqu'un jouait au piano *These Foolish Things.* À droite, il y avait un groupe de jazz et un chœur; celui-ci était en train de répéter un morceau classique qu'il ne reconnut pas. Les voix montaient vers le ciel, planant sous les rayons obliques de l'après-midi comme un nuage de fumée.

Au crépuscule, il rejoignit les autres pour la fameuse « Crémation des Soucis ». La foule déjà ivre se tut lorsque l'organiste commença à jouer l'hymne funèbre et que le Grand Prêtre s'adressa à ses ouailles. Ensuite, la barge apparut et traversa le lac en silence, propulsée à l'aide d'une perche, et transportant l'effigie symbolique des Soucis.

Quand la barge atteignit la rive, deux officiants enlevèrent le voile, découvrant la figure macabre avec son masque de papier mâché. Celle-ci fut consciencieusement placée sur le bûcher, mais sa crémation fut interrompue, comme le voulait la tradition, par un rire sinistre préenregistré qu'intensifiaient des procédés électroniques et qui venait de la colline proche.

Tous les yeux se tournèrent vers la corniche au moment où de la fumée et un éclair jaillirent de l'Arbre des Soucis, blanc comme un fantôme. Une voix tonitruante s'éleva depuis les profondeurs de l'arbre :

— Imbéciles ! Imbéciles ! Imbéciles ! Quand comprendrez-vous que vous ne pouvez point me tuer ? Année après année, vous me brûlez dans ce *Grove,* adressant vos cris de triomphe stupides aux étoiles compatissantes. Mais quand vous retournez à la Ville, ne suis-je pas là à vous attendre, toujours fidèle au rendez-vous ? Imbéciles ! Imbéciles ! Vouloir vaincre les Soucis n'est qu'un rêve insensé !

Le Grand Prêtre répondit :

— Année après année, à l'intérieur de ce joyeux *Grove,* notre confrérie te condamne, et ta malveillance qui nous poursuit sans cesse a perdu son pouvoir sous ces arbres enchanteurs. Nous t'immolerons une fois de plus cette nuit, et dans ce feu qui dévorera ton image, nous verrons le signe qu'une fois de plus le bel été nous libère !

Ensuite, quand ils eurent allumé leurs torches à la flamme sacrée qui illuminait l'autel, les officiants descendirent jusqu'au bûcher funéraire et embrasèrent l'effigie en faisant résonner la nuit de leurs cris extatiques. Le chœur, alors, se mit à chanter *Hot Time in the Old Town Tonight.*

Booter sourit, sentant la magie habituelle le gagner, puis il se retira dans l'obscurité avant que le feu d'artifice n'éclatât au-dessus du lac. Lorsqu'il arriva aux cabines téléphoniques, il fut soulagé de constater que personne ne les occupait. Il put ainsi passer sa communication locale en toute tranquillité.

— Allô ? dit Wren Douglas.

— C'est moi, annonça-t-il. Je voulais m'assurer que tu es bien installée.

— Tout est parfait.

— Bon. Je monterai te voir ce soir.

— Je t'attends, répondit-elle.

Les bonnes nouvelles de Mary Ann

La clinique était un bâtiment de béton en forme de L, sur la 7e Rue, entre Noe et Sanchez. Derrière une rangée de palmiers défraîchis se trouvaient deux entrées distinctes : l'une pour les gens qui venaient passer le test, et l'autre pour ceux qui allaient chercher leurs résultats. À l'intérieur, pendant que Michael attendait dans la voiture, on montra à Brian une cassette vidéo sur les T4, les défenses immunitaires et la véritable signification de HTLV-III.

Puis un infirmier lui fit une prise de sang et lui annonça qu'il pouvait repartir.

— Bon Dieu ! jeta-t-il à Michael en montant à bord de la voiture. Tu ne m'avais pas dit que ça prendrait dix jours !

— Je croyais que tu le savais.

— Comment aurais-je pu le savoir ?

— Eh bien, moi aussi, j'ai passé le test, tu t'en souviens pas ?

— C'est vrai...

Brian regarda distraitement par la fenêtre, évaluant les choix qui s'offraient à lui. Il avait cru qu'il rentrerait avec un papier certifiant son parfait état de santé et une lettre de son médecin pour amortir le choc quand il parlerait de Geordie à Mary Ann. Mais à présent...

— C'est la procédure du labo, lui rappela Michael. Apparemment, ça prend tout ce temps.

— Dix putains de jours !

Michael lui adressa un faible sourire, mettant le moteur en marche.

— Dix jours sans putains, plutôt, plaisanta-t-il.

— Ça marchera pas, se lamenta Brian.

— Qu'est-ce que tu veux dire ?

— Eh bien, Mary Ann verra bien que quelque chose ne tourne pas rond.

Il jeta un regard menaçant à Michael.

— Et je te prie de m'épargner tes plaisanteries faciles.

— Tu n'es jamais resté dix jours sans faire l'amour ?

— Non.

— Eh bien... tu m'impressionnes !

Brian ne rit pas. Le manque de sérieux de Michael commençait à lui taper sur le système.

— Et les préservatifs, alors ? demanda Michael.

— On n'en utilise jamais, répondit Brian.

— Il suffit de vous y mettre. Dis-lui que tu penses que c'est un moyen de contraception plus sûr.

— Michael ! protesta-t-il d'un ton un peu vexé. Je suis stérile, tu as oublié ?

— Euh... Désolé.

Michael sembla réfléchir un instant au problème avant de se lancer dans une imitation assez fidèle des déclarations teutoniques du Dr Ruth.

— Eh bien... que diriez-vous d'un joli modèle décoratif... doté d'une extrémité originale ?

Brian explosa de rire malgré lui.

— Espèce de salaud ! s'exclama-t-il.

— Raconte tout à Mary Ann, risqua alors Michael.

— Non. Pas encore.

— Tu devras le faire tôt ou tard. Le plus tôt sera le mieux, comme toujours.

— Non, ce n'est pas vrai. Pourquoi faudrait-il qu'elle souffre pendant les dix prochains jours ?

— Parce que tu souffres toi-même... et que c'est ta femme.

La logique de Michael agaça Brian.

— Et j'ai été un mari vraiment sensationnel, c'est ça ?

— Écoute, Brian... Si tu ne lui dis pas maintenant...

— Laisse tomber, d'accord ? Je dois assumer seul.

— Très bien, conclut Michael.

Vingt minutes plus tard, Michael le déposait devant le Summit. Le concierge lui envoya un bonjour amical, mais Brian, qui se dirigeait sans expression vers l'ascenseur, l'entendit à peine.

Pourrait-il cacher la vérité pendant dix jours ? Continuer à vivre comme si de rien n'était ?

Une fois dans l'ascenseur, Brian y resta planté comme un piquet, essayant d'interpréter les symptômes qu'il pensait s'être découverts. Il se sentait lourd sans savoir depuis quand durait cet état. Une partie de l'endolorissement dont il souffrait semblait localisée au niveau des intestins où il éprouvait une vive douleur.

Il pouvait s'agir de n'importe quoi, évidemment : une indigestion ou une réapparition de sa dernière gastrite... Et puis merde, ce n'était peut-être que la grippe, après tout. Sa migraine, elle, semblait avoir disparu.

L'ascenseur s'ouvrit au vingt-troisième étage. Il sortit dans le couloir et tomba sur l'insupportable Cap Sorenson dont le visage arborait un sourire d'autosatisfaction.

— Ça boume, Hawkins ?

— Ça boume, répondit Brian sur le même ton faussement chaleureux.

Ils se croisaient, Cap maintenant la porte de l'ascenseur pour placer son dernier mot.

— Au fait... J'ai enfin conclu l'affaire dont je t'avais parlé.

— Super !

— Plus que ça ! se vanta Cap. Il s'agit de millions de dollars, cette fois-ci !

Brian hocha la tête. L'ascenseur repartit enfin, escamotant le sourire stupide de Cap Sorenson.

Il entra dans l'appartement et se dirigea péniblement vers la fenêtre. Le soleil couchant, à l'ouest, transformait les immeubles blancs en lingots d'or chatoyants qui se détachaient sur l'immensité bleue. Très loin, en contrebas, le feuillage touffu de Barbary Lane projetait des ombres rougeâtres sur les briques de la cour de Mme Madrigal.

Mary Ann sortait de la salle de bains.

— Je me demandais où tu étais, dit-elle.

Que faisait-elle là ? Ne devait-elle pas travailler jusque très tard dans la soirée ?

— Oh, mentit-il, Michael et moi sommes allés faire un tour en voiture à la plage. Où est Nguyet ? Elle était là, quand je...

— Je l'ai laissée rentrer chez elle. J'ai pensé qu'elle pouvait prendre son après-midi.

— Oh.

Elle ajouta :

— Je suis rentrée tôt tout simplement parce que j'en avais marre. Je me sens mieux maintenant.

Elle oscilla plusieurs fois sur ses talons, une lueur curieuse dans le regard.

— Devine quoi.

— Quoi ?

— Tu ne le croiras jamais.

Il regarda autour de lui, l'air soudain perturbé et un peu affolé :

— Où est Puppy ?

Elle fronça les sourcils :

— Tu vas me laisser raconter mon histoire ? Elle fait du vélo chez les Sorenson.

— Alors, qu'est-ce qui se passe ?

— Eh bien... voici un indice !

Elle marqua un temps d'arrêt, puis se mit à chanter :

— Dah-dah-dah-dah-*dah*... dah-dah-dah-dah-dah-*dah*.

Il n'y comprenait absolument rien.

— Allez, insista-t-elle, je sais que tu connais ! C'est la chanson d'un générique.

Il haussa les épaules.

— Oh, Brian !

Elle se remit à chanter :

— *Su-per Soi-rééée... Su-per Soi-rééée.*

— Très bien, dit-il. Et alors ?

Elle leva vers lui un visage épanoui.

— Je vais y participer, Brian.

— À l'émission ?

— Oui. Ils sont en train de faire une série sur... tu

sais : les meilleurs talkshows régionaux. Et ils me veulent ! C'est pas formidable, ça ?

Il acquiesça, s'efforçant de montrer la même exaltation :

— C'est vraiment super !

— Ils veulent faire une partie du tournage ici.

— Tu veux dire... moi aussi ?

— Bien sûr, toi aussi.

Elle tournoya dans la pièce un peu à la manière de Loretta Young.

— Puppy, toi, moi et notre splendide appartement qui domine la ville !

Mary Ann éclata d'un rire triomphant, se jetant sur lui pour l'enlacer.

Brian lui tapota une épaule et répéta :

— C'est vraiment super !

— J'ai passé la journée à décorer l'appartement dans ma tête.

Elle le lâcha et commença à arpenter la pièce.

— Je crois qu'il nous faudra beaucoup plus de fleurs. Des orchidées, peut-être... dans ces pots à mousse, là, avec des brindilles.

Il l'entendit à peine.

Elle s'immobilisa et lui adressa un petit sourire réprobateur.

— J'ai l'impression que tu décroches... Qu'est-ce qu'il y a, Brian ?

— Rien, la rassura-t-il.

— Tu as toujours ces migraines ?

— Non. Ça va, maintenant.

— Bien.

Elle inspecta le salon, manifestement en train d'étudier les angles pour la caméra.

— Je veux que tous ces minables de Cleveland en crèvent de jalousie. Oh, au fait : Jed est passé, cet après-midi.

Brian grogna. Il avait complètement oublié son neveu.

— Hé, dit-elle avec douceur, je croyais que tu allais lui donner une seconde chance ?

— Il n'en vaut pas le coup, répliqua-t-il.

— Écoute, il s'en va demain. Si seulement tu allais lui parler...

— Bon, fit-il brusquement, j'irai le voir. D'accord ?

Elle recula un peu, secouant la main comme si elle l'avait légèrement brûlée sur une plaque chauffante.

— J'en connais un qui a besoin de dîner et de se faire masser le dos, conclut-elle. Je nous prépare quelque chose à boire.

Le massage du dos n'était qu'un prétexte. Quand il perçut la pression des genoux de Mary Ann contre ses hanches, puis sentit la lotion au bois de cèdre couler au creux de son dos, il comprit qu'elle avait envie de faire l'amour.

— Devine le sujet de mon émission, demain ?

Elle massa doucement ses omoplates, pour finalement descendre vers ses fesses.

— Je t'écoute.

— La chirurgie du prépuce. C'est l'horreur, non ?

Il rit dans son oreiller.

— J'ai là un livre que je suis censée lire, continua-t-elle, mais ça m'intéresse pas des masses.

Il grommela.

— J'aurais plutôt envie de m'amuser, moi, ce soir ! Pas toi ?

Elle se pencha et déposa un baiser sur sa fesse gauche.

Il lui sourit, lui caressa la tête et la regarda de sa manière la plus tendre :

— Je ne me sens pas d'attaque, ma belle. Je suis désolé.

— C'est pas grave, déclara-t-elle aussitôt avec bonne humeur en posant le nez sur son cou. J'aime bien aussi les petits câlins.

— Mmm...

— Je me sens super bien avec toi, Brian.

— Merci.

— On passe du bon temps, ensemble.

Elle resserra son étreinte et soupira.

— Je n'arrive pas à y croire, sincèrement ! Tout ça... et maintenant *Super Soirée* !

Ils restèrent allongés un moment, se laissant gagner par le sommeil. Puis Mary Ann alla s'installer dans le fauteuil avec son livre sur la circoncision.

Il dormit de façon intermittente, se réveillant complètement lorsqu'elle éteignit la lumière pour aller se recoucher à côté de lui dans le lit.

— Quelle heure est-il ? demanda-t-il.

— Presque minuit, répondit-elle. Rendors-toi, chéri.

Pour une mystérieuse raison, il avait l'impression qu'il était plus tard. Selon lui, on aurait dû être déjà au matin. Il se retourna plusieurs fois, essayant de trouver la meilleure position pour ne plus ressentir ses douleurs musculaires.

— Tu te sens bien ? s'inquiéta-t-elle, en se blottissant contre son dos.

— J'ai juste... un peu trop chaud.

— Tu es brûlant !

— Si tu pouvais seulement... te pousser un chouïa.

Elle s'exécuta.

— Je vais prendre ta température, décida-t-elle alors.

— Non. Laisse tomber. Je vais bien.

— Mais si...

— Je veux dormir, Mary Ann !

Un silence blessé s'ensuivit. Finalement, elle lui tapota les fesses et se retourna.

— Je voudrais que tu ailles mieux.

Il dormit profondément jusqu'à la sonnerie du réveil. Mary Ann arrêta alors le signal, puis s'assit dans le lit, droite comme un piquet.

— Brian, ces draps sont trempés ! observa-t-elle.

Il vérifia : elle avait raison.

Elle lui toucha le front pour évaluer sa température.

— Je crois que tu n'as plus de fièvre, estima-t-elle.

Il se rendit compte qu'il se sentait beaucoup mieux. Peut-être le pire était-il passé.

Elle l'enjamba et sortit du lit.

— Tu as de la veine, dit-elle. Ce devait être le genre de truc qui ne dure que vingt-quatre heures.

— Probablement, la rassura-t-il.

À la porte de la salle de bains, elle s'immobilisa, ajoutant :

— Change les draps et retourne te coucher. Ménage-toi.

— Je me sens bien comme ça, mais sans doute as-tu raison.

— Bon, peu importe. Rendors-toi. Nguyet peut donner à manger à Puppy. Je lui laisserai un mot.

Il se rendormit dans les draps humides, pendant encore trois ou quatre heures. Quand il se réveilla, il entendit Nguyet chanter des chansons à Shawna en vietnamien. Le débat de Mary Ann sur la chirurgie du prépuce s'entendait depuis la télévision de la cuisine.

Il décrocha le téléphone et composa le numéro de Michael qui lui répondit par un bonjour jovial dès la première sonnerie.

— Si on se tirait quelque part ? dit-il sans se présenter.

— Où, par exemple ? demanda Michael.

— N'importe où. Il faut que je foute le camp d'ici, mec.

— Est-ce que tu regardes son émission ?

— La femme de ménage la regarde.

— C'est trop génial. Ça bat tous les records de vulgarité. J'adore.

— Michael...

— Tu lui as pas parlé, hein ?

— Non.

— Tu vas le faire, n'est-ce pas ?

— Oui. Bientôt. D'abord, il faut que je règle ça avec moi-même. Écoute, si on pouvait juste se barrer pendant quelques jours... aller à Big Sur, Mother Lode ?... Comme tu veux.

— Seulement toi et moi ?

— Ouais.

— Brian...

— Je ne parlerai pas tout le temps de mon histoire, c'est juré. J'ai juste besoin d'un peu de compagnie. De rire...

— Dix jours, Brian ?

— Quatre, d'accord ? Cinq. Qu'en dis-tu ?

— Tu vas bien ?

— Bien sûr que je vais bien. Je ne me suis jamais senti aussi bien.

Michael marqua un temps d'arrêt, puis demanda :

— Que dirais-tu de la Russian River ?

— Bonne idée. À quoi penses-tu ? Tu connais un endroit ?

— Je crois que oui, risqua Michael. Une cabane à Cazadero. Un ami me l'a proposée.

— C'est vrai ? Et ça ne te dérange pas si...

— T'inquiète : j'arriverai bien à supporter un con comme toi.

Brian rit, puis :

— De toute façon, c'est un vieux projet.

— C'est vrai, reconnut Michael.

— Alors sautons sur l'occasion.

— D'accord, conclut Michael. Ça marche !

En route pour Wimminwood

Elles se dirigeaient enfin vers le nord. D'orothea conduisait le break et DeDe était assise à côté d'elle. Les enfants se trouvaient à l'arrière, réfugiés dans un terrier imaginaire qu'ils avaient fabriqué avec du matériel de camping, et se disputant avec acharnement au sujet des bonbons Nerds.

— Maman les a achetés pour moi ! déclara Edgar.

— Elle les a achetés pour nous deux ! lui opposa Anna. Hein, maman ?

DeDe en avait assez entendu :

— Fichez-moi la paix, les mômes. Je ne vais pas tarder à assommer l'un de vous deux.

— Ooooh, dit ironiquement Anna en faisant une grimace, tu me fais peur.

— Je suis sérieuse, Anna.

— Edgar a mangé tous les Nerds, alors que tu les avais achetés pour moi !

— Je les avais achetés pour vous deux.

— Il les a tous mangés.

— Tu leur as acheté des Nerds ? demanda D'or à DeDe.

— Je lui ai dit qu'elle pouvait en prendre, intervint Edgar.

— C'est pas vrai ! s'exclama Anna.

— Qu'est-ce qu'un Nerd ? s'enquit D'or.

DeDe savait ce qui allait se passer.

— Ce n'est pas important, fit-elle.

— Regardons la boîte, annonça cependant la conductrice.

— D'or... ne lis pas la notice, s'il te plaît. Je sais que ce sont des cochonneries.

— « Saccharose, dextrose, acide malique et/ou acide citrique... »

— Ça va, D'or.

— « Arômes artificiels et naturels, colorant jaune numéro 8, et cire de carnauba. » Miam-miam !... De la cire de carnauba : une de mes préférées !

DeDe décida de laisser tomber. Cela ne servait à rien de se disputer avec D'or lorsqu'elle se lançait dans des discours à n'en plus finir sur l'alimentation. DeDe préféra s'adresser aux enfants :

— C'est trop vous demander de vous calmer, les mômes ? On est presque arrivés.

— Dans combien de temps ? voulut savoir Anna, toujours aussi pointilleuse.

— Peu de temps.

— Combien ?

— Je ne sais pas, Anna. Moins d'une heure.

— Si on ne trouve pas ça bien, on pourra rentrer à la maison ?

— Vous allez adorer, fit remarquer D'or. Ils ont une mare aux canards spécialement pour les enfants.

— Tu parles ! grogna Anna.

— Qu'est-ce qui est bleu et crémeux ? demanda soudain Edgar.

— Tais-toi, lui ordonna Anna.

D'or continuait son baratin :

— Et on pourra coucher à la belle étoile, manger en plein air, rencontrer beaucoup de...

— Qu'est-ce qui est bleu et crémeux ? répéta Edgar.

— Edgaaar, se lamenta Anna. Ferme ta grande gueule !

— C'est une devinette, expliqua Edgar en se penchant par-dessus le siège de D'or. Tu donnes ta langue au chat ?

— Assieds-toi, lui ordonna DeDe. Tu gênes D'or pour conduire.

— D'accord, fit D'or. Qu'est-ce qui est bleu et crémeux ?

— Du sperme de Schtroumpf ! répondit Edgar en riant triomphalement.

DeDe le regarda d'un air horrifié :

— Où as-tu entendu ça ?

Le garçon hésita, puis :

— C'est Anna qui me l'a raconté.

— C'est pas vrai, s'indigna Anna.

— Si, c'est vrai !

— Menteur !

— Ça va, vous deux ! On se calme, derrière !

C'était D'or qui élevait la voix par-dessus le chahut. Il y avait juste ce qu'il fallait de menace dans son ton pour obtenir le silence des jumeaux. DeDe était à la fois admirative et envieuse de l'autorité de son amie. Pourquoi les mères n'arrivaient-elles jamais à inspirer une telle terreur ?

Tandis qu'ils traversaient Monte Rio, D'or se tourna vers DeDe pour lui dire :

— Je suppose que le vieux Booter est quelque part par ici ?

DeDe acquiesça :

— À gauche, de l'autre côté du pont.

— Hein ? À gauche ? Ça doit être dur, pour ce vieux facho !

DeDe lui décocha un regard méchant qui signifiait : « Pas devant les enfants, s'il te plaît. »

D'or persista :

— Je pense que c'est bien mérité. Il a quand même déposé une couronne de fleurs sur la tombe d'un nazi.

— C'était une cérémonie de réconciliation. Tu le sais bien.

— Bien sûr.

— Et cela faisait partie de ses fonctions officielles.

— Mmm.

— Il s'agissait aussi d'un geste pacifique, déclara DeDe aigrement. N'es-tu pas censée favoriser ce genre d'initiative ?

D'or haussa les épaules :

— Il n'a pas fait la paix avec les Russes, que je sache !

DeDe regarda son amie en fronçant les sourcils, puis se retourna et regarda fixement par la fenêtre. Elle ne se sentait guère disposée à défendre Booter davantage, mais elle ne supportait pas que D'or se servît de lui pour provoquer une dispute. Que se passait-il donc ? Pourquoi D'or était-elle en train de lui chercher des noises ?

— Maman... commença Edgar.

— Oui, chéri ?

— Il reste combien de kilomètres ?

— Oh, trois ou quatre au maximum. Tu veux bien me rendre un service ?

— Lequel ?

— Ne pose ta devinette à personne, quand nous serons là-bas.

Après Monte Rio, le paysage s'ouvrit devant eux sous un ciel bleu éclatant. La rivière coulait en serpentant vers le Pacifique, parsemée de fourrés aux bourdonnements d'été et de petites parcelles brillantes de sable blanc qui ressemblaient à des ongles. Ils traversèrent le pont à Duncans Mills (maugréant à la vue des devantures de magasins qui constituaient autant de caricatures maladroites de l'Ouest d'autrefois), puis tournèrent à gauche pour rejoindre la rivière.

— « La route de Moscou », lut D'or sur une pancarte. Voilà une route qui vaut la peine qu'on vire à gauche pour la prendre !

DeDe sourit, se sentant désormais plus tranquille. Elle tendit un bras pour serrer la jambe de D'or.

— Quelle aventure ! s'exclama-t-elle.

La voiture longea un petit bouquet de saules qui masqua un instant la rivière. Ensuite, une haie de conifères imposante et un portail en bois de séquoia tout aussi impressionnant leur apparurent.

— La sécurité a l'air garantie, déclara D'or.

Cela rappelait vaguement à DeDe le chemin qui menait à La Porte d'or, sa clinique d'amaigrissement préférée où elle avait séjourné quelques années auparavant; pourtant, elle décida de ne pas en parler et se retourna vers les enfants.

— Voilà ! fit-elle, en espérant que son enthousiasme tout récent fût contagieux. Vous allez avoir une tente rien que pour vous, les enfants.

Les jumeaux crièrent « Youpiii ! » en chœur, ayant complètement oublié leur dispute à propos des Nerds.

— Regardez, annonça D'or. On est arrivés.

Une jeune femme noire debout au bord de la route leur indiquait l'entrée par des signes. D'or ralentit et s'adressa à elle :

— Le bureau des inscriptions, s'il vous plaît ?

— Au bout de la route, répondit la jeune femme. Vous garerez d'abord votre voiture et déchargerez vos bagages. Il y a une navette pour aller au pays.

— Au *pays* ? demanda DeDe. Au pays de quoi ?

Leur interlocutrice rit et se pencha pour voir l'intérieur de la voiture.

— Le pays des *Loony Tunes,* si vous voulez mon avis.

Elle tendit la main vers D'or.

— Je m'appelle Teejay. Soyez les bienvenus à *Wimminwood.*

— Merci. Je m'appelle D'orothea. Voici DeDe, Edgar et Anna.

Teejay sourit et agita sa paume rose à l'adresse des enfants.

— Salut, les petits.

Elle se retourna vers D'or et désigna DeDe du doigt.

— Parle-lui donc du pays.

D'or lui adressa un signe d'intelligence et repartit.

— Bien, proposa DeDe, parle-moi du pays.

D'or sourit.

— C'est juste un terme pour désigner le campement. Cela favorise le sentiment de communauté.

« Peut-être pour toi ! », pensa DeDe.

D'or se gara dans une clairière poussiéreuse, déjà encombrée de voitures. Plusieurs douzaines d'autres arrivantes étaient en train de débarquer, se lançant des bonjours, leur matelas en mousse sur l'épaule.

— On laisse la voiture ici ? s'étonna DeDe.

— Tu as tout compris, lui répondit D'or.

Elle se tourna vers les enfants.

— OK, la fine équipe, voici la marche à suivre : tout le monde porte des affaires. Maman et moi, nous nous occupons des tentes et des trucs lourds. Vous vous chargez des matelas en mousse et de tout ce qui reste.

Les jumeaux s'attaquèrent à cette corvée avec une énergie qui ne leur ressemblait pas. DeDe jeta un regard optimiste dans la direction de D'or, puis contribua à l'effort collectif avec entrain.

À en juger par celui des autres nouvelles venues, leur attirail avait quelque chose d'un peu spartiate. Certaines de ces femmes étaient chargées comme des bêtes de somme, portant des glacières et des chaises de jardin, des lanternes Coleman, du matériel de pêche et des guitares. Tout ce petit monde se retrouva pour faire la queue devant le bureau des admissions.

— Choisis ce que tu veux faire, lança D'or à DeDe, quand ce fut leur tour.

— Pardon ?

— Quelle tâche veux-tu effectuer ?

— Attends une seconde, objecta DeDe. Tu ne m'as jamais parlé de tâche à accomplir.

— C'est dans la brochure, ma chère Deirdre. Arrête de te comporter comme une débutante.

En temps normal, DeDe se serait défendue, mais les enfants suivaient la scène et elle ne voulait pas inaugurer leur séjour en donnant le mauvais exemple.

— Quels sont les choix ? demanda-t-elle d'une voix glaciale.

D'or lut une liste affichée sur la façade du bureau :

— Cuisine, Sécurité, Patrouille de ramassage des ordures et Services médicaux.

— Laquelle choisis-tu, toi ?

— La Patrouille de ramassage des ordures.

DeDe fit la grimace, mais pour D'or, il s'agissait d'un choix parfaitement sensé. Plus que tout au monde, son amie adorait nettoyer.

— Qu'est-ce que la Sécurité ? demanda DeDe.

D'or haussa les épaules :

— Patrouiller, la plupart du temps. Avoir l'œil.

Cela semblait assez facile, jugea DeDe. Sûrement mieux que la Cuisine, en tout cas, et bien moins rebutant que les Services médicaux.

— Inscris-moi pour ça, décida-t-elle.

On leur distribua des bracelets orange en plastique — des bracelets d'hôpital, en réalité — qui indiquaient qu'elles ne faisaient qu'assister aux festivités et n'y jouaient aucun rôle artistique ou technique.

DeDe pensa immédiatement à un camp de concentration et ne put s'empêcher de le dire.

— Je sais, reconnut D'or. Mais il y a une explication à toute chose. Le système s'est progressivement mis en place en fonction des expériences précédentes.

Après l'inscription, elles retournèrent auprès de leurs bagages et attendirent la navette avec les autres femmes. Celle-ci arriva dix minutes plus tard sous la forme d'un camion à plate-forme — à la plus grande joie des enfants, qui applaudissaient toujours à la vue du moindre moyen de transport susceptible de mettre leur vie en danger.

Comme le chemin en terre battue était plein d'ornières, DeDe donna des instructions en criant le plus fort possible pour couvrir le bruit du moteur.

— Accroche-toi à quelque chose de lourd, Edgar. Anna, arrête ça... Assieds-toi tout de suite.

D'or rejeta la tête en arrière et rit, une étrange lueur primitive dans le regard.

Dix minutes plus tard, bringuebalant, le camion s'arrêta dans une clairière au bord de l'eau. DeDe descendit la première, appréciant de retrouver le plancher des vaches, puis donna la main aux enfants. Comme elle réajustait l'attache qui entourait leur sac de couchage pour deux personnes, D'or déclara :

— À nous de jouer, maintenant. Où veux-tu camper ?

DeDe haussa les épaules :

— Dans un endroit plaisant...

D'or déchiffra attentivement le plan qu'elle avait pris au bureau des arrivées avant de montrer du doigt un bouquet d'arbres en aval.

— Les fêtardes sont là-bas. Le groupe SM se trouve à huit cents mètres derrière nous.

— Formidable, laissa sèchement tomber DeDe. Et quoi d'autre ?

— Maman, supplia Anna, descendons là-bas : c'est joli, tout près de la rivière.

DeDe entoura de son bras les épaules de sa fille.

— Ça me semble une bonne idée. Qu'en penses-tu, Edgar ?

— J'aime bien la rivière, répondit son fils.

DeDe se tourna alors vers D'or.

— Ça figure de quelle façon sur ta carte ? Y a-t-il quelque chose qu'on devrait savoir, sur cet endroit ?

D'or perçut de l'ironie dans la voix de son amie et fronça les sourcils en signe de réprobation. Elle déclara :

— Le Ventre se trouve là-haut, dans l'autre baie, mais c'est assez loin d'ici.

— Le Ventre ? répéta DeDe, les traits figés. J'ai presque peur de demander ce que tu veux dire par là.

D'or souleva le sac qui contenait la tente et se dirigea vers la rivière à grands pas.

— Si tu as l'intention d'ironiser à propos de tout, je préfère ne plus rien entendre de ta part.

DeDe laissa passer l'orage. Se tournant vers les jumeaux, elle vérifia que rien n'avait été oublié, puis elle les mit en garde :

— Ne vous éloignez pas, les enfants. Nous nous dirigeons vers une terre vierge.

— Oh, bien sûr ! dit Anna en roulant les yeux.

DeDe aida Edgar à ajuster les bretelles de son sac à dos, puis se dépêcha de rattraper D'or.

— OK, fit-elle. Parle-moi du Ventre.

— Ne prends pas cet air condescendant avec moi.

— Ça m'intéresse, d'accord ?

D'or hésita, puis déclara :

— Il s'agit d'un lieu où les femmes peuvent trouver un soutien affectif. C'est un grand festival... Il y a des gens qui peuvent souffrir, tu sais ?

DeDe s'imagina une tente remplie de femmes gémissantes, toutes portant des sandales allemandes ringardes et jetant leur dévolu sur la pauvre fille qui aurait choisi d'effectuer sa tâche au sein... du Ventre. Mais elle se garda bien d'en parler.

— Cela semble très positif, se contenta-t-elle d'observer.

Quand le moment de dresser leurs tentes fut venu, le petit groupe choisit de s'installer dans un endroit qui donnait sur la rivière, séparé des autres campeurs par un bosquet. Personne, pas même D'or, n'avait la moindre idée du sac où se trouvaient les piquets en plastique, mais leur recherche rassembla la famille d'une manière qui réchauffa le cœur de DeDe.

Ensuite, le visage rougi par l'effort, ils s'entassèrent tous les quatre dans la plus grande tente, et s'assirent pour contempler les jeux de la lumière sur l'eau. Ils se trouvaient là depuis seulement quelques minutes quand quelqu'un approcha en se frayant un chemin parmi les arbustes.

La tête qui apparut sous l'auvent de la tente était rasée de près. Le symbole féminin avait été gravé sur son crâne, le rond sur le sommet et la croix retombant sur le front.

— Salut, là-dedans ! s'écria la femme en souriant.

— Salut, lui fut-il répondu en chœur.

Elle tendit la main à D'or.

— Je m'appelle Rose Dvorak.

— Moi, c'est D'orothea Wilson. Voici mon amie, DeDe Halcyon... et nos enfants, Edgar et Anna.

La femme regarda Edgar assez longuement, puis s'adressa à D'or :

— Je vous ai vus arriver. Je voulais juste vous souhaiter la bienvenue.

— Oh, fit D'or, vous faites partie... euh... du personnel de *Wimminwood* ?

Rose afficha un sourire qui se voulait à la fois mystérieux et autoritaire :

— Moi, je suis à la fois partout et nulle part.

« Super ! pensa DeDe. Manquait plus que ce genre de trip ! »

— Connaissez-vous le chemin pour aller dîner ? demanda-t-elle.

— Bien sûr, dit Rose. Si vous sortez de là, je peux vous le montrer.

DeDe quitta la tente et suivit Rose de l'autre côté des arbustes.

— Écoutez, commença la femme au crâne rasé lorsqu'elles furent hors de portée de voix. Votre garçon ne peut pas rester ici.

— Qu'est-ce que vous voulez dire ?

— Ne faites pas l'innocente. C'est un endroit réservé aux femmes.

— Mais il n'a pas encore dix ans. Il n'en a que huit.

— L'âge limite est effectivement dix ans. Cela dit, même à huit ans il n'est pas autorisé à camper sur un espace uniquement féminin. C'est écrit noir sur blanc dans le règlement.

— Eh bien, mon Dieu... Qu'est-ce qu'on est censées faire de lui ? Le mettre sur un radeau et le lâcher au fil de l'eau ?

La femme lui décocha un long regard d'acier.

— Avez-vous lu le règlement ? Ça pourrait peut-être vous aider.

— Eh bien, j'ai...

— Il y a un secteur spécial pour les garçons de moins de dix ans. C'est de l'autre côté, près du...

— Un secteur, releva DeDe. Vous devez plaisanter. Un secteur ?

— Cela s'appelle le Camp du Frère Soleil, ajouta Rose.

— Donc, ma fille a le droit de rester avec moi, mais mon fils, lui, doit être... déporté ?

— Je n'ai jamais utilisé ce mot ! s'insurgea Rose.

DeDe était furieuse. C'était *Le Choix de Sophie*... mais sans le choix.

— Eh bien, c'est véritablement dégueulasse ! se révolta DeDe. C'est vraiment la chose la plus stupide que j'aie jamais...

— On aurait dû vous en parler à l'entrée, dit Rose. Je ne comprends pas pourquoi on ne l'a pas fait.

— Oui, il n'y a qu'un *être humain* pour faire un oubli de la sorte.

Rose plissa nettement les yeux.

— Je suis dans l'obligation de signaler le garçon, poursuivit-elle. Mon travail est d'assurer que cet endroit reste exclusivement féminin. Si vous n'êtes pas disposée à respecter le règlement, vous êtes libre de repartir quand vous voulez.

DeDe resta interdite, puis se retourna en entendant D'or approcher.

— Qu'y a-t-il ? s'enquit D'or auprès de Rose.

— C'est Edgar, lança DeDe. Son pauvre petit zizi constitue une menace considérable, je crois.

D'or accueillit la remarque en se renfrognant et s'adressa à Rose :

— Il n'a pas encore dix ans, vous savez.

— Ce n'est pas l'âge qui la gêne, siffla DeDe entre ses dents.

Cette fois-ci, D'or la toisa d'un regard qui signifiait : « Boucle-la et laisse-moi faire. »

— Nous disposons pour les garçons d'un camp spécial, expliqua Rose, sur un ton qui semblait beaucoup plus conciliant que celui qu'elle avait employé avec DeDe. Il s'agit d'une facilité que nous offrons aux femmes qui ne peuvent pas laisser leurs enfants chez elles. Si vous voulez venir voir...

— Mais nous sommes venus en famille ! protesta D'or. Vous pouvez certainement faire une entorse au règlement pour...

Rose secoua la tête en signe de refus, souriant d'un air affecté qui, jugea DeDe, avait de quoi rendre fou.

— C'est ça ! Et en commençant comme ça, on ne sait pas où on s'arrête...

Elle se retourna et s'éloigna en se rengorgeant, non sans hurler ses dernières exigences par-dessus l'épaule.

— La personne à voir au Camp du Frère Soleil s'appelle Laurie. Je vérifierai plus tard si votre garçon y a bien été placé !

— Rentrons à la maison, déclara DeDe.

— Allons, attends une minute !

— Je ne supporterai pas ça, D'or. Cette femme n'a pas à me dire ce que...

— Je sais, je sais.

D'or prit DeDe par la taille.

— C'est une salope, je te l'accorde.

DeDe éprouva une forte et soudaine envie de pleurer. À ce compte-là, elle se retrouverait au Ventre avant même de s'en apercevoir.

— D'or... pourquoi ne m'as-tu pas parlé de cette histoire de secteur ?

— Je ne savais pas, chérie. Franchement.

— Eh bien, je pense qu'on devrait partir. Il m'est impossible de dire à Edgar...

— Attends un peu. Nous ne savons pas à quoi ça ressemble. Il se peut que cela soit très bien.

— Laisse tomber.

— Il serait avec d'autres garçons de son âge. On en a bien déjà parlé, non? Ce serait comme une colonie de vacances... sauf que nous serions à quelques centaines de mètres de lui. Et on pourrait aller le voir tout le temps.

— Mais il ne pourrait pas venir nous rendre visite. Il se sentirait exclu.

— Qu'est-ce que tu en sais, chérie? Il ne veut pas aller aux concerts : il nous l'a dit lui-même!

« Il y a de la vérité là-dedans, admit intérieurement DeDe. Ou bien sommes-nous en train de nous trouver un alibi pour résoudre le problème?... Et si Edgar ne comprenait pas, lui? Et si ça le traumatisait à vie? »

— Bon, fit D'or, toi et moi, allons voir cette Laurie dans le camp des garçons. Si l'endroit se révèle merdique, on laisse tout tomber... On fait nos bagages et on se trouve un joli camping municipal quelque part dans la région.

DeDe acquiesça avec réticence. Quand elle jetait des ponts par-dessus les eaux troubles, D'or resplendissait.

Le Camp du Frère Soleil s'avéra un endroit beaucoup plus agréable que ce que DeDe avait imaginé. Il y avait là au moins une douzaine de garçons dont la plupart étaient du même âge qu'Edgar. N'était-ce pas ce qu'elle avait toujours désiré pour son fils? Edgar, après tout, était le seul homme dans une famille de femmes. Pour le moment, du moins, un environnement exclusivement masculin lui ferait sans doute le plus grand bien.

Laurie, la surveillante des garçons, avait une cinquantaine d'années et paraissait chaleureuse. Elle affichait un dévouement évident dans la mission qu'elle effectuait à *Wimminwood.* Elle appelait les garçons dont elle avait la charge « les petits crapules », mais il était manifeste que les enfants l'aimaient bien. Le camp formait un demi-cercle, constitué de petites cabanes en séquoia et situé à seulement quelques mètres d'un petit bassin délimité dans la rivière.

Finalement, elles laissèrent Edgar choisir. L'idée lui plut presque tout de suite, ce qui balaya toute trace de culpabilité chez DeDe. Anna fut la seule à protester un peu, légèrement jalouse de cet « endroit spécial pour garçons », mais D'or lui assura qu'il y avait plein de choses à faire aussi pour les filles.

Après avoir laissé Edgar dans son camp, DeDe, D'or et Anna partirent repérer les lieux. Elles rencontrèrent des femmes qui riaient autour de feux de joie. D'autres se trouvaient perchées dans des arbres le long de la rivière. Certaines jouaient au bridge, coupaient du bois ou buvaient de la bière entre copines.

Quand elles atteignirent la scène centrale, un quadrille avait déjà commencé. Une centaine de femmes rougies par le soleil, seulement vêtues de bottes de cow-boy et de bandanas, dansaient épaule contre épaule au son d'un orchestre à cordes. Amusée autant que fascinée par le spectacle, DeDe se tourna vers son amie.

— Alors ? demanda D'or. C'est quelque chose, hein ?

DeDe le lui concéda : c'était effectivement quelque chose.

Chef-d'œuvre en péril

Au 28 Barbary Lane, Michael était en train de faire sa valise quand sonna le téléphone.

— Michael ? fit la voix à l'autre bout du fil.

— Oui.

— C'est Thack Sweeney, le mec que tu as rencontré au pénitencier.

— Oh, salut !

Quelle ironie du sort ! Il fallait qu'il appelât précisément à cet instant.

— Je t'avais dit que j'essaierais de te joindre.

— Oui, c'est vrai.

— Écoute... Qu'as-tu prévu pour demain ?

« Putain de bordel de merde ! » ragea Michael en son for intérieur.

— C'est que... En fait, je pars du côté de la rivière avec un ami.

— Oh, vraiment ? Ça me paraît une très bonne idée.

Si cette nouvelle le désappointait, il le dissimulait plutôt bien.

— Qu'est-ce que tu avais en tête ? demanda Michael.

— Oh... pas grand-chose. Juste l'envie de te revoir.

Il y avait beau temps que la perspective de revoir un mec ne lui avait paru aussi agréable.

— C'est une virée que je ne peux pas reporter, tu comprends, expliqua Michael. Sinon...

— Je comprends, dit Thack.

Michael hésita, puis tenta sa chance :

— Mais que fais-tu, ce soir ?

Thack éclata de rire.

— Je suis tout près de chez toi, chez le petit commerçant du quartier.

— Hein ?

— Eh bien, en réalité, pas tout à fait. Mais je ne suis

pas très loin. L'épicier dit que tu habites à deux ou trois rues d'ici. Je remontais Union Street à pied et j'ai tout simplement décidé de t'appeler. C'est une inspiration subite, quoi.

Michael n'était pas disposé à ne se contenter que de cette inspiration-là :

— T'es au *Searchlight* ?

— Voilà.

— Tu... euh... Tu veux passer ?

— C'est que... tu dois être en train de faire tes bagages, non ?

— Pas du tout : j'ai terminé. Monte, si ça te fait plaisir.

— Comment fait-on pour venir jusqu'à chez toi ?

— Euh... Après Union, tourne à gauche dans Leavenworth. Barbary Lane donne sur la gauche, à mi-pente. Il y a un escalier que tu verras de la rue.

— C'est bon, conclut Thack.

Michael raccrocha, s'assit et ne put s'empêcher d'arborer un large sourire. Il se releva, s'agita un peu dans la pièce, puis il termina la vaisselle, vérifia l'état de la salle de bains d'un rapide coup d'œil et débarrassa son azalée de ses fleurs fanées.

Quand Thack arriva dix minutes plus tard, ses joues avaient été rosies et raffermies par le brouillard.

— Eh bien, s'exclama-t-il en entrant dans l'appartement, tu ne m'avais pas prévenu pour ces marches !

— Oh, non, s'excusa Michael. Est-ce qu'il y en a une qui s'est cassée ?

Thack acquiesça :

— Je m'en suis tiré de justesse.

— Ça s'est passé où ?

— Presque tout en haut... Vous avez eu beaucoup de procès ?

Michael lui sourit :

— Les habitants de l'allée sont habitués.

Thack regarda autour de lui, comme un chien qui renifle l'endroit où il arrive, puis il se dirigea vers la fenêtre pour contempler la baie.

— « Les habitants de l'allée », tu dis ? L'expression a quelque chose d'anthropologique.

— Eh bien... il y a de ça.

— Comme une tribu amazonienne ou quelque chose dans le genre... Ah, le voilà !

— Quoi ?

— Le fanal d'Alcatraz. Tu m'as dit que tu le voyais d'ici.

— Oh... oui. C'est vrai. Écoute, si cela ne t'embête pas de faire comme chez toi, je dois aller réparer cette marche.

— Maintenant ?

— C'est une sorte d'arrangement entre les locataires. Il y a au sous-sol des planches déjà prêtes. Ça ne devrait pas prendre beaucoup de temps.

— Faut que je voie ça, dit Thack.

— Si tu préfères rester ici...

— Non. Vas-y, je te suis.

Michael alla donc au sous-sol, suivi de près par Thack. Il prit une planche parmi dix autres entassées là et sur lesquelles Mme Madrigal avait inscrit *SOS — Sauvez nos marches,* puis trouva un marteau et les clous dont il avait besoin.

— Les marches sont menacées, expliqua-t-il tandis qu'ils traversaient la cour pour s'engager dans l'obscurité parfumée de l'allée.

— Comme les gens qui marchent dessus, je suppose...

— Si la Ville reçoit une autre plainte, ils les enlèveront sans poser de questions. Ils ont déjà prévu de les remplacer par des marches en béton armé.

— Je peux pas tolérer ça, maugréa Thack sur un ton juste un peu trop pince-sans-rire.

Michael le regarda, puis continua :

— Maintenant, on s'efforce de gagner du temps, en essayant d'obtenir le soutien du public...

Mais il abandonna ce discours militant, car il se méfiait des propos impertinents de Thack.

Quand ils arrivèrent à l'escalier, la marche cassée leur apparut immédiatement, blanche comme un os de dinosaure sous la lumière des réverbères de Barbary Lane. Michael enleva les morceaux et retira les clous rouillés avec son marteau.

Thack était accroupi à côté de lui.

— La poutre principale est pratiquement aussi pourrie.

— J'ai vu, répondit Michael.

— Ça ne vaut pas vraiment le coup de se donner autant de mal.

Michael leva les yeux vers lui.

— Je croyais que tu te disais défenseur du patrimoine ?

Thack haussa les épaules.

— Pour les trucs d'avant la guerre de Sécession, seulement. Ces marches ne présentent aucun intérêt historique.

Michael souleva la planche pour la remettre en place.

— Peut-être pas pour toi, laissa-t-il échapper.

Thack l'observa un moment donner ses coups de marteau, puis déclara :

— Donne-moi ça.

— Quoi ?

— Autant s'appliquer : donne-moi ton engin.

Michael cligna des yeux d'un air faussement interloqué.

— Tu as une drôle de façon d'utiliser un marteau, ajouta Thack.

Michael envisagea plusieurs ripostes, puis lui tendit l'outil.

— Je suis pépiniériste, d'accord ?

Thack fit habilement disparaître le clou en trois coups. En fait, malgré le faible sentiment d'humiliation qu'il éprouvait, Michael savourait ce moment. Ses yeux étaient rivés sur les mâchoires de Thack et sur son cou blanc finement musclé. Quand il eut terminé, Thack s'assit sur la marche réparée et tapota la place à côté de lui.

— Viens t'asseoir, dit-il.

Michael s'exécuta.

— Je suppose que ça doit te sembler un peu bête, risqua-t-il.

— Quoi ?

— Le fait de prendre autant soin de ces marches.

— J'sais pas, fit Thack.

— Je suis ici depuis presque dix ans. Il est normal que cet endroit fasse un peu partie de moi-même.

— Oui. Je réagis de la même manière avec Charleston. J'aurais du mal à en partir.

— Eh bien alors, répondit Michael, tu comprends.

Thack tambourina des doigts contre la rampe d'escalier.

— Combien de temps restes-tu, au fait ?

— Oh... encore quatre ou cinq jours.

Michael hocha la tête, furieux envers lui-même d'avoir capitulé à l'écoute de la panique de Brian. Il était grand temps qu'il recommençât à accorder la priorité à ses propres besoins.

— Tu sais, commença-t-il. Si tu as envie de te joindre à nous pour aller à la rivière...

— Merci, dit Thack. Je ne voudrais pas m'immiscer entre toi et ton petit ami.

— Oh, fit Michael. C'est juste... un vieux copain.

— Ah bon.

— Il est hétéro, poursuivit Michael. Je suis sûr que cela ne le dérangerait pas. Je veux dire : c'est moi qui lui ai proposé la virée. Ça ne devrait poser aucun problème.

Il se sentit un peu traître d'avoir dit ça, mais Brian s'en accommoderait sûrement.

— Eh bien, émit Thack, ça m'a l'air d'être une bonne idée.

— Et comment !

— Trois potes en vadrouille...

— Bien, conclut Michael légèrement inquiet.

Quelle sorte de compromis était-il en train d'accepter ?

— Je pense que Brian te plaira. C'est un type génial.

Ils restèrent là, sur les marches, badinant jovialement sous la lune, laquelle ressemblait à un bonbon acidulé au citron. Une demi-heure plus tard, après avoir fixé à Michael un rendez-vous pour le lendemain en fin de matinée, Thack manifesta une sympathie appuyée en disant au revoir et s'en alla prendre le tramway à l'intersection de Union et Hyde.

Transporté de joie mais un peu embarrassé, Michael appela Brian et lui annonça la nouvelle. Et, tout compte fait, Brian le prit bien :

— Pas de problème, mec. C'est *ta* maison.

— Peut-être, mais c'est *notre* voyage. Je ne voulais pas... tu sais, imposer mon...

Michael ne termina pas sa phrase, puisqu'elle aurait été complètement mensongère. Il avait fait ce qu'il avait voulu. Pourquoi faire semblant d'être prévenant à présent ?

— C'est d'accord, l'assura Brian. Je veux juste me tirer. Tu ne lui as pas parlé de... Geordie et de tout le reste ?

— Non. Je n'ai rien dit.

— Bien. Il faut que ça reste strictement entre nous, Michael.

— Je sais.

Installation

Le nid de Wren (c'était ainsi qu'elle le qualifiait) avait la forme d'un gigantesque bungalow en séquoia entouré de vérandas sur trois côtés et doté, en son centre, d'une immense cheminée en pierre. On l'avait bâti sur la corniche qui surplombe Monte Rio. C'était la dernière maison de la route. Depuis les vérandas, Wren pouvait voir un escadron de vautours tournoyant sans cesse au-dessus de la rivière endormie.

Il y avait une machine à laver, un sèche-linge, une vieille télévision en noir et blanc de même qu'un assortiment de chaises et de canapés, aussi confortables qu'anciens. Le réfrigérateur avait été abondamment rempli de bouteilles de vin et de plats cuisinés exotiques. Quant à l'armoire à linge, elle aurait largement suffi à une famille de six personnes.

Après plusieurs jours dans cet environnement revivifiant, la tension accumulée au cours de sa tournée avait complètement disparu. Elle avait à nouveau perdu la notion du temps, et cette sensation représentait pour elle le bonheur absolu. Lire, manger, dormir, lézarder, se balader et manger un peu plus constituaient désormais les événements qui ponctuaient sa vie comme elle l'entendait.

Parfois, il lui arrivait de descendre en voiture jusqu'à l'épicerie de Cazadero, dans la Plymouth Horizon blanche que Booter avait louée à son intention. Elle avait l'habitude de flâner dans le magasin avec à la bouche une barre glacée dégoulinante, fascinée par le mélange hétéroclite de kitsch touristique, de céréales biologiques et de T-shirts *tie-and-dye*. Ce qu'elle adorait le plus, c'était le tableau d'affichage où étaient punaisées des petites annonces plutôt folklo proposant des cours de danse du ventre, des appartements très bon marché à rénover et des panneaux solaires.

Sa seule incursion dans le monde extérieur, ce fut pour aller voir *Certains l'aiment chaud* dans la salle de cinéma de Monte Rio. Ce cinéma était déjà un spectacle à lui tout seul; il s'agissait d'une baraque préfabriquée en tôle, qui s'apparentait à un hangar d'avions, située au bord de la rivière et dont la façade Art déco donnait un côté majestueux à cette construction de piètre allure. Après la séance, un adolescent avait reconnu « la grosse femme la plus belle du monde » et lui avait demandé un autographe.

Réconfortée d'avoir pu constater que sa célébrité était toujours intacte, Wren avait écrit « Voir la vie en gros » sur la boîte de pop-corn du petit jeune.

Bien entendu, son agent avait, lui, été furieux. Sans compter son attaché de presse à qui incombait la pénible tâche d'annuler ses engagements à Portland et à Seattle. Aucun des deux ne crut à son invraisemblable histoire de fuite impromptue, et son retour à Chicago, désormais retardé, avait à la fois blessé et enragé son petit ami Rolando.

Elle s'en moquait complètement. Cela faisait une éternité qu'elle n'avait pas éprouvé un tel sentiment de satisfaction, et en plus on la payait généreusement pour ça! Le temps qu'elle avait passé au lit avec Booter n'avait pas excédé deux heures jusqu'à présent, et les exigences du monsieur avaient été aussi peu nombreuses que raisonnables.

En outre, elle aimait bien ce vieux lion.

— Ça se trouve où? lui demanda-t-elle, la troisième fois qu'il vint lui rendre visite.

L'après-midi touchait à sa fin et ils étaient sur la terrasse.

— Quoi?

— Tu sais bien. Ce camp de scouts à moitié mystiques où tu vas. Montre-le-moi du doigt.

Il fit un vague geste de la main vers la gauche.

— Tu ne peux pas vraiment le voir d'ici. C'est dans une sorte de creux. On ne peut le voir que si l'on se trouve sur les terres du *Bohemian.* C'est ce qui en fait tout le charme.

Elle le regarda d'un air taquin.

— Quand tu complotes de dominer le monde, hein ?

Il esquissa un sourire forcé et secoua la tête.

— Est-ce que tu vas nager dans la rivière ? s'enquit-elle.

— Bien sûr. Là-bas, où se trouve la plate-forme. On appelle ce coin la piscine.

Elle suivit l'index qui indiquait un ponton gris et une rangée de tentes faisant office de vestiaires.

— Ces personnes minuscules... sont vraiment des *Bohemians* ?

Il acquiesça.

— Ils n'ont pas l'air très bohémiens, vus d'ici !

Il partit d'un petit rire.

— Et encore bien moins de près !

Elle pouffa à son tour.

— Et les femmes sont interdites de séjour ?

— Pendant la durée du camp, oui.

— Je parie que je pourrais réussir à y pénétrer !

Il tressaillit un peu à cette idée, elle s'en aperçut et ajouta :

— Je ne le ferai pas, bien sûr.

— Les gardes chargés de la sécurité à l'entrée sont plutôt malins, dit-il.

— Je traverserais la rivière à la nage, divagua-t-elle. J'attendrais que la nuit tombe, et je traverserais la rivière nue, avec mes habits dans un sac en plastique. Ensuite...

— J'espère que tu n'es pas sérieuse.

Souriant, elle fit non de la tête.

— J'aime bien te mettre en boîte, Boo-Roger.

Le soulagement du vieil homme fut évident.

— Je ne te connais pas si bien que ça, avoua-t-il. Je ne sais pas quand tu plaisantes.

— J'avais raison, pourtant, non ?

— À propos de quoi ?

— De mon plan pour entrer. Cette plage est le point faible.

Il haussa les épaules.

— Tu serais toujours une femme. Tu ne pourrais pas changer grand-chose à ça. On te repérerait dès que tu te montrerais.

Elle s'efforça de sourire aussi mystérieusement que possible.

— Et si on buvait quelque chose ? proposa Booter.

— D'accord, fit Wren.

Elle le laissa dans la lumière qui déclinait pour aller dans la cuisine. Elle ramena quelques minutes plus tard deux scotches coupés d'eau.

— Merci, dit Booter.

Elle trinqua avec lui.

— Je suis une fille vachement bien, tu sais.

Il sourit faiblement, puis se retourna vers la rivière.

— Alors tu... rentres à Chicago, après ça ?

— Ouais.

— Tu t'y plais ?

— J'y suis super bien, répondit-elle.

— Et San Francisco ?

— Quoi, San Francisco ?

— Tu as aimé ?

Elle haussa les épaules à son tour.

— Ça allait.

— C'est tout ?

Elle rit.

— Mon Dieu !

— Quoi ?

— Vous êtes tous les mêmes, ici.

— Comment ça ? demanda-t-il.

— Vous exigez que l'on adore cet endroit. Vous n'êtes pas satisfaits tant que *tout le monde* n'a pas juré un amour éternel à tous les coins et recoins de chaque putain de...

— Holà, jeune fille !

— C'est pourtant la vérité. Vous ne pouvez pas vénérer votre ville simplement entre vous ? Faut-il que je signe une déclaration sous serment ?

Il gloussa.

— Nous ne sommes pas aussi exigeants que ça, tout de même ?

— Moi, je parie que si !...

Il fit tournoyer les glaçons dans son scotch, puis avala une gorgée et posa son verre sur la balustrade de la terrasse.

— Tu as un... euh... un petit ami qui t'attend à Chicago ?

— Bien sûr, répondit-elle.

— Un mec bien ?

Elle lui sourit.

— Je ne fréquente *que* des mecs bien.

Il approuva.

— Bon.

L'étincelle, dans ses yeux, semblait presque paternelle.

— Il est cubain, ajouta-t-elle dans le seul but de voir sa réaction.

La bouche de Booter se crispa en un mouvement involontaire, plus perceptible au niveau de la moustache.

— C'est bien ce que je pensais, reprit-elle avec un petit sourire.

— Pardon ?

— Tu es *sectaire.*

Les mâchoires de Booter se contractèrent.

— Ça ne fait rien, dit-elle en tortillant le lobe de l'une de ses oreilles charnues. C'est ta génération, voilà tout. Dis-moi un peu à quoi ressemble ta femme.

Pendant un moment, il en eut le souffle coupé.

— Est-ce que tu l'aimes bien ?

— C'est une grande dame, énonça-t-il finalement. Elle boit un peu trop, mais elle est... très gentille.

— J'en suis ravie.

— Qu'elle boive ?

Elle grimaça niaisement.

— Que tu l'aimes bien, précisa-t-elle. Et qu'elle t'aime bien.

— Oh, nous sommes en quelque sorte amis, dit-il. La plupart du temps.

— C'est stupéfiant ! Après... combien d'années de mariage ?

Il sourit.

— Presque deux.

Elle crut qu'il plaisantait et éclata de rire.

— Allez !...

— Nous avons été voisins pendant trente ans, expliqua-t-il. Nous étions mariés l'un et l'autre, mais... ces personnes sont mortes. C'était donc presque logique, que nous finissions ensemble.

— Étiez-vous amoureux l'un de l'autre, quand chacun était marié de son côté ?

— Nous ne sommes même pas amoureux maintenant, ironisa-t-il.

— Mais elle est toujours ton être cher ?

Il la regarda d'un air interdit.

— Ton épouse, ton amante, ta meilleure amie, ou les trois à la fois ?

— Quelque chose comme ça, concéda-t-il.

Ils rirent en chœur, créant un climat d'intimité passager qui sembla le perturber autant qu'elle.

— En réalité, dit-il en agitant son scotch, j'étais plus proche de son mari.

Elle leva un sourcil.

— Oh ?

— Ce n'est pas ce que tu penses, prit-il le soin d'ajouter.

Elle mima son expression, à la fois sévère et offusquée.

— Non, bien sûr que non.

Booter se montra plus clair.

— Il était de mon camp au *Grove.*

Wren contempla le lointain ponton autour duquel ils allaient nager, s'imaginant ce couple heureux, l'air affable et les sourcils broussailleux, étendu platoniquement sur les planches desséchées par le soleil.

— C'était un homme bien, reprit Booter.

Wren hocha la tête.

— Il est mort il y a environ dix ans. Il a aussi amené une maîtresse par ici. Il me l'a raconté.

— Je ne suis pas ta maîtresse, corrigea Wren.

— Non, admit Booter. Je voulais dire...

— ... que son premier mari est aussi venu baiser ici.

— Oui, avoua-t-il humblement.

— Est-ce qu'elle est au courant ?

Il fit non de la tête.

— Est-ce que ta première femme le savait ?

— Non.

Il avait l'air très mal à l'aise.

— Ça n'arrivait pas souvent.

— Oui, oui...

— C'est juste que... Quand je t'ai vue...

— Je sais, le coupa-t-elle. Et je suis le genre de fille qui prend ça comme un compliment.

Il lui lança un regard de chien battu.

— Détends-toi, fit-elle. Nous nous comprenons parfaitement, tous les deux.

Trois hommes dans une baraque

Les prairies d'un jaune doré ne formaient plus derrière eux qu'une masse confuse lorsque la Volkswagen quitta l'autoroute vers l'ouest, en direction de la rivière. Michael et Brian se trouvaient à l'avant.

Thack, à l'arrière, était le responsable de cette attribution des places assez peu romantique, puisqu'il s'était installé dans la voiture en premier. Michael, cependant, avait décidé de ne pas en prendre ombrage.

— Tu sais, déclara Brian d'une manière inattendue, Mary Ann n'était pas très enthousiaste.

— À quel sujet? demanda Michael sans prendre de risques.

Comme convenu, il n'avait rien raconté à Thack à propos de Geordie.

— Au sujet de ce voyage, répondit Brian. Je l'ai quasiment prévenue à la dernière minute.

— Oh...

— Et je vais louper *Super Soirée.*

Michael ne saisit pas.

— Euh... Tu ne pouvais pas l'enregistrer?

— Non, expliqua Brian. Je veux dire que... je devais y participer.

Thack se pencha en avant.

— Tu devais passer à *Super Soirée*?

— Tu ne m'en avais rien dit, fit Michael, encore plus impressionné que Thack.

Brian haussa les épaules.

— Mary Ann devait y participer... Alors moi aussi, n'est-ce pas, comme si je faisais partie de son personnage à la gomme!

— Hé, intervint Michael, du calme!...

— C'est l'expression qu'elle a employée. *Personnage* est très exactement son mot.

— Écoute...

— Ta femme est dans le showbiz? demanda Thack.

— Elle a son propre talkshow, expliqua Michael.

— C'est super! dit Thack en se tournant vers Brian. C'est quel genre d'émission?

— Classique... répondit Brian sur un ton morne, presque hostile.

— Elle est vachement douée! se récria Michael en

essayant de conserver au bavardage un caractère léger. Figure-toi qu'elle a obtenu les confidences de Bette Midler...

— Et si l'on s'arrêtait là ? proposa Thack.

— Pardon ? demanda Michael.

— On n'est plus sur l'autoroute : on pourrait enlever la capote.

— Oh, d'accord : bonne idée !

Michael alla se garer sur le parking poussiéreux d'un marchand de fruits.

— Je boirais bien quelque chose de frais, déclara Thack. Ça vous tente, les mecs ?

— Bien sûr, répondit Michael. Un jus de pomme, pour moi, ou un truc dans le genre.

— Ouais, approuva Brian. Bonne idée.

— Je vais en chercher, décida Thack. Vous, occupez-vous de la capote.

Il se glissa hors de la voiture en passant derrière le siège de Michael et se dirigea à grands pas vers l'étal du marchand de fruits.

Michael se tourna vers Brian.

— Tu te sens bien ?

— Ouais.

— C'est un mauvais plan, hein ?

— Mais non...

— Tu n'as pourtant pas l'air de t'amuser.

— Tu t'amuserais, à ma place ?

Brian ne voulait pas regarder Michael.

— On était censés partir tous les deux, vieux. Je veux dire, ce type est tout à fait gentil, tu me comprends, mais...

— Je suis vraiment désolé, s'excusa Michael.

— Faut pas. Je peux m'adapter.

Michael ne voyait pas les choses ainsi, et le lui précisa :

— Je croyais que ça se passerait très bien. Il t'apprécie, Brian... Du moins, il en a l'air. Et tu sembles l'apprécier aussi.

— Allez, tu le branches davantage que moi.

Il leva un bras en signe de résignation.

— Tout va bien. Je suis pire qu'une fille à pédés. J'assume la situation.

— Ça va, hein ! l'arrêta Michael en riant.

Brian lui décocha un sourire coquin.

— Je ne veux surtout pas vous gêner, susurra-t-il.

— Ta gueule.

— Vous êtes ensemble, non ?

— Qui t'a dit ça ? demanda Michael.

Il nourrissait le faible espoir que Thack en avait parlé à Brian lorsque lui, Michael, était retourné chez lui chercher ses lunettes de soleil.

— C'était juste une... supposition.

— On ne couche pas tous systématiquement les uns avec les autres, Brian !...

Brian haussa les épaules.

— À mon avis, avec celui-là, tu as toutes tes chances.

— Qu'est-ce qui te permet de dire ça ?

Il haussa les épaules à nouveau.

— Je commence à en connaître un rayon, tu sais, sur les homos !

— Ah ouais ?

Cela divertissait Michael de voir que Brian se considérait comme un expert en matière de pédés — en réalité, ce pur hétéro en était même fier.

— On verra bien si j'ai raison, le défia Brian.

— Il s'agit pour l'instant d'une relation strictement fraternelle.

— OK.

— Peut-être même sororale, tu vois.

Après tout, la veille, ils ne s'étaient même pas autorisés la bise sur la joue.

Thack revint à ce moment-là avec les jus de fruits.

— Joli travail, ironisa-t-il en leur passant les bouteilles.

— Pardon ? demanda Michael.

— La capote !...

Michael fit la grimace, puis :

— Oh merde !

Il posa sa bouteille pour défaire les attaches en chrome, en haut du pare-brise.

— On a commencé à bavarder et...

Il releva la capote de la voiture qui se replia d'elle-même en accordéon.

— Ah ! le soleil ! s'exclama Thack, sautant sur la banquette arrière.

— Dis, lui demanda Brian, tu veux prendre ma place à l'avant ?

— Non, merci, répondit-il.

— T'es sûr ? C'est sans doute pas très confortable ?

— Non, c'est très bien, vraiment. Je peux m'allonger pour contempler les séquoias.

— Ce n'est plus très loin, annonça Michael.

Il se désolidarisait des efforts que Brian déployait pour trouver un remède à la situation.

Quand ils arrivèrent à Guerneville, Michael claironna :

— Et voilà, les gars !... Notre petit Fire Island à nous !

Thack, qui était resté couché sur la banquette arrière, se redressa avec une vivacité très significative pour observer attentivement les hommes qui se promenaient sur l'artère principale. Quand Michael s'en aperçut en jetant un coup d'œil dans le rétroviseur, il éprouva une sensation proche de la jalousie, désagréable mais surmontable, comme lorsqu'on s'entaille le doigt avec une feuille de papier.

— Je suis déjà venu ici une fois, remarqua Brian. À l'occasion du festival de jazz.

« Tout sauf une réflexion de pédé, ça !... » Michael tourna la tête et sourit à Brian. « Le beauf hétéro dans toute sa splendeur ! » l'avait-il surnommé un jour. Il y avait sûrement quelque part des gays pour adorer le jazz, mais Michael n'en connaissait aucun.

— Est-ce que la programmation est toujours bonne ? voulut savoir Thack.

— J'ai quand même vu Brubeck ici.

— Pas possible ? fit Thack.

— Dis à Michael combien Brubeck est excellent, déclara Brian. Michael le déteste.

— Non, je ne le déteste pas ! s'insurgea Michael.

— Si, il le déteste, insista Brian à l'adresse de Thack.

— Je préfère les bonnes vieilles mélodies, avoua Michael. Vous pouvez me traiter de débile, mais c'est comme ça.

Thack ne quittait pas la rue des yeux.

— C'est un bel endroit ! lâcha-t-il.

— Oui, mais ça ressemble un peu trop à Castro Street, par ici, ronchonna Michael en reprenant à son compte la fameuse critique devenue cliché.

Le reproche n'était pas vraiment fondé mais il n'admettait pas que Thack fût à ce point fasciné par l'animation de Guerneville.

— Je suis content qu'on soit loin de la ville.

— Où se trouve Casanova ? demanda Thack.

— *Cazadero,* le corrigea Michael. On continue quelques kilomètres après Monte Rio sur la route qui longe la rivière. Ensuite, on tourne à droite pour suivre Austin Creek pendant encore quelques bornes. Euh... En fait, nous sommes à la merci de la carte de Charlie.

— On va trouver, le rassura Thack.

Ce qu'ils découvrirent au milieu des séquoias qui bordaient Austin Creek, c'était une construction certes neuve mais de dimensions assez modestes. Toute de contreplaqué, la baraque disposait d'une porte d'entrée en aluminium. La pièce principale était lambrissée d'une fausse boiserie en similinoyer, comme celles qu'on voit dans les salles de jeu du monde entier.

Le découragement s'empara de Michael. À la place de la grande cheminée en pierre qu'il s'était imaginée, il y avait une horreur de hotte en métal orange et brillant flanquée d'un canapé confortable en velours côtelé, datant manifestement de la fin des années soixante-dix. Dans un coin était installée une salle de bains, heureusement assez convenable. La maison, finalement, n'avait rien à voir avec ce qu'il s'était figuré.

Par ailleurs, elle était loin de constituer un endroit suffisamment spacieux pour trois.

— Où est la chambre ? demanda Brian.

— Allons voir, fit Michael, encore plus déprimé.

— Vous y êtes, dit Thack. Je pense que ce canapé est convertible... et il y a deux divans.

Brian lança un regard mauvais à Michael.

— Est-ce que tu as demandé à Charlie si...

— Oui ! l'interrompit Michael. Bien sûr. Et il m'a affirmé qu'il y avait au moins trois pièces.

— Effectivement ! ironisa Thack. Cette pièce, la cuisine et la salle de bains.

— Merde... se lamenta Michael.

Brian regarda autour de lui.

— On peut mettre un divan dans la cuisine...

— C'est cela ! laissa tomber Michael avec humeur.

Thack se montra optimiste.

— Ça va être très bien, les gars. Il y a assez de place pour nous.

Il alla jeter un coup d'œil par la fenêtre aux chambranles d'aluminium.

— Il y a une vue magnifique sur la berge.

Michael regarda par-dessus son épaule.

— Ouais. C'est vraiment... tout près.

Et encore plus près, constata-t-il, se trouvaient une

caravane rose couverte de rouille, avec une autre maison préfabriquée, peut-être pire que la leur.

— Je me suis mal débrouillé, les mecs. Excusez-moi.

— Pas grave, lui accorda Brian.

Thack, lui, ne releva même pas la remarque de Michael.

— On a un semblant de cheminée, résuma-t-il joyeusement, un endroit où nager, de grands arbres... Et on est bien ensemble, non ? Moi, je suis parfaitement heureux.

Ils déchargèrent la voiture en silence. Après cela, Brian s'allongea sur le canapé tandis que Michael et Thack partaient en exploration. Lorsqu'ils revinrent, leur camarade de chambrée dormait profondément et ronflait.

— Dis, chuchota Thack, prenons des bières pour retourner au bord de l'eau.

— Quelles bières ? demanda Michael, de plus en plus déconcerté par la volubilité fraternelle de Thack.

— Va voir dans le frigo, répondit ce dernier.

Michael s'exécuta et découvrit deux packs de six canettes de bière Oly à l'intérieur... Une consolation mineure mais bienvenue.

De retour à la rivière, Thack prononça solennellement :

— *Hunkering !*

— Pardon ?

— C'est ce qu'on dit dans le Sud, quand on trinque les pieds dans l'eau.

— On dit toujours ça ?

— Ouais.

Thack envoya valdinguer ses mocassins et retroussa son pantalon de treillis.

— Je connais beaucoup de gays qui aiment trinquer comme ça.

Michael suivit l'exemple de Thack. Il enleva ses

Adidas, trouva un endroit plat sur un rocher ensoleillé et glissa ses pieds pâles dans l'eau étonnamment tiède.

Thack lui tendit une Oly fraîche.

— Pas de vrai *hunkering* tant qu'on n'a pas sa bière en main !

— T'as raison.

Ils levèrent leurs canettes en même temps.

— À la santé des bois ! proclama Thack.

— À la santé des bois ! répéta Michael.

La bière et le soleil torride les engourdirent comme deux lézards sur une pierre brûlante, des lézards tellement écrasés de chaleur qu'ils se seraient laissé caresser le ventre. Après un long silence, Thack demanda à Michael :

— Comment vous êtes-vous rencontrés tous les deux ?

— Brian et moi ?

— Ouais.

— Eh bien... Ils habitaient dans mon immeuble, avant. Sa femme et lui. Je les connaissais déjà quand ils étaient encore de fringants célibataires.

Thack sourit, puis :

— Comment est-elle, elle ?

Michael réfléchit un instant.

— Vive, gentille, ambitieuse... Un pur produit des années quatre-vingt.

— Oh...

— Ça ne me dérange pas, remarque bien. Elle était tout aussi à l'aise dans les années soixante-dix.

— Vous êtes amis ?

— Oh, bien sûr, répondit Michael. Plus autant qu'avant, mais... C'est que... je ne la vois que de temps à autre.

Il plongea sa main dans l'eau.

Thack ôta son T-shirt moulant, et deux auréoles roses apparurent sur son torse blanc si bien dessiné que cela en devenait gênant pour Michael. Celui-ci, lorsque Thack passa son T-shirt au-dessus de sa tête, sentit fugitivement l'odeur de sa transpiration.

— Quelque chose tracasse Brian, hasarda Thack.

— Pourquoi tu dis ça ?

— J'ai l'impression de le caresser à rebrousse-poil.

— Mais non. Il t'apprécie.

— C'est vrai ?

— Oui.

Thack but une petite gorgée de bière.

— Moi aussi, je l'apprécie... Si seulement il y avait plus d'hétéros comme lui !

— Il s'est disputé avec Mary Ann, raconta Michael.

C'était un mensonge excusable.

— Il est un peu bizarre, quand ils se chamaillent.

En disant cela, il était sans aucun doute assez proche de la vérité.

— C'est un type génial, la plupart du temps. Drôle, généreux...

— Et plutôt bandant !

Michael éprouva de nouveau l'impression de s'être entaillé le doigt avec le bord d'une feuille de papier.

— Ouais, probablement, reconnut-il.

— Probablement ?

— Eh bien, je le connais depuis si longtemps !... On est comme des frères, tous les deux. Enfin, quelque chose comme ça. Je sais qu'il est beau, mais je ne pense pas à lui de cette façon-là.

Il se rendit soudainement compte qu'il était jaloux.

Et jaloux de Brian.

Confidences sans oreiller

Revenu paresseusement au sens de la réalité, Brian s'étira ; le velours côtelé du canapé dégageait une faible odeur de moisissure qui lui picota les narines. Il entendait un oiseau s'égosiller derrière la maison et, parvenant de la berge, le rire de Michael.

Il ne savait pas si cela faisait trente minutes ou trois heures qu'il était là. La migraine qui l'avait harcelé sur la route s'était quelque peu calmée, mais la douleur qu'il éprouvait au ventre était toujours aiguë. En fait, son corps était brûlant et il avait un goût infect dans la bouche.

Sa langue fit son inspection habituelle en explorant à l'intérieur de sa bouche, à la recherche de nouvelles petites plaies. Ne découvrant rien de neuf, il s'appuya sur les coudes et dirigea son regard vers la rivière. Michael et Thack étaient toujours en train de lézarder sur les rochers.

Brian trouva sa trousse de toilette et se traîna péniblement jusqu'à la salle de bains. Il s'aspergea d'abord le visage d'eau, se brossa les dents, puis s'examina dans la glace. L'épuisement qui le minait se manifestait sous ses yeux par des cernes bruns.

Il sortit de la maison et descendit vers la rive. Les deux autres ne le virent pas s'approcher, et il leur cria :

— Que diriez-vous d'un petit casse-croûte, les gars ?

— Il faut qu'on aille faire des courses, répondit Michael.

— C'est ce que je voulais dire. Tenez, je vais y aller. Dites-moi ce que vous voulez.

Thack se redressa.

— Super !

— Prends la voiture, proposa Michael.

— Nan, fit Brian. J'ai besoin d'exercice. Qu'est-ce qu'il faut que je prenne ?

— Des hot-dogs, proposa Thack. Avec des haricots blancs à la sauce tomate, des nachos... et ce qu'il faut pour faire une salade.

— Sans oublier du Pepsi sans sucre, ajouta Michael. Tu sais où se trouve le magasin ?

— Ouais, répondit Brian.

— Michael et moi, on va préparer du feu, annonça Thack. On a pensé que ça serait une bonne idée, de faire un barbecue.

— Bien, fit Brian.

Il les quitta pour se diriger vers la route de Cazadero. L'après-midi touchait à sa fin, à présent. Des rayons de soleil où dansait la poussière perçaient çà et là le feuillage des séquoias. Une famille de cailles s'enfuit à toute allure à son approche. Un lézard au ventre bleu jeta un éclair tel un feu follet avant de disparaître dans un tas de bois moussu.

Il se sentait déjà mieux, avec une occupation en tête. En dépassant la petite église à charpente de bois vert et blanc qui marquait l'entrée du village, il accéléra le pas. Quand il arriva à l'épicerie de Cazadero, il se sentait plus calme qu'il ne l'avait été depuis des jours.

Après avoir acheté les provisions dont ils avaient besoin (plus un gâteau au citron Sara Lee comme dessert), il attendit son tour dans la petite file d'attente menant à la caisse. La femme qui se trouvait devant lui — des seins et des hanches énormes, des yeux d'un vert saisissant — se retourna et lui sourit chaleureusement.

— C'est votre petit dîner ?

Il baissa les yeux sur le contenu de son panier en plastique rouge.

— Ouais. On va faire un barbecue.

Les yeux émeraude de la Vénus callipyge s'agrandirent.

— On ?...

— Mes potes et moi.

— Ah.

Sans vraiment sourire, les lèvres charnues de cette femme exprimaient une sorte d'amusement sans doute dû à quelque plaisanterie pour initiés. Deux ou trois choses, chez elle, semblaient familières à Brian, mais il était certain de ne l'avoir jamais rencontrée. Il s'en serait souvenu.

Son regard fit ostensiblement le tour du magasin.

— Cet endroit est pratique, remarqua-t-il. On y trouve un petit peu de tout.

— Oui, répondit-elle. N'est-ce pas ?

Elle s'adressait à lui sur un ton allumeur, mais il fit semblant de ne pas s'en apercevoir. Une soumission peureuse avait triomphé de ce qui restait de sa libido. Il n'était d'ailleurs jamais resté aussi longtemps sans éprouver d'excitation.

La femme paya ses achats et sortit. Pendant que l'employé calculait le montant de ses courses, Brian regarda alors par la porte, juste à temps pour la voir décocher une autre œillade coquine dans sa direction.

Arborant un large sourire, elle le salua en agitant ses longs ongles roses, monta à bord d'une berline blanche et s'en alla.

Derrière la maison, Thack avait trouvé du bois sous une bâche en plastique. Mais comme il n'y en avait pas suffisamment pour faire un grand feu, Michael s'en fut explorer les abords de la rivière.

Quand il revint, Thack était penché sur son feu et soufflait sur un tas de brindilles enchevêtrées. Le ciel était toujours indigo, mais ici, sous les arbres, l'obscurité était venue plus tôt. Le feu projetait une lueur rougeoyante sur le visage pâle du beau Thack.

Michael déposa à ses pieds le produit de son exploration.

— Vos fagots, milord.

— Jolis fagots, mon brave !

Il sourit.

— Ce n'est pas illégal, j'espère ?

— Quoi ?

— De faire un feu ici.

Michael haussa les épaules.

— Quelqu'un l'a manifestement déjà fait.

— Bien, dit Thack en ajoutant une branche sèche dans les flammes, alors allons-y !

Il leva les yeux vers Michael et lui sourit à nouveau. Michael lui rendit ce sourire : il s'agissait d'un moment de complicité privilégié. Les mots auraient probablement tout gâché.

Une lune presque pleine les contemplait de haut tandis que Michael terminait sa salade.

— On aurait dû faire des pommes de terre à la braise, dit-il. Tu sais : dans la terre.

— Quand t'est-il arrivé d'en cuisiner comme ça ? demanda Brian.

— Quand j'étais scout.

— T'as été scout ? s'étonna Thack.

Michael trouva qu'il avait l'air un peu trop ébahi.

— Je faisais partie des Aigles, répondit-il. Et toc !

— Non ? Moi aussi ! s'exclama Thack.

— Vraiment ?

Thack acquiesça.

— Moi, je ne suis pas arrivé jusque-là, intervint Brian. Je détestais ça.

— Pourquoi ? s'enquit Michael.

— Il y avait là-dedans quelque chose de fascisant, et à plus d'un titre. Je me souviens surtout du rituel des ceintures qui avait cours dans ma troupe. Tu sais, tout le monde enlève sa ceinture pour fouetter le derrière du pauvre type qui passe devant en courant.

— Ce n'est pas fascisant, protesta Thack d'un ton sec. C'est cent pour cent américain.

Michael jeta une autre bûche dans le feu.

— Je détestais ça aussi, avoua-t-il. Je l'ai fait, mais je détestais ça. Comme mon père avait fait partie des Aigles, j'étais bien obligé d'en être à mon tour.

— En revanche, j'aimais bien camper, reprit Brian. Je n'aimais le scoutisme que pour ça.

Thack approuva en hochant la tête.

— Je suis allé comme ça jusqu'à Philmont, dit Michael. Vous savez, ce camp d'Explorateurs au Nouveau-Mexique ?

Thack et Brian échangèrent une mimique faussement navrée.

— Eh ben... c'était une sacrée aventure, ça ! Il y avait des types qui venaient de partout. C'était pour moi une sacrée histoire, de toute façon. J'y ai découvert l'amour.

— Oh, mon Dieu ! laissa échapper Brian en grommelant comiquement.

Thack, lui, gloussa dans son coin.

— J'avais quatorze ans, poursuivit Michael. Et ma troupe est partie à Philmont pour un voyage de deux semaines. On y est allés en bus, et en chemin on a séjourné dans des bases militaires...

— Qu'est-ce que j'te disais ? triompha Brian. Si c'est pas fascisant, ça !...

Thack ricana, puis se retourna vers Michael en attendant la suite.

— Nous partagions les repas des militaires. Nous couchions dans des casernes, nous allions voir des films dans les cinémas de la base, et... mon Dieu, je n'oublierai jamais ces soldats tant que je vivrai ! La plupart d'entre eux avaient seulement quatre ou cinq ans de plus que moi, mais... vive la convivialité !

— Tu veux dire : vive la baise ! plaisanta Thack.

Brian rit.

— Mais c'était du pur fantasme, continua Michael. Je n'aurais jamais su comment m'y prendre pour m'envoyer un de ces mecs, mais pour bander, ça tu peux me croire, j'ai bandé ! Le temps d'arriver à Philmont, j'étais plus excité qu'un lapin en rut.

— Tu le trouves pas un peu hystérique ? demanda Brian, se retournant vers Thack.

— Une nuit, continua Michael en les ignorant, nous campions dans un canyon, et il y a eu une averse de grêle d'une violence rare qui a littéralement démoli nos tentes et tout trempé à l'intérieur. Nous avons alors été plus ou moins adoptés par un groupe de scouts plus âgés...

— Attends une minute, dit Thack en arborant un large sourire. Ce ne serait pas dans un numéro de *Première Main* que j'aurais lu ça ?

— Un que j'aurais pu lire ? demanda Brian.

Michael poursuivit :

— Donc... nous sommes allés dans cet autre camp, nous nous sommes séchés devant le feu et un scout plus âgé a partagé son poncho avec moi. Il m'a entouré les épaules avec son bras, et je me suis comme... appuyé contre lui.

Il fixait les flammes en se souvenant.

— Et...

— Et ? l'encouragea Brian.

— Eh bien... En fait, je me suis juste appuyé contre lui. C'était la chose la plus confortable, la plus merveilleuse, la plus stupéfiante...

— Mais c'est tout ? s'indigna Thack pour le taquiner.

Brian le regarda en levant un sourcil.

— C'est une histoire extraordinairement torride, je trouve.

Michael leur jeta à tous les deux un regard mauvais.

— Vous ne pouvez pas comprendre : fallait y être.

Il ramassa un bâton et s'en servit pour tisonner les braises.

— Ça représente ce que chacun de nous désire, non ? Ce sentiment d'être en sécurité avec quelqu'un.

Soudain embarrassé, il dévisagea Brian, puis Thack, et laissa tomber son bâton dans le feu.

Un peu plus tard, de retour dans la maison, les trois hommes se consacrèrent à leurs ablutions respectives, se croisant comme des représentants de commerce dans les couloirs d'un hôtel bas de gamme la brosse à dents à la main, d'une manière empruntée. Brian alla se coucher le premier et s'endormit presque sur-le-champ sur l'un des divans. Thack ne garda que ses sous-vêtements et prit l'autre divan, laissant à Michael le canapé convertible, que celui-ci ne prit pas même la peine de déplier.

Il dormait d'ailleurs de façon intermittente et se réveilla juste avant l'aube. Thack était toujours assoupi sous sa couverture et respirait bruyamment. En caleçon, l'air désorienté comme un ours blessé, Brian se tenait debout de l'autre côté de la pièce.

— Ça va ? chuchota Michael.

Brian lui montra un coin du drap qu'il traînait derrière lui.

— Regarde ça, dit-il.

C'était trempé de sueur.

— Il y a des draps propres dans l'armoire en cèdre, proposa Michael. Je vais...

Brian gémit :

— Qu'est-ce qui m'arrive, bordel de merde ?

Michael alla chercher une paire de draps et la jeta sur le divan.

— Allonge-toi, murmura-t-il.

— Écoute, Michael...

— Vas-y. Allonge-toi.

Brian s'étendit sur le ventre. Michael lui essuya le dos avec les draps mouillés, puis massa les muscles tendus de ses épaules. Il y eut d'abord un moment de tranquillité trompeuse puis Brian se mit à sangloter dans les coussins.

— Du calme, dit Michael. Ce n'est pas grave... Ce n'est pas grave.

DeDe et la Sécurité

À *Wimminwood,* le jour se levait. DeDe fut la première de la famille à s'éveiller et se frotta les yeux jusqu'à ce qu'elle pût les fixer sur le ruban vert et lisse de la rivière, ainsi que sur les saules qui chatoyaient tout au long de la rive. Elle se dégagea de l'agréable étreinte de D'or et sortit lestement de leur sac de couchage.

Elle resta assise dehors un instant, serrant ses genoux dans ses bras pour écouter les roitelets chanter dans les arbustes. Même si elle était très attachée à D'or et aux enfants, elle ne pouvait s'empêcher de savourer ce moment-là en égoïste : le monde semblait n'appartenir qu'à elle.

Les choses s'étaient merveilleusement bien passées jusque-là. Edgar s'était tout de suite adapté au Camp du Frère Soleil, manifestant des dispositions pour la vie collective qui avaient même ébloui Laurie, la responsable chargée de s'occuper des petits garçons. Quand on mesura son QNC (Quotient de non-compétitivité), il battit à plates coutures tous les autres enfants.

DeDe, D'orothea et Anna, elles, avaient goûté à la plupart des charmes de *Wimminwood.* Elles avaient pris part aux Nouveaux Jeux, participé à un atelier de peinture faciale et plongé dans la rivière en éclaboussant tout le monde comme des poneys joueurs. La veille, avec un millier d'autres femmes, elles avaient regardé les étoiles, étendues par terre sur le dos, tandis que Hunter Davis leur chantait :

Tu es la femme idéale
Pour moi qui suis imparfaite
Tu viens vers moi quand je m'éloigne
Tu t'éloignes quand je viens vers toi
Et je t'aime chérie.

En entendant ces paroles, DeDe s'était tournée pour contempler la douceur miraculeuse du visage de son amie dont les profonds yeux noirs fixaient rêveusement la lune.

Puis, presque instinctivement, elle avait saisi la main de sa fille, petite et fraîche comme de la soie dans l'air du soir.

Elle se rendit compte qu'elle était heureuse. Elle avait tout ce qu'elle désirait. À propos de *Wimminwood,* D'or avait raison.

Comme d'habitude, elles prirent leur petit déjeuner dans le réfectoire végétarien en plein air. Les femmes qui servaient, vêtues seulement de tabliers et de bottes, les fesses et les joues embrasées, leur servirent des portions de porridge fumant, ordonnant aux traînardes d'accélérer le mouvement :

— Circulez, circulez, s'il vous plaît.

Elles trouvèrent de la place à une table de piquenique occupée par trois autres personnes.

— Écoute, dit D'or à son amie en attaquant son porridge. Anna et moi, on a pensé qu'on pourrait aller rendre visite à Edgar, puis peut-être jeter un œil à la Tente des Artisanes, aujourd'hui.

DeDe regarda sa fille.

— Tu vas encore dépenser ton argent, hein ?

— D'or a dit que c'était OK.

— On n'a pas vraiment besoin de pots en grès, tu sais...

Anna prit un air renfrogné.

— Même chose pour les tatouages, qu'ils soient provisoires ou non, continua DeDe.

La petite fille décocha un regard accusateur à D'or :

— T'as craché le morceau ?

D'or dut négocier avec DeDe :

— Juste un petit, hein ?... Très femme. Quelque chose dans le genre Laura Ashley.

DeDe rit malgré elle :

— Alors, ce sera toi la responsable s'il ne part pas à l'eau, d'accord ?

— Youpi ! s'exclama Anna, triomphante.

DeDe se rendait compte que l'enfant devenait dépensière. Comme Frannie. Comme DeDe elle-même quand elle avait fait son entrée dans le grand monde, à une époque antérieure à l'affaire guyanaise. Était-ce quelque chose d'héréditaire ?

— Tu ne viens pas avec nous ? demanda D'or.

— Non, fut obligée de répondre DeDe. Je dois aller travailler, cet après-midi : je vais donc rester un peu à ne rien faire.

— Participe à un atelier, proposa D'or.

— Peut-être... hésita DeDe.

— Il y en a un qui te conviendra parfaitement, dans la Zone 5.

— Pardon ?

D'or resta malicieusement énigmatique :

— Va jeter un œil. Zone 5, à dix heures.

Quand elle se retrouva seule, DeDe alla se planter devant le tableau d'affichage et considéra les possibilités qui s'offraient à elle :

9 h-10 h — Atelier cristal : Nettoyer et prendre soin des cristaux de quartz. Comment utiliser différents cristaux pour guérir, rêver et méditer. Mariposa Weintraub, organisatrice. Zone 8.

9 h-10 h — Poils du visage et du corps : Diapositives, histoires et chansons. Bonnie Moran, organisatrice. Zone 3.

9 h 30-11 h LE COCA LIGHT NOUS OPPRIME : Comment le lobby machiste tue les grosses femmes en les mettant au régime et en les harcelant. Sandra Takeshita, organisatrice. Zone 4.

10 h-11 h GROUPE DE SOUTIEN POUR LESBIENNES RICHES : Une occasion pour les femmes qui ont de l'argent de partager les unes avec les autres leurs sentiments sur les problèmes politiques et personnels liés à l'héritage d'une importante fortune. Leticia Reynolds, organisatrice. Zone 5.

Ah : une « lesbienne riche » ? C'était donc *cela* qu'elle était... Au moins, elle avait une identité.

Elle s'amusait encore du petit tour que venait de lui jouer D'or quand une femme grogna à côté d'elle.

— Qu'est-ce qu'on est censée faire si on n'est ni poilue, ni grosse, ni riche ?

Elle était elle-même jeune, maigre et ressemblait à un garçon manqué.

DeDe lui sourit avec bienveillance :

— Quelque chose en rapport avec les cristaux, je pense.

— Ouais, ça doit être ça.

Le garçon manqué gratta le sol du bout de ses mocassins.

— Est-ce que vous avez déjà participé à un de ces trucs ? demanda DeDe.

— À quoi ? À un atelier ?

— Oui.

— Eh bien, je suis allée hier à l'atelier Poterie.

— Comment c'était ? s'enquit DeDe.

— Très politiquement correct. Ça s'appelait : « L'histoire de la poterie au féminin. »

— Pas possible ! fit DeDe.

— Notre chef d'atelier n'a pas arrêté de parler de l'influence hispanique sur l'art de la poterie, et finalement je lui ai demandé de quelle « panique » elle nous entretenait exactement... Elle m'a regardée comme si je venais de pisser dans le bol à punch.

Cela fit rire DeDe.

— Je lui ai dit de bien vouloir m'excuser mais que je devais me tirer, continua son interlocutrice. Que j'étais en retard pour mon hystérectomie.

DeDe gloussa.

— Vous lui avez vraiment sorti ça ?

— Non.

Elle baissa subitement la tête avec coquetterie.

— J'y ai pensé plus tard.

— L'esprit d'escalier... plaça DeDe.

— Pardon ?

— C'est une expression pour les cas où l'on ne trouve la bonne repartie que lorsque c'est trop tard.

— Ah.

Elles se regardaient d'un air embarrassé, ne sachant soudain plus quoi dire.

— Avez-vous assisté à beaucoup de concerts ? demanda enfin la jeune femme.

— Oui. Hunter Davis, répondit DeDe. Puis Kate Clinton.

— Kate Clinton a eu un succès fou, non ?... Au fait, votre petite fille est magnifique !

DeDe fut embarrassée.

— Je vous ai vue avec elle là-bas...

— Oh...

— Je m'appelle Polly Berendt, fit-elle en tendant la main.

— DeDe Halcyon.

— Est-ce que vous sortez avec... euh... cette femme basanée ?

DeDe acquiesça, se demandant jusqu'à quel point on s'était intéressé à elles.

— C'est notre premier festival, avoua-t-elle, passant habilement à un sujet plus anodin. Et vous ?

— Le premier aussi, précisa Polly, grattant à nouveau le sol du bout de ses mocassins. J'ai même pris des vacances pour venir.

— Qu'est-ce que vous faites dans la vie ?

— Je travaille dans une jardinerie. Les *Plantes adoptives.*

— Oh, s'exclama DeDe, la jardinerie de Michael Tolliver !

— Vous le connaissez ?

— Eh bien, c'est en quelque sorte l'ami d'une amie. Et son ancien copain a mis au monde mes enfants.

— Jon ?

DeDe fit oui de la tête.

— Un gentil garçon. Vous l'avez connu ?

— Non, regretta Polly. Je suis arrivée... après.

Elle marqua un temps d'arrêt.

— Vous ne venez pourtant pas souvent faire vos achats chez nous. Je m'en serais souvenue.

DeDe n'arrivait pas à déterminer si Polly rougissait ou non. Même avant ce compliment stratégique, elle avait été un peu distraite par les taches de rousseur sur les joues de la jeune fille, ses dents blanches, aussi, et ses avant-bras dorés par le soleil.

— En réalité, dit-elle, nous ne sommes pas installées en ville. Nous habitons au sud, sur la Péninsule. À Hillsborough.

Polly acquiesça lentement, comprenant ce que cela signifiait.

— C'est assez chic, non ?

— Eh bien... certains coins, oui.

— Vous êtes donc une « lesbienne riche » ?

DeDe éclata de rire.

— Pas si j'évite cet atelier !

Polly lui sourit, et proposa :

— On va faire un tour ensemble, alors ?

Leur petite odyssée dura une heure. Elles passèrent

en revue presque toutes les composantes de la société de *Wimminwood* : celle qui refusait les produits chimiques et celle qui les tolérait, celle des fêtardes, celle des femmes physiquement désavantagées, sans compter celle du soutien aux non-alcooliques.

— Bon Dieu ! ironisa Polly quand elles arrivèrent au bord de la rivière. C'est tout de même étonnant qu'on ne nous délivre pas de visas à chaque frontière !...

— J'imagine que ce type d'organisation facilite les choses... déclara DeDe plus positivement, reprenant à son compte les arguments de D'or.

Elle n'avait pas l'habitude d'avoir affaire à une personne aussi peu politiquement correcte.

Les yeux noisette de Polly s'égarèrent vers le bout de la plage où bronzait une femme nue.

— Vous est-il déjà arrivé de vous déshabiller en public ? demanda-t-elle.

— Non, répondit DeDe. Pas vraiment. Non.

— Pourquoi donc ?

DeDe haussa les épaules.

— Mon amie et moi en avons parlé... Nous pensons juste que ce n'est pas indispensable. Nous n'avons pas besoin de prouver quoi que ce soit aux autres.

Polly regarda autour d'elle, puis fit ricocher sur l'eau une pierre plate.

— Froussarde, laissa-t-elle tomber.

Ayant perdu la notion du temps, DeDe quitta Polly précipitamment un peu avant midi. Pour arriver à son poste de travail, une grande tente ouverte sur les côtés, située près de l'entrée de *Wimminwood,* elle courut sur les derniers cent mètres. L'endroit grouillait de femmes dynamiques en T-shirts noirs.

Elle s'approcha de celle qu'elle reconnut, la femme de couleur qui les avait chaleureusement accueillis à l'entrée.

— Excusez-moi... commença-t-elle. S'il vous plaît...

— Mais je vous reconnais, vous : la grande Buick remplie de mômes, c'est ça ?

DeDe se plaignit en riant :

— Ne remuez pas le couteau dans la plaie !

— Je m'appelle Teejay. Vous êtes... ?

— DeDe.

— Bon. Je peux quelque chose pour vous ?

— Je cherche le chef de la Sécurité.

Teejay la chercha des yeux, puis déclara :

— Je crois qu'elle est partie pour... Non, la voilà... Tenez : là-bas, près des boîtes à fesses !

— Euh, désolée... Les quoi ?

— Les boîtes à fesses, chérie.

Elle fit un geste mystérieux, montrant son postérieur.

— Son nom est Rose. Celle qui a cette drôle de coupe de cheveux.

DeDe sentit que le sang refluait de son visage : Rose et son affreuse coiffure, l'odieuse Rose ! Le monstre qui avait déporté Edgar dans le secteur des garçons.

C'était manifestement elle le chef. Elle était appuyée contre une tente faisant office de poste, vêtue d'un grand short vert et flottant. Ses seins dénudés étaient devenus rose mortadelle sous le soleil brûlant.

DeDe s'approcha avec précaution, se blâmant de ne pas avoir choisi la Patrouille de ramassage des ordures, ou même l'Infirmerie... Rose la dévisagea, puis lança :

— Comme on se retrouve !

— N'est-ce pas ?... fit DeDe.

— Tu prends la relève de midi ?

— Oui, oui.

— Tu n'es pas en uniforme.

Rose prit dans un carton posé sur le sol un des T-shirts noirs qu'elle passa à DeDe.

— J'ai besoin de toi à l'entrée. Je m'en occupe

habituellement toute seule, mais il y a eu des problèmes chez les anti-produits chimiques.

DeDe hocha la tête.

— Est-ce qu'on va me montrer... euh... ce que je dois...

— T'inquiète : c'est mon boulot.

Rose lui fit un clin d'œil presque aimable, et DeDe ressentit un léger soulagement. Si tout ce que cette femme voulait était commander, DeDe était plus que prête à lui donner satisfaction.

En l'amenant vers l'entrée, Rose lui expliqua les complexités du travail.

— La plupart du temps, tu réponds à des questions. Des trucs sur les différentes zones, les endroits où il est conseillé de se garer... Ne laisse surtout pas entrer les voitures qui ne disposent pas d'une autorisation.

DeDe se sentait encore un peu mal à l'aise.

— Les zones ? Je ne sais pas vraiment où...

— Voici une carte, l'interrompit Rose, lui tendant sa brochure écornée. Tout y est indiqué.

— Bien.

— Ah ! Au fait... Tu risques de voir passer les hommes qui s'occupent des *Porto-Janes.*

— Des quoi ?

— C'est comme ça qu'on appelle les toilettes ici, répondit Rose.

« Ça ne m'étonne pas », pensa DeDe.

— Alors... je laisse ces types rentrer ?

— Ouais, dit Rose. Ce sont les *seuls* hommes autorisés à pénétrer dans le camp. Ils nettoient les *Porto-Janes* et repartent. Ça prend environ une heure en tout. Ils ont un camion et des badges d'identité qu'ils doivent présenter à ta demande.

— C'est compris, déclara DeDe.

— Il y a un talkie-walkie à l'entrée. Tu peux toujours appeler des renforts si quelque chose te dépasse. Ç'a été calme jusqu'à présent.

— Dieu merci ! soupira DeDe.

— Tu ne voulais pas plutôt dire « Déesse » ? demanda Rose.

Le poste se révéla beaucoup moins menaçant que ce que DeDe avait imaginé. Elle passa la plupart de son temps à discuter avec des femmes sympathiques qui conduisaient des voitures surchargées. Quand elles rouspétaient contre le règlement du parking, c'était toujours gentiment, et une ou deux en avaient même profité pour lui adresser un sifflement admiratif.

Vingt minutes avant la fin de son travail, une immense limousine blanche s'arrêta à l'entrée. Les vitres teintées ne lui permirent pas d'en apercevoir les occupantes jusqu'à ce que celle de la portière avant s'abaissât en bourdonnant.

Une femme rousse coiffée d'une casquette de chauffeur se pencha et demanda :

— Par où faut-il passer pour trouver la scène ?

— Eh bien, vous allez descendre cette allée, fit DeDe, ensuite tourner à droite, mais je crains que vous ne puissiez pas vous y rendre en voiture.

— Pourquoi ça ?

— C'est le règlement : pas de voiture à l'intérieur du camp. Vous pouvez vous garer sur ce parking, si vous voulez. Il y a une navette toutes les quinze minutes.

La « chauffeuse » avait l'air en rogne :

— On nous a donné rendez-vous sur la scène.

— Alors, s'il est prévu que vous montiez sur le podium... Je veux dire si qui que ce soit...

— Il n'y a rien de prévu. Ma cliente est une amie de l'organisatrice du festival, c'est tout !

— Avez-vous un laissez-passer ? demanda DeDe.

— Non. On nous a dit que nous n'en aurions pas besoin.

— Mince, je suis vraiment désolée : j'ai reçu des instructions comme quoi personne...

— Laissez, je vais lui parler !

Cette voix rauque et sonore venait de la banquette arrière. Ensuite, le bourdonnement d'une autre vitre, noire et brillante comme Darth Vader, se fit entendre. Le visage qui apparut était pâle, dépourvu de maquillage et encadré par une crinière brune zébrée d'une mèche blanche.

DeDe déglutit. C'était Sabra Landauer, la légendaire poétesse-dramaturge féministe dont le spectacle en solo, *Moi, mais encore plus,* avait fait fureur à Broadway lors des deux dernières saisons.

— Oh... Mademoiselle Landauer ! s'exclama DeDe. Bienvenue à *Wimminwood* !

— Merci. Y a-t-il réellement un problème ?

— Un petit, oui. Si l'on m'avait dit que vous veniez donner une représentation...

— Je ne suis pas venue pour ça. Je suis venue voir mon amie Barbara Farrar, la *fondatrice* de ce festival.

— Ah... C'est que... Bien sûr.

La fermeté de DeDe se trouva anéantie : s'agissant de choisir entre les attaques de Rose ou celles de Sabra Landauer, il n'y avait pas à hésiter.

— Il suffit donc de descendre cette allée puis de tourner à gauche pour parvenir jusqu'à la scène. C'est la seule grande clairière. Toute personne portant un bracelet bleu peut vous aider.

— Merci, dit la « chauffeuse ».

— Mademoiselle Landauer ! s'empressa d'ajouter DeDe en frappant le toit de la limousine pour l'empêcher de partir. Il faut que je vous dise... *Le Bal des méduses* est vraiment le meilleur recueil de poèmes que j'aie jamais lu.

Sabra Landauer pointa son index sur DeDe comme le canon d'un revolver, puis fit mine de lui tirer dessus avec désinvolture.

— Il faut lire le dernier, répliqua-t-elle. Vous y trouverez quelque chose vous concernant directement.

Avant que DeDe eût pu répondre, la vitre noire remonta. La limousine démarra et laissa la jeune femme dans un nuage de poussière.

DeDe se sentait légèrement écœurée par sa propre conduite. Pourquoi diable avait-elle dit cela ? Elle n'avait même pas lu *Le Bal des méduses* ! Pourquoi le simple fait de voir une star lui faisait-elle perdre à chaque fois tous ses moyens ?

Distraite, elle laissa entrer deux autres voitures et revint à la réalité seulement lorsqu'elle aperçut deux gros rustauds dans une camionnette. Se rappelant qu'on les lui avait annoncés, elle fit un pas en avant, le visage crispé, et demanda consciencieusement :

— C'est pour les *Porto-Janes* ?

— Ouais, répondit le conducteur, arborant un sourire qui révélait sa denture irrégulière.

« Pauvres types... pensa-t-elle. Faire un tel travail ! »

Elle les invita à continuer et leur souhaita bon courage. La camionnette se remit en route, doucement au début, puis accéléra dans un crissement de pneus. Les deux hommes alors lui firent un bras d'honneur en éclatant d'un rire gras.

— On t'a eue, sale gouine ! gueula l'un d'eux.

Elle resta un moment paralysée par le choc. Dans sa tête résonnait la voix de Rose qui lui recommandait de demander les badges d'identité. « Idiote, idiote, idiote ! » s'injuria-t-elle. Ces hommes, bien sûr, n'avaient rien à voir avec les *Porto-Janes* !

Elle se jeta sur son talkie-walkie, mais elle ne parvenait pas à se souvenir de l'expression utilisée au cinéma dans pareil cas.

— Allô, la Sécurité ? dit-elle enfin.

C'était tout juste si elle ne criait pas dans l'appareil.

— La Sécurité ? Ici DeDe... Répondez, je vous en supplie... C'est urgent !

Pas de réponse.

Elle vérifia que le bouton du talkie-walkie était enclenché dans la bonne position et recommença :

— Alerte, alerte... Ici DeDe, à l'entrée ! Des hommes sont entrés ! Des hommes sont entrés !

Toujours pas de réponse. Elle secoua l'appareil violemment puis, dans un accès de dépit, le jeta dans le fossé. Il atterrit dans les ronces d'un mûrier. Elle sursauta alors en entendant une réponse.

— Sécurité à Entrée, Sécurité à Entrée... Répondez *immédiatement...*

Elle descendit dans le fossé et se fraya un chemin avec précaution à travers les tiges épineuses, les maintenant à distance comme des couches-culottes sales. Au moment où elle attrapa le talkie-walkie, une ronce surgit de nulle part et lui égratigna la main.

— Bordel ! grommela-t-elle.

— DeDe, ici la Sécurité... Répondez.

Elle tripota le bouton une nouvelle fois.

— Des hommes sont entrés, Rose ! Des hommes sont entrés !

— Je sais ! fit Rose, au moment même où la camionnette des intrus sortait de *Wimminwood* en vrombissant.

Les deux occupants étaient encore en train de s'esclaffer, et le véhicule soulevait des nuages de poussière rougeâtre sur son passage.

Glacée de terreur, elle suivit du regard les deux étrangers qui s'enfuyaient, puis elle parla de nouveau dans son talkie-walkie :

— Tout va bien là-bas ?

Il y eut tout d'abord un silence accablant. Finalement, Rose déclara :

— Reste où tu es, DeDe. Tu piges ? Reste où tu es !

Après presque une demi-heure d'attente, DeDe était à bout de nerfs. Quand Rose apparut, ses traits étaient tendus et son regard mauvais. Une couche blanche d'écran total recouvrait à présent ses seins.

— OK, commença-t-elle. Que s'est-il passé ?

DeDe lui répondit sur un ton monocorde :

— Je pensais que c'étaient les hommes chargés des *Porto-Janes.* Ils conduisaient une camionnette comme vous me l'aviez dit.

— Je n'ai jamais parlé de camionnette. C'est un *gros* camion, DeDe : pour aspirer la merde !

— Eh bien... Étais-je censée le savoir ?

Le chef de la Sécurité montra sa consternation :

— Tu es incroyable. Tu es vraiment incroyable !

— D'accord. J'ai fait une boulette. Je m'excuse.

— *Une boulette ?*

— J'ai foutu la pagaille, alors.

— As-tu la moindre idée de ce que ces salauds viennent de faire ?

DeDe retint son souffle un instant. « Mon Dieu, je Vous en prie, faites que cela ne soit pas trop affreux. » Elle secoua la tête prudemment.

— Ils sont passés en voiture devant l'Atelier de Purification de l'Aura en criant à tue-tête : « Sales putains de gouines !... »

— Je me rends parfaitement compte que je...

— Tais-toi. Et tu sais ce qu'ils ont fait après ? En repartant, ils ont renversé un *Porto-Jane.*

— Oh, mon Dieu !

— *Et il y avait quelqu'un dedans, DeDe !*

DeDe posa une main sur sa bouche tandis que son estomac commençait à se tordre.

— Est-ce que la fille est... blessée ?

Un silence bref mais insupportable suivit.

— Elle est gravement traumatisée, finit par répondre Rose. On a dû l'emmener au Ventre pour la passer au jet d'eau.

Au bord de la nausée, DeDe se détourna de son accusatrice.

— Si j'avais eu la moindre idée...

— Tu n'as pas suivi mes instructions ! beugla Rose. C'est aussi simple que ça !

DeDe acquiesça :

— Vous avez raison... vous avez raison.

Elle ne pouvait pourtant pas s'empêcher de se demander ce qui se serait produit si elle avait refusé de laisser entrer les deux perturbateurs. Lui auraient-ils obéi ? Ses enfants, eux, ne lui obéissaient déjà plus.

— Je croyais que tu aurais aimé faire tes preuves ! persifla Rose. Vu tes antécédents.

— Mes *antécédents* ? s'étonna DeDe.

— Tu sais très bien ce que je veux dire.

— Non. Dites-le-moi, s'il vous plaît.

— Je sais, pour ton père, OK ?

— Qu'est-ce que vous pouvez bien savoir ? Mon père est mort.

— Ton beau-père, alors. Peu importe. Je sais tout ce qui concerne ses relations avec ce fasciste de Reagan.

Le visage de DeDe s'embrasa.

— Puis-je savoir ce que vous en déduisez pour moi ?

Rose haussa les épaules.

— Je n'en sais rien.

Hésitant un moment, DeDe envisagea plusieurs répliques, puis tendit à Rose son talkie-walkie.

— Il est deux heures passées, observa-t-elle. J'ai terminé.

Elle regagna sa tente à pied, hébétée, tourmentée par un problème autrement plus grave qu'un *Porto-Jane* renversé : comment Rose — ou n'importe qui d'autre — avait-elle pu être au courant pour Booter, si D'or elle-même n'en avait pas parlé ?

Et pourquoi D'or aurait-elle fait une chose pareille ? Pourquoi ?

Booter fait faux bond

Le discours prononcé au bord du lac par Booter connut un succès retentissant. Depuis, près d'une douzaine de *Bohemians* l'avaient pris à part pour le féliciter, le comparant d'une manière favorable à Chuck Percy et Bill Ruckelshaus, qui avaient également pris la parole devant la foule au cours de la semaine. Il avait certes dû recourir une ou deux fois à ses notes, mais personne ne semblait l'avoir remarqué, et l'ovation avait éclaté comme le tonnerre.

Il marchait à présent pour dépenser l'énergie qu'il avait à revendre, respirant à pleins poumons l'air parfumé de l'après-midi. Sur la route qui passait au nord du Masque Vert, il rencontra un jeune homme d'une vingtaine d'années, torse nu, dont l'âge et la musculature semblaient indiquer qu'il n'était là qu'un simple employé ; il était donc du devoir de Booter de lui adresser la parole.

— Il fait chaud aujourd'hui, n'est-ce pas ?

Le jeune homme émit une sorte de hennissement qui abondait sans doute dans le sens de ce que disait Booter.

— Vous travaillez ici ? continua Booter, faisant de son mieux pour paraître agréable.

— Oui, monsieur.

— Eh bien, il y a un règlement, en ce qui concerne les chemises, vous savez ?

Le jeune homme le dévisagea sans réagir.

— Vous devez en porter une, précisa Booter.

— Ah... fit le jeune homme.

Et il attrapa sa chemise qui pendait de la poche arrière de son pantalon de treillis.

— Moi, ça ne me dérange pas, reprit Booter. Mais... il se pourrait que quelqu'un d'autre vous crée des ennuis à ce sujet.

L'employé enfila sa chemise et la boutonna jusqu'au col.

— Je dirais la même chose à un membre du club, ajouta Booter.

Il ne souhaitait pas avoir l'air d'un tyran.

— C'est juste le règlement.

— D'accord.

— N'empêche qu'il fait drôlement chaud aujourd'hui, non ?

— Ouais.

Booter lui sourit et poursuivit son chemin pour retourner sur la route de la rivière.

L'ordre, le respect mutuel... C'était pour tout cela que le *Grove* constituait son endroit préféré au monde.

Booter trouva Jimmy Chappell dans son tipi au Pavillon de la Médecine.

— Le voilà ! s'exclama Jimmy d'une voix tonitruante. Le William Jennings Bryan de l'IDS.

L'humilité était de mise. Booter grommela donc de façon faussement désobligeante et s'assit sur un lit de camp à côté de son vieux camarade.

— Tu veux boire quelque chose ? demanda Jimmy.

— Non, merci.

Jimmy versa du cognac dans un gobelet qu'il vida cul sec en terminant par un claquement de langue.

— Les Petites Espiègleries s'annoncent intéressantes, dit-il.

Dieu tout-puissant ! Cela avait-il vraiment lieu ce soir ?

— Ça s'appelle *Moi, Couillus* ! ajouta Jimmy, ramassant un programme du *Grove*.

Il leur lut :

— « Les *Bohemians* et leurs invités vont être électrisés par les duos amoureux d'Erotica et Testicus, vont frissonner en découvrant le complot tramé par Castrata contre Fornicatio, vont s'amuser des bouffonneries désinvoltes de Flatus, et se passionner pour le combat entre Infamus et Intactica, la meneuse des Vierges Agitées. »

— C'est d'un niveau franchement infantile, protesta Booter. On ne peut pas trouver quelque chose de mieux à faire ?

— C'est que... Et cette chanson qui t'a fait mourir de rire l'année derrière... Tu m'as même aidé à l'écrire.

— J'étais ivre, plaida Booter.

Jimmy ronchonna.

— Je ne peux pas venir ce soir, mon vieux.

— Pourquoi ça ?

— Je vais... en ville.

— En ville ? fit Jimmy.

— Ouais.

— À Monte Rio ?

Booter acquiesça.

— Pourquoi diable quitterais-tu le *Grove* le soir des *Petites Espiègleries* ?

— Tu ne fais pas partie de la troupe, cette année, dit Booter.

— Eh bien, certes...

— J'irai plutôt voir ta pièce, Jimmy. Je ne veux pas rater ça.

— D'accord, d'accord...

Booter éprouva un sentiment de culpabilité. Jimmy et lui n'avaient jamais manqué les *Petites Espiègleries* depuis au moins dix ans ; de plus, il se rendait compte que son vieil ami aurait adoré lui expliquer toutes les subtilités de la petite revue de la soirée. Sans quelqu'un pour l'écouter, Jimmy était perdu.

— Bon, conclut Booter. Si tu fermes ta gueule, je te dirai la vraie raison.

La mine renfrognée de Jimmy se radoucit et il se gratta une aisselle.

— Vas-y, le défia-t-il.

— C'est George... lui confia Booter. Il vient ce soir.

Jimmy cligna des yeux.

— Le vice-président.

— Ouais. Et alors ? Je le savais.

Il se gratta encore une fois et fronça les sourcils.

— Quel rapport avec Monte Rio ?

— Aucun, répondit Booter. Oublie que j'ai dit ça. Il va y avoir une réception au *Mandalay*.

C'était là un mensonge beaucoup moins risqué, car Jimmy n'avait jamais été invité au *Mandalay*.

— Une réception ? commenta calmement Jimmy. Pendant les *Petites Espiègleries* ?

La vérité, pensa Booter, aurait été préférable à cet imbroglio.

— Il y aura peu d'invités, lâcha-t-il finalement. On ne veut pas que ça s'ébruite.

Jimmy acquiesça lentement, compréhensif.

— Tu sais bien que je ne manquerais pas de t'accompagner aux *Petites Espiègleries* s'il n'y avait pas une bonne raison à cela.

Jimmy se passa une main dans sa fine chevelure.

— Ouais. Eh bien, on peut sans doute considérer ça comme une bonne raison, je te l'accorde.

Booter voyait bien qu'il l'avait blessé.

Jimmy afficha un air lugubre :

— Tu lui diras bonjour de ma part, hein ?

Scène de ménage

Tracassée par l'incident qui s'était produit à l'entrée du camp, DeDe retourna à sa tente qu'elle trouva vide. D'or et Anna étaient parties, apparemment toujours en train de faire de folles dépenses à la Tente des Artisanes. Dans l'état où elle se sentait alors, la solitude lui parut insupportable. Elle revint donc sur ses pas jusqu'au secteur où se trouvait Edgar pour demander à lui parler.

Il arriva tout ruisselant. Il sortait de l'eau et avait déjà la couleur d'un gant de base-ball neuf.

— Qu'est-ce qu'il y a, maman ?

— Oh... rien de spécial. Comme je passais par là, j'ai juste pensé à m'arrêter pour te dire bonjour.

Il inclina la tête, puis :

— Je vais bien, maman.

— Je vois.

Faisant un signe par-dessus son épaule, il déclara :

— Y a une grande bataille dans l'eau...

— Oui, va t'amuser, approuva-t-elle en lui souriant.

Il lui rendit son sourire, puis disparut dans les broussailles.

Ensuite elle se dirigea vers la Scène de Jour. Marcher et écouter de la musique constitueraient juste ce qu'il lui fallait pour ne plus cafarder. Elle était là pour s'amuser, non ? Pourquoi laisser quelqu'un comme Rose Dvorak lui gâcher la journée ?

Une fois sortie des bois, elle s'arrêta pour jouir de la sensation du soleil sur sa peau. Linda Tillery était sur scène et chantait *Un amour spécial.* À l'évidence radieuses et enivrées par la musique, des femmes serpentaient d'un côté à l'autre de la clairière, en une file interminable.

Elle était là depuis moins de cinq minutes quand elle aperçut Sabra Landauer.

La première chose qu'elle remarqua, en fait, fut la mèche blanche dans ses cheveux. La deuxième, ce fut la longue femme aux seins dénudés qui se tenait près de Sabra, plongée dans une conversation animée avec la poétesse-dramaturge.

Il s'agissait de D'or.

La bouche de DeDe se dessécha sous le coup de l'émotion. Elle sentit un fourmillement d'effroi la parcourir.

Avant que sa compagne eût pu battre en retraite, D'or l'aperçut et lui fit un signe de la main :

— Viens te joindre à nous.

Comme dans un cauchemar, DeDe s'avança à travers la clairière.

— Je veux que vous fassiez connaissance, toutes les deux ! déclara D'or. Sabra, je te présente DeDe Halcyon.

Pas « DeDe Halcyon, mon amie », juste un simple et quelconque « DeDe Halcyon »... Merci ! Sabra, évidemment, n'avait pas besoin du nom de famille.

— Salut, fit DeDe, serrant la grande main osseuse de la poétesse-dramaturge.

Elle était certaine que celle-ci ne se souviendrait pas d'elle, et c'est bien ce qui se produisit.

DeDe se retourna vers D'or et lui demanda :

— Où est Anna ?

D'or perçut le ton agressif, mais s'efforça de rester joviale :

— Elle est à la Garderie, tout va bien, répondit-elle. Elle voulait montrer ses trésors aux autres enfants.

« Elle n'est pas la seule », pensa DeDe.

— C'est la première fois que Sabra vient à *Wimminwood,* ajouta D'or. Je lui fais faire le grand tour.

Sabra sourit obligeamment.

— Magnifique ! s'exclama-t-elle.

— N'est-ce pas ? fit DeDe.

— Tu peux venir avec nous ? demanda D'or.

— Non, pas vraiment.

— Oh... très bien.

Après avoir été très insistant, le sourire de D'or finit par s'évanouir.

— On se retrouve à la tente, alors.

— Comme tu veux, déclara DeDe.

Vingt minutes plus tard, quand D'or fut de retour, DeDe l'attendait.

— L'une de nous devrait aller chercher Anna, dit-elle froidement.

— On doit se retrouver au réfectoire, fit D'or en se débarrassant de ses bottes.

Elle se retourna pour regarder DeDe.

— Je n'aurais jamais cru une chose pareille.

— Quoi ?

— En fait, tu es jalouse !

— Je suis seulement gênée, D'or. Je suis gênée pour toi.

— Oh, vraiment ?

— Oui.

— Ça t'embête si je te demande pourquoi ?

— Allez... Regarde-toi ! Tu étales tes nichons aux yeux de tout le monde dès qu'une femme célèbre...

— Nom de Dieu, attends une minute !...

— C'est indigne de toi, déclara DeDe. C'est tout.

— Il fait chaud, aujourd'hui.

— J'ai remarqué, observa DeDe.

D'or eut un mouvement de recul en s'écriant :

— Oh là là... Oh là là là là !...

— Je n'apprécie pas non plus que tu racontes à tout le camp que Booter travaille pour Reagan. Si tu ne peux pas respecter notre intimité...

— Arrête, merde.

— Tu l'as dit à Rose, oui ou non ?

— *À qui ?*

— Celle qui a *déporté* notre fils !

D'or avait l'air complètement ahurie :

— Je ne l'ai pas vue depuis...

— Eh bien, tu en as parlé à quelqu'un !

D'or plissa le front :

— J'en ai peut-être touché un mot à Plume à l'Atelier salvadorien.

— Et Plume l'a répété à cette nabote de grande gueule avec qui elle sort...

— DeDe...

— OK, on laisse tomber « nabote »... Verticalement désavantagée, ça t'ira ?

D'or secoua la tête d'un air navré :

— C'était juste une conversation sans importance. Je ne vois pas comment...

DeDe se leva.

— J'espère que tu t'es rendue bien intéressante avec cette petite révélation. Pourquoi ne déblatères-tu pas plutôt sur ta Cruella ?

Bouche bée, D'or la toisa, puis éclata d'un rire rauque.

— Tu peux toujours rire ! fit DeDe en sortant de la tente en coup de vent.

Elle se dirigeait résolument vers la zone des fêtardes.

Fan aux anges

Comme la nuit tombait, Wren Douglas se retrouva sur la terrasse du *Fife's*, un lieu de vacances pour les gays aux abords de Guerneville. La soirée était si douce qu'il y avait encore plusieurs douzaines de personnes réunies dehors. Agitant les glaçons dans son verre de scotch allongé d'eau, elle s'appuya à la balustrade pour observer la scène et aperçut un homme blond en maillot de bain vert perroquet qui faisait des longueurs dans la piscine.

Elle se sentait ce soir-là pimpante et séduisante. Soigneusement maquillée, elle portait un costume marin turquoise et blanc. Elle s'attendait à ce qu'on la reconnût — en fait, elle l'avait même espéré — et ce fut bien ce qui arriva.

— Excusez-moi, fit une voix. Vous êtes Wren Douglas, non ?

Il avait les cheveux châtains, les yeux marron et portait une moustache. L'expression douce et malicieuse qu'arborait son visage aurait trahi son homosexualité jusqu'en pleine réunion de parents d'élèves, à Lynchburg, Virginie.

— Oui, répondit-elle.

Il lui tendit la main :

— Je m'appelle Michael Tolliver. J'étais dans le public quand vous êtes passée à l'émission *Mary Ann le matin.* Vous étiez formidable. Vous êtes *toujours* formidable.

Elle sourit et lui serra la main. Elle avait plutôt l'habitude que les gays la gratifient de ce genre d'hyperbole, mais cela ne manquait jamais de lui faire plaisir.

— Tu ne m'as pas vue passer à *Donahue,* dit-elle d'un air triste.

— Non. Pourquoi ?

Elle haussa les épaules.

— Une grosse dame du Queens m'a accusée d'être une... Attends que je me souvienne... « Une insulte vivante aux personnes fortes et *respectables* du monde entier. »

— Nooooon ?

— En tout cas, j'ai fait à ce moment-là une découverte capitale. Je n'étais plus seulement grosse : j'étais une *grosse traînée.* Quelle révélation ! Une minorité dans la minorité !

Michael se força un peu à rire, comme tout admirateur déférent se le devait. Elle se demandait s'il l'avait entendue raconter la même histoire à l'émission de Carson.

— Qu'est-ce qui... euh... vous amène ici ? voulut-il savoir.

— Où ça ? Dans cet endroit ?

— Euh... Oui : sur les bords de cette rivière.

— Je fais un petit séjour à Monte Rio, expliqua-t-elle. Un de mes amis a loué une maison là-bas.

— C'est la même chose pour nous. On est à Cazadero. Vous voyez où c'est ?

— Mmm. J'adore leur épicerie.

— Eh bien, on n'habite pas très loin de là.

— « On » ?

Il indiqua du doigt la piscine en contrebas.

— Le type qui fait des longueurs, là, et l'autre, sous les arbres... celui qui porte la chemise écossaise.

— Ben alors...

Elle leva coquinement un sourcil.

— Ça doit être agréable, pour toi !

D'abord, il pouffa.

— Celui à la chemise écossaise est hétéro, précisa-t-il.

Elle inclina la tête calmement.

— Cela fait des années que les gays n'achètent plus de chemises écossaises, observa-t-elle.

Autre rire.

— En fait, c'est le mari de Mary Ann Singleton.

— Qui ? demanda-t-elle.

— La femme qui vous a interviewée.

— Oh, mon Dieu, oui ! Mademoiselle la sainte nitouche branchée. Pauvre garçon ! Il est vraiment marié avec ?

Michael eut l'air un petit peu contrarié.

— C'est une fille bien, quand on la connaît mieux.

— T'as certainement raison, ironisa-t-elle.

— Il y a juste qu'elle n'a pas... très bien réagi à la célébrité.

« Bien... pensa Wren. Célèbre dans le monde, à San Francisco ! » Elle jeta un coup d'œil du côté de l'homme en chemise écossaise et admira son menton à fossettes en éprouvant une légère impression de déjà-vu.

— Mais... s'écria-t-elle, je l'ai rencontré ! J'ai essayé de le draguer, à l'épicerie.

— Sérieusement ?

— Tu parles ! J'ai même *sérieusement* essayé. Il ne t'a pas parlé de moi ?

Elle prit une mine contrite.

— Je suis humiliée.

— Il est un peu mal fichu, ces jours-ci.

« Je pourrais le soigner », pensa-t-elle.

— C'est un tel honneur de faire votre connaissance, déclara Michael en changeant de sujet.

Elle redressa la tête.

— Merci.

— Est-ce que ça vous dirait... euh... de dîner avec nous ?

— Merci, mais...

Elle regarda sa montre.

— Je vais retrouver mon ami à la maison.

— Oh...

Elle étudia à nouveau l'homme en chemise écossaise, puis ajouta :

— Mon ami s'en va vers dix heures. Tes potes et toi, vous pourriez venir boire un dernier verre à la maison.

— Vraiment ?

Il avait l'air véritablement aux anges.

— Vous en êtes sûre ?

— Naturellement, que j'en suis sûre.

— Nous tous ?

— Tous, oui. Et j'insiste sur le « tous » ! répondit-elle.

Femme de choc

La nuit enveloppa rapidement la zone des fêtardes, laquelle n'était en fait qu'un regroupement de tentes et de camping-cars situé près de l'entrée de *Wimminwood.* Après y avoir passé moins d'une demi-heure,

DeDe commençait à s'y sentir curieusement à l'aise, comme une enfant kidnappée par des gitans qui aurait fini par apprécier la situation. Peut-être comme Patty Hearst, encore ; mais elle n'en était pas certaine.

— Sers un autre verre à la fillette !

C'était Mabel qui parlait, apparemment la grande prêtresse des Fêtardes.

— Elle a encore l'air toute cafardeuse.

— Non, fit DeDe, posant la main sur sa timbale en fer-blanc. Je me sens bien, vraiment.

— Nom de Dieu, Ginnie, sers-lui un autre coup. Va chercher du rhum dans la tente. Bouge-toi le cul et gâte-moi un peu cette charmante personne.

Ginnie, absorbée par le rythme du tam-tam sur lequel elle tapait, s'arrêta de jouer et regarda DeDe.

— Juste un petit verre, alors, déclara celle-ci.

Le sentiment du devoir envers ses enfants, qui lui avait jusqu'à présent permis de maîtriser ses émotions, semblait ridicule en ce lieu. Edgar avait sa vie à lui, maintenant, et Anna se trouvait au réfectoire avec D'orothea.

« Oh, mon Dieu. Est-ce que Sabra est avec elles ? »

— Fais-nous un sourire ! aboya Mabel.

DeDe s'exécuta.

— Bravo !

Mabel lui fit un clin d'œil. Elle était allongée sur un matelas pneumatique en face de son camping-car Winnebago. Avec ses cheveux courts poivre et sel et son survêtement gris chiné, elle ressemblait d'une manière troublante à une assiette de riz complet.

— Je la connais, cette salope ! reprit Mabel. On peut pas s'blairer.

Pendant un moment, DeDe crut qu'elle parlait de Sabra. Puis elle se rappela l'autre objet de son ressentiment, celui dont elle leur avait parlé.

— Vous voulez dire Rose ?

Mabel grogna en guise d'acquiescement :

— Elle m'a confisqué mon arbalète au festival du

Michigan... continua-t-elle. Qu'elle aille se faire foutre !

DeDe essaya d'avoir l'air compatissante, mais ce ne fut pas facile. Mabel avec une arbalète ? Mabel *ivre* avec une arbalète au milieu d'un millier de femmes ? Mon Dieu !...

— Toutes ces conneries sur la Déesse de ci et la Déesse de ça. Je lui ai dit : « J'me vengerai, j'le jure devant Dieu. » Et elle m'a répondu : « Toute personne qui jure devant Dieu se soumet aux lois du patriarcat. » Et j'y ai renvoyé aussi sec : « Moi, j'vais te botter le derrière, avec ton patriarcat ! Jusqu'à East Lansing, si tu n'fous pas l'camp de mon Winnebago. »

L'une des autres fêtardes laissa échapper un cri de guerre :

— Règle-lui son compte, Mabel !

— J'ai battu les hommes à leur propre jeu pendant soixante ans : tu crois que j'ai besoin qu'un p'tit sergent instructeur de merde me dise comment une gouine doit causer ? Me dire à moi que j'suis une menace au bien-être général à cause d'une inoffensive arbalète !... À moi !

DeDe observait ce qui se passait tandis que la joueuse de tam-tam échangeait des sourires narquois avec une femme dégingandée assise sur une glacière près d'elle. L'histoire de Mabel et de sa fidèle arbalète était manifestement devenue un leitmotiv.

— Et maintenant, ajouta Mabel, c'est toi qu'elle traite aussi comme une moins que rien ! Ce putain de monde est drôlement petit, hein ?

— Certes, fit DeDe.

— Quelqu'un devrait aller parler à cette salope.

— Oh, non, soupira Ginnie d'un ton las. C'est reparti pour un tour !

Un petit peu essoufflée, Mabel ébranla sa masse pour se relever.

— Quelqu'un devrait aller lui dire qu'il est temps qu'elle arrête d'asticoter mes copines.

DeDe lança un regard inquiet à Ginnie : « Ce n'est pas pour de vrai, n'est-ce pas ? »

— Tu devrais être flattée, remarqua Ginnie en souriant sardoniquement. Ton honneur est sur le point d'être défendu.

DeDe se retourna vers sa protectrice :

— J'apprécie vraiment que vous vous fassiez du souci, mais je ne...

Mabel passa devant elle et se dirigea pesamment vers son Winnebago.

— Ça oui, dit-elle en se hissant péniblement dans son camping-car.

Prise de panique, DeDe se tourna vers Ginnie pour l'interroger :

— Pas l'arbalète ?

Cela fit rire Ginnie.

— Non, l'arbalète est restée à Tacoma. Ne t'inquiète pas.

« Dieu merci ! » pensa DeDe.

— Elle en est arrivée là après avoir travaillé pendant trente-sept ans à la Poste, expliqua la femme assise sur la glacière.

Mabel surgit du Winnebago, salua DeDe avec désinvolture et l'air furieux commença à descendre le chemin menant à la zone interdite aux produits chimiques.

— Tu ne sais même pas où elle crèche ! cria Ginnie.

Mabel continuait à marcher d'un pas décidé.

— Rien à foutre : je trouverai !

— Elle fait ça pour toi, déclara l'autre, s'adressant à DeDe. Elle cherche à se rendre intéressante.

DeDe se sentit complètement désemparée.

— Qu'est-ce qu'elle va faire ?

Ginnie haussa les épaules :

— Lui donner un bon coup de pied au cul.

— Écoutez, supplia DeDe. La dernière chose que je souhaite, c'est qu'une horrible bagarre se... Personne ne peut empêcher ça ?

— Elle ne fera rien, dit la troisième larronne. C'est que du vent.

— À ta place, j'en serais pas si certaine, intervint Ginnie.

Elle se tourna vers DeDe, le regard légèrement anxieux.

— Tu ferais peut-être mieux de lui courir après, non ?

— Moi ? Je ne la connais même pas. Pourquoi devrais-je être celle qui... ?

Elle laissa sa phrase en suspens, imaginant soudainement Mabel et Rose en plein pugilat. Elle se leva d'un bond et se précipita à la poursuite de Mabel.

Lorsqu'elle la rattrapa, elle approchait de la zone en question.

— Mabel, écoutez...

— Tu viens t'amuser aussi ?

— Non ! Si vous faites ça pour moi...

— Erreur, ma fille, c'est pour moi que je le fais.

Haletante, DeDe marchait à grands pas pour maintenir son allure et rester à ses côtés.

— Mais si elle pense que je vous envoie là-bas pour...

— On s'en branle !

— Pas moi, Mabel. Je suis ici avec mon amie et mes enfants, et... j'essaie seulement de passer un séjour agréable.

Mabel ralentit un peu et lui sourit :

— Et t'as trouvé ça comment, jusqu'à maintenant ?

— Merdique.

— Alors tu vois ? Il est temps de se divertir.

— Mabel, se bagarrer avec le chef de la Sécurité n'est pas l'idée que je me fais d'un agréable...

— Chut, ordonna soudain Mabel en portant l'index à ses lèvres. On y est.

— De quoi parlez-vous ? chuchota DeDe.

— Voilà la tanière de Rose.

Elle empoigna fermement le bras de DeDe pour l'attirer dans un fourré et lâcha prise brusquement avant de se jeter à terre à plat ventre comme un fantassin.

La tente se trouvait en contrebas, au pied d'une petite côte. Les reflets rougeoyants d'une lanterne qui brûlait à l'intérieur la faisaient ressembler au ventre d'une luciole.

— Mabel, je ne veux pas m'en mêler...

— Couche-toi !

DeDe s'aplatit sur le sol, son cœur battant violemment. Mabel lui fit un clin d'œil coquin et lui fit une nouvelle fois signe de se taire. Des sons provenaient de la tente de Rose. Pas exactement des voix, mais des sons.

Elles entendirent d'abord une sorte de gémissement, puis une respiration bruyante et une série de : « Oui, oh oui, oui oui, ça y est, c'est ça, ouais, *là*... Oh oui ! *Ouais !...* »

DeDe tira sur le sweat-shirt de Mabel, lui faisant désespérément signe de s'en aller. Mabel réprima une envie de rire, puis fixa à nouveau son attention sur la tente, manifestement captivée par le spectacle qui s'y déroulait.

La voix reprit : « Oui, oui ! Vas-y, vas-y... Mmmmmm, oh mon Dieu, oh mon Dieu, je t'en prie... *Oh mon Dieeeuuu !...* »

Mabel adressa un regard triomphant à DeDe, puis se leva d'un bond, mit ses mains en porte-voix et cria :

— *Ça ne serait pas plutôt* Déesse *qu'il faudrait dire ?*

Le silence se fit sous la tente.

DeDe tenta de s'éloigner en rampant, mais les broussailles l'encerclaient. Elle se leva en titubant et s'éloigna du lieu du crime comme une folle, d'un pas chancelant. Mabel, à l'arrière, gloussait victorieusement, très contente d'elle.

— Dépêchez-vous ! cria DeDe, tout à coup soucieuse de la sécurité de Mabel.

Celle-ci s'attarda un instant pour savourer la scène avant de s'échapper. Elle se jeta dans les broussailles, haletant bruyamment mais toujours en train de glousser.

— N'était-ce pas *parfait,* ma jolie ? N'était-ce pas le meilleur putain de...

Elle trébucha et s'effondra lourdement, dans un bruit sourd qui affola DeDe.

— Vous n'avez rien ? cria DeDe. Mabel ? Mabel ?...

Sa comparse ne bougeait plus.

Malade de peur, DeDe revint sur ses pas pour s'agenouiller près de la masse inerte et lui toucher le visage.

— Je vous en prie : ne me faites pas ça ! Je vous en prie...

Enfin, le nez de Mabel remua.

— Dieu merci ! fit DeDe.

La vieille femme laissa échapper un grognement et se redressa. DeDe était en train de l'aider à se remettre debout quand Rose surgit de sa tente et leva les yeux pour dévisager les deux intruses.

Le regard de Rose croisa celui de DeDe pendant un moment qui lui sembla une épouvantable éternité, puis elle retourna sous sa tente. Mabel haussa les épaules et s'appuya pesamment sur DeDe.

— Tu crois que cette salope était seule ? demanda-t-elle.

— Je suis grillée, déclara plus tard DeDe tandis qu'elles retournaient au Winnebago.

— Mais non, t'es pas grillée.

— Si. Vous ne savez pas. Elle me détestait déjà, alors maintenant...

— Je te protégerai, la rassura Mabel.

— C'est ça... fit DeDe.

En bordure de la zone interdite aux produits

chimiques, elles passèrent devant un groupe de tentes, d'où DeDe entendit distinctement quelqu'un prononcer le mot « mijaurée », suivi d'un concert de rires moqueurs et grossiers.

Elles savaient : toutes les femmes savaient. Sa débâcle à l'entrée faisait maintenant partie des histoires du camp.

Il était temps pour DeDe de s'en aller.

Blues

Lorsque Booter revint dans son tipi, Jimmy semblait ivre et mal luné.

— Comment se sont passées les *Espiègleries* ? demanda Booter.

Il n'obtint aucune réponse.

— C'était mauvais, hein ?

— Je n'y suis pas allé.

— Pourquoi donc ?

Jimmy haussa les épaules.

— Comment as-tu trouvé le vice-président ?

— En forme, répondit Booter. Plutôt optimiste.

— À propos de quoi ?

Booter fut un instant décontenancé.

— Eh bien... des indicateurs économiques... des *Contras*. Ce genre de choses, quoi !

— Ah !

Jimmy acquiesça, puis baissa les yeux sur le gobelet vide qu'il tenait à la main.

— Tu aurais dû aller aux *Espiègleries,* dit Booter.

— Pourquoi ?

— Pour me faire un compte rendu. J'étais comme qui dirait curieux de savoir.

Jimmy grogna.

— Je sais que c'est le genre de spectacle que tu aimes.

Pourquoi Jimmy agissait-il de la sorte ?

Parce que Booter n'était pas allé aux *Espiègleries* ? Parce que lui n'avait pas invité Jimmy à rencontrer le vice-président ?

Ou parce que Jimmy se mettait toujours à larmoyer après trois verres ?

Un tonnerre d'applaudissements traversa les bois avec le fracas qu'aurait fait en tombant d'un camion un chargement de troncs d'arbres.

— C'est la fin, remarqua Booter.

— La fin de quoi ? demanda Jimmy.

— Des *Espiègleries.*

— Ah.

Booter détestait le voir dans cet état-là.

— Je pensais aller faire un tour du côté des Fils du Labeur... proposa-t-il cependant. Hein ? Boire un verre avec Lester et Artie.

Jimmy grogna à nouveau.

— Tu veux venir avec moi ?

— Non, vas-y tout seul, ronchonna Jimmy.

Booter fronça les sourcils et alla s'asseoir sur le lit de camp à côté de lui.

— Jimmy, mon vieux...

Jimmy se leva et fouilla dans la poche de sa chemise pour y trouver une cigarette.

— Tu ne devrais pas, dit Booter.

— Oh, la barbe !

Jimmy alluma sa cigarette et jeta l'allumette dans la nuit à l'extérieur de la tente. Il tira une bouffée, puis, lugubre, la rejeta lentement au-dessus de sa tête en ronds de fumée.

— Je n'étais pas au *Mandalay*, finit par avouer Booter.

— Vraiment ? s'étonna Jimmy. Où l'as-tu retrouvé, alors ?

— Je ne l'ai pas vu.

— Tu n'as pas bu quelques verres avec George Bush ?

— Non.

— Alors, qu'est-ce que t'as bien pu...

— J'étais avec une femme, Jimmy.

Ce dernier redressa la tête, comme un vieux chien d'arrêt cherchant sa proie.

— J'ai loué une maison à Monte Rio, ajouta Booter. Elle vient... passer quelques jours.

Jimmy eut pendant un moment l'air sidéré, puis il se mit à rire. Comme d'habitude, son rire se transforma en quinte de toux et Booter dut lui donner plusieurs tapes dans le dos.

Une fois qu'il eut retrouvé ses esprits, Jimmy demanda :

— Pourquoi ne m'as-tu pas tout simplement dit qu'il s'agissait d'une femme ?

Booter haussa les épaules :

— Tu es comédien. Tu n'aurais pas pu la fermer.

— Alors... tu n'as pas vu Bush du tout ?

— Non.

Jimmy sourit et hocha la tête en signe de stupéfaction. Non, plutôt en signe de soulagement.

— Une femme... répéta-t-il.

Booter frappa la cuisse de Jimmy :

— Allons voir Lester et Artie.

— Est-ce que c'est... euh... du sérieux ?

— Non, affirma Booter.

— Tu te payes une putain du *Northwood Lodge* ?

— Non.

Tandis qu'il se remémorait certains aspects de son passé, les yeux de Jimmy s'assombrirent.

— Je me suis autrefois payé une pute, là-bas. Rien d'extraordinaire. Juste une... charmante jeune fille de Boulder, pendant la guerre. Elle s'appelait... Zut, comment s'appelait-elle, déjà ?

Il aspira la fumée de la cigarette, puis la souffla lentement.

— Un drôle de nom... Pas du tout un nom de pute.

— Allons-y, insista Booter.

— J'ai toujours pensé qu'il y en aurait d'autres comme elle... ou mieux qu'elle. J'avais tout l'avenir devant moi.

Jimmy s'était encore embourbé dans ses souvenirs.

Booter trouva la veste de son vieux copain et la lui tendit.

— Il faut qu'on se dépêche. Lester veut qu'on vienne l'écouter jouer de la scie musicale.

Jimmy enfila sa veste non sans peine, puis demanda :

— Elle a de gros nénés ?

Booter gloussa :

— Espèce de vieux satyre !

— Je ne suis pas aussi vieux que toi, protesta Jimmy. Bon sang, où trouves-tu toute cette énergie ?

Booter haussa les épaules et sourit.

— Moi, il n'y a qu'ici que je vois ce genre de poitrine. Des vieillards avec de gros nénés. Ce que ça peut être déprimant !... Voyons, où est-ce que j'ai bien pu foutre mon chapeau ?... Il y a quelques types ici qui pourraient porter des soutiens-gorge, Booter. T'as jamais remarqué ça ?

Booter trouva le chapeau de Jimmy, un modèle qu'il portait depuis les années cinquante, lorsqu'il avait vu Rex Harrison en arborer un dans *My Fair Lady*. Il le tendit à Jimmy et lui déclara gentiment :

— Cela faisait longtemps que je ne t'avais pas vu dans une telle forme !

En fait, le pontage qu'avait subi Jimmy lui avait fait perdre au moins quinze kilos, lui donnant un air de gamin affolé.

— Pourquoi faut-il que ça se passe ainsi, Booter ? Pourquoi est-ce qu'on finit tous par ressembler à de vieilles femmes ? Qu'est-ce que ça peut bien vouloir dire ? Tu crois que c'est un genre de vengeance ?

Booter sortit en premier du tipi, se mêlant au flot de spectateurs qui revenaient des *Espiègleries*. Une chouette annonça même leur sortie. Jimmy le rattrapa et dit :

— À soixante-dix ans, la tante Louise de ma femme avait déjà une moustache complète.

Booter continua à marcher.

— Il y a là-dedans un message, termina Jimmy en soupirant encore une fois. Un terrible message.

Quatuor de minuit

À la tombée de la nuit, la mauvaise route défoncée qui surplombait Monte Rio n'était pas éclairée et devenait très dangereuse.

— Tu es sûr que c'est le bon chemin ? demanda Thack.

« Il doit me prendre pour un demeuré, pensa Michael. Un type incapable de se servir d'un marteau ou de se diriger en voiture. »

— Elle m'a dit que c'était la dernière maison, précisa-t-il sur un ton placide.

— D'accord, intervint Brian, mais est-ce bien la bonne route ?

« Ils sont maintenant en train de se liguer contre moi ! »

— Quelle autre route ça pourrait être ? s'offusqua Michael.

— Celle qu'on n'a pas prise à la dernière bifurcation, suggéra Thack.

— Ouais, fit Brian.

— Mais celle-là redescendait, non ?

— Difficile à dire... objecta Thack.

Il n'y avait rien à gagner en capitulant d'ores et déjà.

— Eh bien, je vais quand même continuer dans cette direction, annonça Michael.

— À qui appartient la baraque où nous allons, au fait ? s'enquit Brian.

— J'sais pas, répondit Michael. Ç'a été loué par une personne qu'elle connaît.

— Un homme ? Une femme ? Les deux à la fois ?...

Michael ricana :

— Un homme, probablement. Tu n'as pas lu son livre ?

— J'ai regardé les photos, dit Brian.

— Je n'arrive pas à croire que tu ne l'aies pas reconnue.

— Elle avait l'air différente, Michael.

— Je ne l'aurais pas reconnue, avoua Thack.

— C'est une grande star, fit Michael, contrarié qu'ils ne comprennent pas l'honneur qu'on leur faisait. Et elle est tellement accessible !

— J'ai remarqué, remarqua Brian avec une fausse pudeur.

Thack éclata de rire.

— Vous n'êtes que des cochons, tous les deux, lança Michael.

La chaussée jusque-là défoncée se transforma en une allée encore plus raide.

— C'est dingue, laissa échapper Thack.

— Ouais, reconnut Michael, mais je crois qu'on y est.

Devant eux, dans la lumière des phares, se dressait un immense chalet dont les planches semblaient verdies par la mousse.

— Nom de Dieu ! s'exclama Thack. On dirait un Maybeck !

— Un quoi ? se renseigna Brian.

— C'était un architecte, expliqua Michael. Début de siècle.

— Tu connais son travail ? demanda Thack.
— Très bien, répondit Michael.

« Un point pour moi, macho », pensa Michael. Derrière le chalet, il se gara à côté d'une berline blanche. Un large escalier aboutissait au premier étage où semblaient se trouver les pièces d'habitation. Le rez-de-chaussée dont les murs extérieurs étaient recouverts de galets devait abriter une buanderie et des espaces de rangement.

Les trois amis montèrent l'escalier comme un seul homme. À mi-hauteur, Brian se tourna vers Michael :
— On ne reste pas longtemps, d'accord ?
— D'accord, chuchota Michael.

Au moment où ils arrivaient en haut, Wren ouvrit la porte d'un coup.
— Salut, les mecs !
— Salut, fit Michael.
— Vous tombez bien, dit-elle.
— C'est vrai ?
— Oui. Je suis prête à faire la fête !

Elle les précéda dans le chalet toutes voiles dehors, comme un galion, gîtant çà et là, pour allumer une lampe. Quand ils se furent retrouvés devant la grande cheminée en pierre, elle s'arrêta et tendit la main à Thack.
— Je m'appelle Wren.
— Thack Sweeney.
— Tu m'as l'air d'un excellent nageur, le flatta-t-elle.
— Merci.
— Tu es toi aussi de San Francisco ?
— Non, répondit Thack. De Charleston, en Caroline du Sud.
— Ah.

Elle se tourna vers Brian.
— Nous, on s'est déjà rencontrés.
— Ouais, murmura Brian d'un air penaud. Je crois que oui. Je m'appelle Brian Hawkins.

— Enchantée.

Elle inclina la tête avec une timidité feinte, souriant à Brian. Michael, ce soir-là, la trouvait superbe, dans son survêtement rose pâle. Un ruban en satin de la même couleur retenait ses cheveux bruns, lisses et brillants.

— Michael, mon chéri, ça te dirait de venir me donner un coup de main ?

— Bien sûr !

Il était séduit par la manière dont elle lui parlait, comme s'ils avaient été deux vieux amis. Il la suivit dans une cuisine faiblement éclairée équipée d'un énorme évier. Le sol en bois était un peu incliné et deux têtes de cerfs ornées de toiles d'araignées surplombaient la cuisinière. Elle prit des verres et un seau à glaçons.

— Je suis contente que vous ayez pu venir, se réjouit-elle.

— Et moi je suis content d'être ici, répondit-il sottement. Est-ce que votre hôte est... euh... parti ?

— Ah... Oui.

Elle ouvrit le bar.

— Il y a de l'herbe, dans la chambre. La boîte à cigares se trouve sur la coiffeuse. Tu veux bien nous rouler deux ou trois joints ?

— J'y vais.

Il passa dans un couloir lambrissé de séquoia, qui menait à une chambre douillette. Il s'assit sur un lit défait et y roula quelques joints tandis qu'une chouette hululait à l'extérieur, et que Thack, avec Wren, riait dans le living-room.

Quand Michael revint, Wren siégeait près de la cheminée, dans un fauteuil. Thack et Brian étaient sur le canapé.

— Il y a sur ce plateau de quoi boire, annonça Wren alors que Michael lui présentait les joints.

— Merci, refusa-t-il. Pas pour moi.

Il alla s'asseoir sur un coussin en tapisserie, non loin de l'âtre.

— Dans ce cas...

Wren frotta une allumette suédoise contre une pierre et alluma un joint. Elle en tira délicatement quelques bouffées avant de l'offrir à Michael.

— Non, merci, dit-il.

— Allez...

— Je suis au régime sec, depuis quelque temps. Je nettoie mon organisme.

Elle fit une moue de désapprobation, puis tendit le joint à Brian.

Il fit non de la tête, souriant à peine.

— J'en veux bien, moi ! la rassura Thack.

— Enfin !

Elle se pencha pour passer le joint à Thack.

— On s'amuse beaucoup, avec ces garçons de San Francisco, pas vrai ? commenta-t-elle.

Thack apprécia son ironie.

— Alors, reprit Wren en se tournant vers Michael, qu'y a-t-il à faire, dans les parages ?

— Ben... On a fait pas mal de marche, nagé dans la rivière...

— Enthousiasmant !

Michael haussa les épaules :

— Ce n'est pas par ici que vous trouverez beaucoup d'animation. Il y a une ou deux boîtes de nuit...

— Changeons de sujet, tu veux ?

— Si possible, émit Thack en repassant le joint à Wren.

— Et votre ami, à propos ? risqua Michael.

— Qu'est-ce que tu veux savoir sur lui ?

Elle tira une autre bouffée du joint.

« Son ami est donc un homme ! » conclut Michael.

— Eh bien, est-ce qu'il vous a fait visiter le coin ?

— Non, pas vraiment. La plupart du temps, il est absent.

Elle lui adressa un pauvre sourire légèrement complice, lui intimant ainsi l'ordre de s'occuper de ses affaires.

« La retient-on de force ? se demanda Michael. L'ami en question est-il célèbre, comme la moitié des hommes cités dans ses Mémoires ? »

— Michael prétend que vous allez tourner un film avec Sydney Pollack, intervint Thack maladroitement.

— Tiens... Michael est plus au courant que moi.

— Je l'ai lu quelque part, se défendit celui-ci.

— La curiosité est un vilain défaut, plaisanta Wren.

— Excusez-moi, dit Michael, lui adressant un sourire. C'était... je l'ai peut-être entendu à *Super Soirée.*

Wren lui décocha un clin d'œil taquin :

— Oh, alors... ça doit être vrai.

— On peut savoir ? insista-t-il.

— Sydney et moi en avons juste parlé, lui confia-t-elle. Je ne veux pas porter la poisse.

— C'est une idée formidable ! s'écria Michael.

— La femme de Brian va elle aussi passer à *Super Soirée,* plaça Thack.

— C'est vrai ? demanda Wren en se tournant vers Brian avec sur les lèvres l'ombre d'un sourire.

Michael se raidit.

— En fait, ils filment ce week-end, précisa Brian.

— Ça, par exemple ! dit Wren. C'est plutôt un beau coup pour... enfin, tu sais : quelqu'un du coin.

On pouvait sentir dans cette remarque une pointe acerbe, mais Michael trouva qu'elle était pardonnable. Après tout, Mary Ann l'avait débinée à l'antenne.

— Elle est ravie, ajouta Brian.

— Tu devrais y aller, conseilla Wren. Ils ont peut-être besoin du mari, non ?

— Elle voulait que j'y sois, reconnut-il.

— Alors quel est le problème ? Peur de la caméra ?

— J'sais pas.

— Tu devrais pas, dit-elle. Ce menton vaut la peine d'être filmé.

Elle se tourna vers Michael pour avoir un avis.

— Son menton n'est-il pas superbe ?

— Superbe, convint Michael, le visage inexpressif.

Thack rit et observa Brian dont l'embarras se voyait.

— On dirait deux petites fesses, poursuivit-elle. Deux petites collines sympas.

Pour créer le même effet, elle appuya sur son propre menton.

— Un chirurgien plasticien pourrait faire fortune en le reconstituant.

Ils s'esclaffèrent en chœur.

Wren adressa un clin d'œil à Brian, décidant de le laisser en paix, puis se tourna vers Thack :

— Et vous... Est-ce que vous êtes... ensemble ?

Thack sembla indécis :

— Qui ça ?... Michael et moi ?...

— Oui.

Thack hésita tellement longtemps que Michael le secourut :

— On est seulement copains.

— Ouais, réagit Thack. On vient de se rencontrer.

— Je vois, fit Wren, hochant lentement la tête. Votre histoire a l'air plus compliquée que la mienne !

Une heure plus tard, ils reprenaient la voiture pour rentrer à Cazadero. Leur arrivée fut saluée par une série de jappements, ceux d'un caniche nain appartenant à un voisin. Les occupants de la caravane rose avaient allumé un feu dont on voyait des étincelles monter dans le ciel de velours bleu-noir comme des lucioles. Il semblait par ailleurs que les étoiles étaient plus nombreuses que jamais.

— Je vais faire un petit tour à pied, annonça Thack au moment où ils sortaient de la Volkswagen.

— Oh... fit Michael. D'accord.

Brian et lui entrèrent dans la maison, allumèrent et

enlevèrent leurs chaussures. Brian alla ensuite dans la cuisine et commença à faire la vaisselle du déjeuner.

— Je vais m'en occuper, proposa Michael.

— Non, non... Inutile.

Michael alla s'asseoir à la table de la cuisine et observa son ami un moment.

— Tu te sens bien ?

— Oui, ça va.

— Ç'a été aujourd'hui ?

— Maintenant, je me sens beaucoup mieux.

— Bien, dit Michael. Ça devait être grippal.

— Sûrement.

— Wren est gentille, tu ne trouves pas ?

— Si, répondit Brian. C'est vrai.

— Est-ce qu'il reste encore un peu de gâteau au citron, dans le frigo ?

— Je pense.

Michael se dirigea vers le réfrigérateur, et y trouva la boîte Sara Lee bien entamée.

— Tu lui plais bien, risqua-t-il en enfonçant une fourchette dans le gâteau.

— Je m'en suis aperçu, marmonna Brian.

Quand Thack revint, Brian dormait profondément ; Michael, lui, faisait semblant. Les yeux mi-clos, il put ainsi voir Thack se déshabiller à la va-vite et se glisser sous les couvertures de son divan.

Thack se retourna une ou deux fois, rejeta les couvertures, puis se releva pour traverser la pièce jusqu'au lit de Michael. Là, il s'agenouilla et effleura sa joue de ses lèvres.

— Bonne nuit, monsieur mon copain, susurra-t-il.

Michael rouvrit grand ses yeux et lui sourit :

— Bonne nuit.

Une brise légère passa, parfumée des odeurs de la pinède. Et on aurait juré qu'au bord de l'eau une grenouille faisait de la musique avec un élastique.

Courbaturée, la bouche pâteuse, DeDe se réveilla dès l'aube et trouva D'or assise au bord de la rivière.

— Il y a du café si tu en veux, proposa celle-ci en levant à peine les yeux.

— Est-ce qu'Anna est réveillée ? demanda DeDe.

— Non.

DeDe, alors, vint s'asseoir à côté de D'or sur le sable.

Au-dessus d'elles, très haut, un énorme oiseau noir décrivait des cercles d'une manière sinistre. Elle avait vu ce genre d'animal auparavant, mais celui-ci lui apparut comme un présage, un signe avant-coureur des atrocités à venir.

— Je veux rentrer à la maison, dit-elle.

— Pourquoi ?

— Ça vaudrait mieux, D'or. Je n'aime pas l'effet que *Wimminwood* produit sur nous.

D'or hésita, puis déclara :

— Tu dramatises.

— Non.

— Tu te laisses influencer par ce... petit incident qui a eu lieu à l'entrée.

DeDe la regarda et fronça les sourcils.

— Qui t'en a parlé ?

D'or haussa les épaules.

— Tout *Wimminwood* est au courant, n'est-ce pas ?

D'or détourna le regard.

— Pourquoi est-ce moi qui devrais porter le chapeau ? J'aimerais bien le savoir.

— Personne ne t'accuse. C'est fini, chérie : n'y pense plus.

— D'accord, très bien, fit DeDe. C'est fini. Rentrons à la maison.

D'or réprima un soupir, puis :

— Chérie, j'ai promis aux enfants que nous resterions encore quelques jours.

— Pourquoi as-tu fait ça ?

— Parce qu'ils se plaisent beaucoup, ici. Tu n'es pas d'accord ?

— Quand leur en as-tu parlé ?

— Hier soir, DeDe. Quand tu étais partie te saouler.

— Je ne me suis pas saoulée.

— Peu importe...

— J'ai seulement un peu bu : nuance ! Pourquoi essaies-tu de mettre les enfants de ton côté ?

— Pardon ?

— Tu ne leur demandes jamais leur avis, sauf quand tu veux leur soutien. Qu'y a-t-il de si important ici pour qu'on y reste ?

D'or creusa une petite tranchée dans le sable et en tapota les côtés méthodiquement.

— Il y a encore beaucoup de choses à y faire.

— Par exemple ?

D'or haussa les épaules.

— Le concert de Holly Near... Et puis Sabra fait aussi un atelier poésie, cet après-midi.

— Un atelier poésie, c'est ça...

— Parfaitement.

— Depuis quand t'intéresses-tu à la poésie ?

Elle sentit à son regard que D'or avait été piquée au vif.

— Depuis quand me poses-tu ce genre de questions ?

— Oh, allez...

Avec la paume de sa main, D'or remblaya sa petite tranchée.

— Si tu veux prendre la voiture, vas-y, finit-elle par concéder à DeDe. Les enfants et moi restons ici.

DeDe et Anna prenaient encore leur bain de soleil quand D'or revint de l'atelier de Sabra. Il était presque

16 heures et les saules vibraient dans une lumière dorée.

— Fais attention, chérie : tu es déjà un peu rouge, lança D'or en s'installant sur le sable à côté d'Anna.

Celle-ci leva son flacon de crème solaire.

— J'ai mis du numéro 8, dit-elle.

— Très bien, mais ça suffit pour aujourd'hui.

Anna se tourna vers DeDe :

— M'man... prononça-t-elle sur un ton plaintif.

Elle allongea le mot jusqu'à imiter une corne de brume.

— Est-ce que je suis obligée ?

— Je crois que oui, ma chérie. Vas-y. File te doucher. Je te rejoins dans un instant.

Tandis que l'enfant s'en allait en gambadant, DeDe se tourna vers D'or.

— Alors, dit-elle. Comment c'était ?

— Intéressant, répondit D'or. Tu aurais dû venir.

DeDe haussa les épaules.

— Je vois très bien quel genre de nana c'est.

— Ah, vraiment ?

— Ou quel genre ça n'est pas, selon le cas.

De mauvaise humeur, D'or changea de posture.

— Ça veut dire ?...

— Eh bien, elle ne parle pas de son homosexualité, n'est-ce pas ?

— Si, elle en parle très souvent.

— Bien sûr. Mais seulement ici, pas vrai ? Pas au *Today Show*.

— Elle est féministe, expliqua D'or. Elle perdrait sa crédibilité si les gens savaient qu'elle est lesbienne. Sois réaliste.

— C'est toi qui n'es pas réaliste.

D'or ramassa un galet et le lança dans la rivière.

— Depuis quand es-tu si extrémiste ?

— Est-ce qu'on est extrémiste, demanda DeDe, quand on s'attend à ce que les gens disent la vérité ?

— Mais quand n'a-t-elle pas dit la vérité ?

— Tout le temps. Bon, d'accord : par exemple, quand elle est passée à l'émission de Merv Griffin. Elle n'a pas arrêté de parler du type d'homme qu'elle aimait.

— Une lesbienne peut tout à fait apprécier les hommes.

— Mais ce n'est pas ce qu'elle dit, non ? Elle induit les gens en erreur, D'or. C'est la même chose que mentir. Ce n'est qu'une vieille honteuse qui radote.

— C'est une grande poétesse, argua D'or.

— Alors, tu as appris quelque chose ?

— Ça t'intéresse vraiment ?

— Tu as dû prendre quelques notes, ironisa DeDe.

— Non.

— Tu as juste écouté ?

— Si tu veux vraiment le savoir, je l'ai assistée pendant la lecture.

— Assistée ? releva DeDe, bouche bée. Pour tourner les pages ? C'est ça ?

— Très drôle.

— Eh bien, je t'écoute : raconte !

D'or se passa la main dans les cheveux.

— L'un des poèmes nécessitait un... petit travail d'expression corporelle.

Les yeux de DeDe papillotèrent.

— De la danse ?

— Oui.

— Tu as dansé pendant qu'elle lisait ?

— Oui.

— Oh, formidable !... s'exclama DeDe.

— J'ai trouvé que c'était là un grand honneur qu'elle me faisait.

— Qui pourrait penser le contraire ?

D'or se leva en ôtant le sable de son pantalon.

— Changeons de sujet !

DeDe l'accompagna jusqu'à la tente.

— Tu vois où elle veut en venir, j'espère ?

— Elle apprécie ma compagnie.

— Elle apprécie surtout tes nichons.

Les yeux de D'or lancèrent à nouveau des éclairs.

— Elle est sensible à mon énergie. Elle pense que nous nous connaissions dans une vie antérieure.

— Oh, je t'en prie !...

— N'insiste pas, DeDe, OK ?

— Très bien.

— J'aime parler avec elle. Elle aime parler avec moi. C'est aussi simple que ça.

DeDe marmonna :

— Tu penses vraiment que c'est seulement ta conversation qui l'intéresse ?

D'or se retourna brusquement :

— Est-ce si difficile à croire ?

— Oh, merde, cesse de te comporter comme... le mannequin que tu étais. Réveille-toi et renifle les hormones, D'or ! Cette femme est en chaleur.

D'or entra dans la tente à quatre pattes.

— Je m'en souviendrai.

Elle empoigna son sac à dos et sortit, toujours à quatre pattes.

— Je te le promets.

— Où vas-tu ?

— Fais donc un peu marcher ton imagination, répondit D'or.

Lorsque la nuit tomba, D'or n'était toujours pas revenue. Anna et DeDe dînèrent ensemble au réfectoire, puis allèrent voir Edgar au Camp du Frère Soleil. Il leur montra un portefeuille qu'il avait cousu et une blessure qu'il s'était faite au genou pendant un match de catch. DeDe trouva qu'il avait l'air très heureux ; ce n'était pas là, dans le secteur des garçons, qu'elle trouverait une oreille complaisante pour la tristesse qui grandissait en elle, elle en fut vite certaine.

En revenant au camp, elles passèrent devant une grande tente où deux femmes maquillées en mimes distrayaient les enfants avec « un festival de dessins animés non violents et non sexistes ». Reconnaissant deux de ses petites camarades à l'intérieur, Anna demanda si elle pouvait les rejoindre. DeDe l'autorisa à y aller et continua sa promenade toute seule.

Elle prenait un raccourci à travers la zone des auditivement désavantagées quand elle aperçut Polly, le garçon manqué qu'elle avait rencontré devant le tableau d'affichage.

— Hé ! fit Polly en agitant joyeusement la main. Comment ça s'est passé ?

DeDe roula comiquement des yeux furibonds.

— Oh, pitié ! Ne me posez pas de questions là-dessus.

Polly sourit :

— C'était vous à l'entrée, n'est-ce pas ? Quand les hommes sont venus.

Nom de Dieu ! Y avait-il eu un communiqué de presse ?

— Je me suis rappelé que vous alliez à votre travail quand on s'est vues, expliqua Polly. J'en ai donc déduit que...

— Eh bien, à présent c'est fini, déclara DeDe en maintenant une allure rapide.

Polly sautillait à ses côtés en balançant les bras.

— Je pensais que j'avais quelque chance de vous retrouver à l'assemblée extraordinaire... C'est uniquement pour ça que je suis venue.

— Quelle assemblée extraordinaire ?

— Vous savez bien... Celle que la vieille chauve a convoquée.

— Rose Dvorak ?

— Ouais.

— Elle a convoqué une assemblée ?

— De la plus haute importance, précisa Polly.

Le cœur de DeDe se serra. Elle se demandait déjà si l'on avait parlé d'elle, de son comportement stupide, de son beau-père préhistorique, et de sa douteuse loyauté envers *Wimminwood.*

— Elles ont sacrément renforcé la sécurité, dit Polly. Rose pense que ça va recommencer.

— Foutaise ! fit DeDe.

Polly haussa les épaules.

— C'était plutôt un hasard, d'après moi.

— J'en suis sûre !

— Mais elles prennent leur pied avec ça ! Enfin moi, c'est ce que je pense. À la simple idée de déclarer la loi martiale, la bouche de Rose écumait. Euh... ça vous gênerait de ralentir un peu, DeDe ?

— Excusez-moi.

— Pourquoi êtes-vous tellement crispée ?

— Je ne sais pas.

DeDe s'arrêta soudainement pour regarder Polly.

— Si, je sais : c'est parce que mon amie passe du bon temps en ce moment avec Sabra Landauer.

Polly cligna des yeux, puis émit un long sifflement.

— Vous le *savez* ?

— Oui... Ou plutôt, je le soupçonne.

— Ah... Alors, c'est différent.

— En tout cas elle aimerait bien, déclara DeDe. C'est moi qui vous le dis.

— Qui n'aimerait pas ? Sabra reçoit peut-être plus de propositions que Rita Mae Brown.

DeDe lui lança un regard noir.

— Si vous pensez me réconforter, Polly...

— Tout ce que je sais, c'est que cette attitude n'est pas très correcte. Si on doit avoir une liaison, mieux vaut que ça soit avec une fille libre... C'est pour ça qu'on est là !

DeDe réfléchit un moment, puis :

— Est-ce que Sabra a une petite amie ?

— Avait, corrigea Polly. Elle l'a plaquée le mois dernier.

— Génial ! ironisa DeDe, l'air défait.

Elles recommencèrent à marcher. Mais bientôt, quand elles passèrent devant une sentinelle sévère qui brandissait un talkie-walkie et une matraque, Polly toucha le bras de DeDe.

— Vous voyez ce que je voulais dire ? chuchota-t-elle. Les troupes sont en alerte... Alerte rouge !

Le grand numéro de Jimmy

Cette année-là, dans la pièce du *Grove,* une épopée appelée *Solferino,* avec pour thèmes la Première Guerre mondiale et la création de la Croix-Rouge, Jimmy Chappell était sur le point de jouer le rôle d'une Sœur de la Charité. Sans aucun doute une nouvelle aventure dans le royaume de l'ennui, se dit Booter, mais pour ne pas vexer son vieil ami, il avait décidé d'assister au spectacle. Dix minutes avant le lever de rideau, il grimpa sur la grande scène à ciel ouvert et trouva Jimmy dans « les coulisses » — en fait, un paravent recouvert d'écorces de bois, figurant un séquoia.

— Bon Dieu ! s'exclama Booter. J'espère que tu auras plus fière allure vu d'en bas.

La perruque et la coiffe d'infirmière de Jimmy, un accoutrement sinistre d'une seule pièce, pendaient près de lui à un clou. Le peu de vrais cheveux qui lui restaient étaient emmêlés, mouillés de sueur, et de longues traînées de fard maculaient déjà son uniforme blanc.

— Tu sais : tout n'est qu'illusion, plaisanta Jimmy.

— Ça vaut mieux, dit Booter. À quoi ressemble ta première scène ?

— Eh bien... je réclame des pansements.

— C'est tout ?

Jimmy sembla contrarié.

— C'est un monologue, Booter. C'est un moment fort.

— J'en suis sûr.

Jimmy plongea la main dans la poche de son uniforme pour y prendre une cigarette qu'il alluma avec son briquet. Il tira une longue bouffée, puis déclara pour rassurer son vieil ami :

— Ça devient plus substantiel, ensuite !

— Ah bon ? Qu'est-ce qui se passe, alors ?

Jimmy sourit un peu et tapota sa cigarette.

— J'annonce que j'ai besoin de plasma.

Booter gloussa.

— Je te concède que ce n'est pas mon plus beau rôle, ajouta Jimmy.

— Qu'est-ce que ça peut bien foutre après tout, hein ?

— Oui. Ça ne me dérange pas. C'est toujours du théâtre.

Jimmy observa ses amis *Bohemians* qui arrivaient en file pour s'installer sur les bancs en rondins.

— Bon Dieu, ce que j'aime ça !

Il jeta un coup d'œil pensif à Booter.

— Qu'est-ce que je fabrique dans l'immobilier, tu peux me le dire ?

— Ça te permet de sacrément bien gagner ta vie, répondit Booter.

— Ouais, tu as raison.

Un régisseur passa précipitamment devant eux, les bras chargés de fusils.

— En place, Jimmy ! Plus que deux minutes.

— D'accord ! claironna ce dernier.

— Je ferais mieux de filer d'ici, proposa Booter.

— Tu es assis où ?

— Vers le fond. Avec Buck Vickers et sa bande.

— Eh bien... Tu peux rester là, si tu veux.

— Ici ?

— Bien sûr. Tu me tiendras compagnie : je m'assois dans ce coin la plupart du temps.

— Tu es certain qu'on ne va pas me jeter dehors ?

Le visage de Jimmy s'assombrit :

— Je te jure que je leur ferai une scène de tous les diables s'ils te jettent dehors. Il se peut que je ne sois pas la vedette de ce spectacle somptueux, mais...

Booter l'interrompit par un éclat de rire.

— On a une très bonne vue, d'ici ! constata-t-il.

Il regarda à travers le paravent par un trou de la taille d'un poing. En contrebas, un machiniste lilliputien traversait la scène principale à toute vitesse, éparpillant un peu partout des bandages ensanglantés en vue de la bataille. Les spectateurs, dans l'amphithéâtre en séquoia, parlaient d'une seule et même voix, joviale mais enrouée par l'alcool.

Soudain les lumières baissèrent. Le public se tut quand l'orchestre attaqua l'ouverture.

— Maintenant c'est trop tard, jubila Jimmy. Tu es coincé ici.

— C'est pas grave, dit Booter.

En fait, il trouvait que c'était plutôt une bonne idée, de rester là comme deux écoliers séchant les cours dans une cabane secrète construite en haut d'un arbre.

Jimmy attrapa d'un geste brusque sa perruque d'infirmière et l'enfonça maladroitement sur sa tête. S'accroupissant légèrement, il se regarda dans un morceau triangulaire de glace brisée pour une dernière vérification, et son visage afficha alors la concentration dénuée d'humour d'un homme que passionne son métier. Il fit signe à Booter que tout allait bien, puis entra d'un pas énergique sous les feux des projecteurs, la mâchoire crispée comme celle d'un parachutiste résolu à se lancer dans le vide... maintenant ou jamais.

Un projecteur bleu le suivit tandis qu'il descendait le long chemin en zigzag menant à l'avant-scène. Un chœur de cinquante voix chantait les rigueurs de la guerre, la noblesse de la mort au combat. Après deux ou trois minutes, Jimmy fit face à Hubert Watkins (habillé en général) et débita une liste de victimes, réclamant désespérément, mais avec éloquence, des pansements stériles.

Revenu cinq minutes plus tard, essoufflé par la montée, il s'appuya contre le mur et s'assit en se laissant glisser.

— Ouf, fit-il.

— Super, applaudit Booter. Comme d'habitude.

— Tu ne dis pas ça juste pour me faire plaisir ?

— Non. C'était très émouvant.

— Personne n'a ri, au moins ?

— Non, dit Booter. On aurait entendu voler une mouche.

Jimmy enleva sa perruque et s'épongea le front avec un Kleenex.

— Ce vieux connard de Lonnie Muchmore a oublié d'allumer deux projecteurs.

— Ça ne s'est pas vu, le rassura Booter.

— Vraiment ? demanda Jimmy.

— Ça avait l'air au point, d'ici. Le public t'a apprécié.

— Ouais, reconnut Jimmy, arborant un large sourire. Je crois bien que oui.

La scène du plasma se passa elle aussi sans accroc. De retour dans les coulisses, Jimmy se délassa en compagnie de Booter.

— Au fait, j'ai oublié de te dire... commença-t-il. J'ai rencontré George Bush.

— Ah ouais ? fit Booter.

Le visage perruqué sourit.

— Enfin, je suppose qu'on peut dire que je l'ai rencontré. J'ai pissé contre un arbre à côté de lui.

Booter inclina la tête sobrement :

— Félicitations !

Jimmy rit, puis :

— Quand je me suis retrouvé avec cette bande il y a quinze ans, tout ce que j'entendais c'était ça : un tel a pissé contre un arbre à côté d'Art Linkletter ou de John Mitchell...

— Henry McKittrick a pissé contre un arbre à côté de J. Edgar Hoover.

— Voilà, dit Jimmy.

— On n'est pas un vrai *Bohemian* tant qu'on n'a pas pissé contre un arbre à côté de quelqu'un d'important.

— J'étais donc là, satisfaisant mon besoin naturel...

Jimmy adopta un ton théâtral.

— J'ai jeté un coup d'œil, et la personne qui se trouvait à moins de deux mètres de moi n'était autre que notre vieux copain le Numéro Deux...

— ... Jouant comme d'habitude les numéros un, ironisa Booter.

Jimmy ne releva pas ce mot d'esprit.

— Bref, je l'ai regardé d'un air surpris et lui ai dit : « Eh bien ? Ils n'ont pas de toilettes, au *Mandalay* ? »

Il rit de sa blague, puis fut terrassé par une violente quinte de toux.

— Récupère, bonhomme, dit Booter. Ça va ?

Jimmy acquiesça, mais toujours suffoquant.

— Ne t'inquiète pas. Je ne me suis jamais senti aussi bien.

Il se leva péniblement.

— Il faut que je me change pour le final.

— Tu dois enfiler un autre costume ?

— Une écharpe différente, c'est tout. Je mets cette croix rouge sur le devant de...

Il eut un moment l'air de réfléchir à quelque chose de grave, puis tomba brusquement en arrière contre le mur, s'étreignant le torse à deux mains.

— Jimmy, pour l'amour de Dieu !...

Booter se précipita pour le soutenir, mais Jimmy

s'effondra comme une masse sur le sol, battant des jambes comme un pur-sang blessé.

— Jimmy, tu as tes médicaments ? Où diable est ton... ?

Jimmy leva les yeux pour le regarder, les paupières mi-closes. Il eut un autre soubresaut, serrant les dents, gémissant et posant sa main sur l'endroit où le poignait la douleur qu'il éprouvait. Un instant plus tard, son corps se détendit et il ne bougea plus du tout.

Booter s'agenouilla près de lui.

— Jimmy, bon sang... Ne fais pas ça, mon vieux !

Il écouta son cœur : aucune pulsation.

— Tu vas louper le grand numéro, sacré farceur...

En bas, les trompettes et les tambours de l'orchestre retentissaient à l'approche du final. Des feux de Bengale s'embrasèrent au-dessus de la petite colline, évoquant la guerre dans une atmosphère de fête. Le chœur angélique célébrait la création de la Convention de Genève.

Hors d'haleine, le régisseur accourut.

— S'il vous plaît, réveillez-le ! vociféra-t-il. Il va rater son entrée !

— Non, il ne rate pas son entrée, murmura solennellement Booter.

L'air exaspéré, le régisseur s'en alla donner des ordres à d'autres infirmières derrière d'autres arbres. La musique retentissait, une lueur phosphorescente éclairait le ciel et la forêt résonnait d'applaudissements.

Quand ce fut terminé, Booter ôta la perruque de la tête de Jimmy et la raccrocha à son clou. Puis il prit un Kleenex et retira lentement et méticuleusement le rouge à lèvres de la bouche de Jimmy. Il n'aurait pas été convenable qu'on l'emmenât dans cet état.

Au revoir et bonjour

Ce matin-là, Wren se réveilla à 8 h 38 avec l'impression d'être en retard. La limousine qui venait la chercher devait arriver à 10 heures, environ trois heures avant le départ de son vol American Airlines 220 en direction de Chicago. Sa tête commençait déjà à s'encombrer de chiffres, à nouveau. La forêt avait perdu toute emprise sur elle.

Elle prit un petit déjeuner d'adieu sur la terrasse en regardant les vautours qui tournoyaient en contrebas, au-dessus des vieux arbres. Les plus beaux bleus et les plus beaux verts donnaient au paysage une exceptionnelle rutilance. Elle savait que tout cela allait lui manquer. L'exquise sensation d'être seule dans un tel endroit, surtout, lui manquerait affreusement.

Rolando l'attendrait à O'Hare — à 7 h 15, heure de Chicago — les bras chargés de bonbons et d'œillets flétris, toujours aussi adorable et emprunté dans son costume. Même si elle s'était réjouie à l'idée de s'éloigner quelques semaines de l'extraordinaire dynamisme de son amant, qui était toujours aux petits soins pour elle et dont l'ardeur frôlait le priapisme, à présent, elle était impatiente de le retrouver. Le cœur lui battait, quand elle pensait à lui.

Après le petit déjeuner, elle fit la vaisselle pour la dernière fois, puis traîna ses valises à l'extérieur. Elle décida de ne pas emporter dans ses bagages le nid d'oiseau qu'elle avait trouvé dans les bois, réalisant combien l'effet en serait triste au milieu des chromes et des murs blanchis à la chaux de son loft. Elle avait appris que le pouvoir des souvenirs de vacances ne survivait presque jamais à une transplantation.

Tandis qu'elle rassemblait ses factures et ses livres de poche, elle contempla le chèque de Booter et sourit. Le premier chèque qu'il avait rédigé était de dix mille dollars, mais elle avait insisté pour qu'il en changeât le montant. Après tout, il lui avait d'abord proposé cinq mille dollars, et la cupidité ne lui paraissait pas de mise vis-à-vis de lui.

Le téléphone, alors, sonna. Que se passait-il, maintenant ? Son chauffeur s'était-il perdu ?

— Wren Douglas, roucoula-t-elle, adoptant de nouveau l'attitude d'une professionnelle.

— C'est moi, fit une faible voix.

C'était Booter, mais il ne semblait pas lui-même.

— Oh, salut.

— Il faut que je te revoie.

— Est-ce que tu vas bien ? demanda-t-elle. On dirait que tu viens d'entrer en collision avec un camion.

— Il est arrivé un incident, dit-il calmement, d'une voix éteinte. Il faut que je te voie.

— Booter, mon avion décolle à une heure.

— Annule ton vol. Je t'en prie.

— Je ne peux pas : il y a un chauffeur qui vient me chercher !

— Il peut passer la nuit ici. Je paierai.

— Écoute, lui opposa-t-elle, si je pose encore un lapin à mon petit ami... Quel est le problème, exactement ? Raconte-moi.

— Non... Pas maintenant.

— Eh bien, dans ce cas, si tu...

— Je te paierai davantage, naturellement.

Cela la rendit furieuse :

— Oh, merde, Booter...

— Alors, que faut-il que je fasse ?

— Rien, concéda-t-elle d'un ton las, se résignant à une autre dispute avec Rolando. Si c'est vraiment important...

— Tu pourras prendre le même vol demain. Avertis ton chauffeur qu'il peut aller au *Sonoma Mission Inn.* C'est très confortable et j'ai un compte là-bas. Je les appelle pour les prévenir.

— Eh bien... d'accord.
— Je viens te voir cet après-midi.
— À quelle heure ?
— Pas plus tard que trois heures, répondit-il.

Booter à la dérive

Quand quelqu'un mourait au *Grove*, la nouvelle faisait le tour du camp dans un grondement qui faisait penser aux tambours des Indiens Navajos. La mort de Jimmy n'avait pas été différente de celle des autres ; elle ébranlait les membres du *Grove* pendant quelques heures jusqu'à ce que la banalité eût relativisé l'horreur de l'événement. Les camarades de camp de Jimmy en avaient discuté en buvant du champagne au petit déjeuner et avaient unanimement déclaré : « Il aimait le théâtre plus que tout au monde. Il est donc mort heureux. »

Booter n'était pas dupe. Il avait été là, il avait vu l'expression du visage de Jimmy et il trouvait la chaleur de ces adieux un peu trop superficielle. Quand cela serait son tour de passer l'arme à gauche, nom d'un chien, il voulait un deuil sincère. À défaut de larmes ou de gémissements, au moins quelques propos moins rebattus.

Ces réflexions lui étaient venues à l'esprit pendant la messe de souvenir impromptue que célébra le père Paddy Starr au Pavillon de la Médecine. Booter connaissait peu le prêtre, mais celui-ci lui paraissait un peu trop efféminé.

— C'était un très grand homme, lui dit le père Paddy après la cérémonie.

— Oui, murmura Booter.

— Je l'adorais, dans ce truc égyptien ! Vous savez ?...

Booter hocha la tête en signe d'assentiment.

— Je suppose qu'on a prévenu sa femme ?...

— Sa femme est morte.

— Oh !

L'ecclésiastique exprima sa compassion en geignant.

— Et les enfants ?

— Je ne sais pas... répondit Booter en s'éloignant. Je crois qu'il a un fils sur la côte Est.

Il but deux scotches au bar du Pavillon de la Médecine et retourna seul chez les Montagnards. Sur le chemin, il passa devant l'un de ces infâmes « téléphones pour cardiaques » qu'abritaient de petits chalets : ces lignes ouvertes vingt-quatre heures sur vingt-quatre étaient reliées à l'infirmerie et avaient été installées là dans le but de sauver des vies. Parfois c'était utile, parfois non.

Les *Bohemians* faisaient souvent des blagues macabres au sujet de ces téléphones et les pires que Booter eût entendues venaient de Jimmy.

« Pauvre bougre, pensa-t-il tandis qu'il pénétrait dans l'enceinte des Montagnards en trébuchant, je sais fichtrement bien, moi, que tu n'étais pas prêt à faire le grand saut ! »

Il but deux autres verres chez les Montagnards, puis partit rapidement, oppressé par la fausse atmosphère de camaraderie qui y régnait. Il descendit la route de la rivière en passant devant le *Club House,* puis il décida de rejoindre la rive du fleuve chauffée par le soleil.

La sentinelle du corps de garde l'avait regardé bizarrement, mais ce drôle de vieux bonhomme lui avait toujours paru un peu impertinent.

— La matinée se passe bien ? demanda-t-il.

— Non, pas particulièrement, répliqua Booter.

— Eh bien... j'espère que ça ira mieux plus tard.

Booter lui adressa un grognement à peine poli et continua son chemin. Il se demandait où la dépouille de Jimmy avait passé la nuit. Existait-il une morgue, à l'infirmerie ? Les gens des pompes funèbres étaient arrivés le matin même ; Jimmy avait donc dû rester quelque part dans le *Grove,* loin de ses copains, et seul dans la nuit...

Il traversa le ravin en empruntant la passerelle qui menait à la plage. Des rires provenant de la rivière lui semblèrent sans pitié, irrespectueux envers les morts. Ne savaient-ils pas ce qui était arrivé à Jimmy ? Tout le camp n'était-il pas au courant ?

Sur la berge, il prit un canoë dans le hangar et le rembourra avec l'un des fins matelas de coton utilisés pour bronzer. Confortablement installé dans son nid flottant, il pagaya pour s'éloigner des rires cruels des nageurs et chercher la solitude.

À environ cinquante mètres en aval, il rentra la pagaie à l'intérieur du canoë et s'adossa au matelas. Il n'y avait pour ainsi dire pas de courant, et il appréciait la caresse du soleil sur sa peau. Il pensa à Wren pendant un moment, heureux à la simple idée qu'elle pouvait le consoler dans seulement quelques heures.

Il prit la flasque de sa poche revolver et la siffla. D'où venait l'expression « siffler un verre » ? Il l'avait entendue toute sa vie sans s'être véritablement interrogé sur sa signification. Jimmy le saurait, ça, lui, bordel. Pourquoi n'était-il plus là ?

Jimmy aurait aimé cela. Jimmy se comportait comme un véritable enfant, dans un canoë. Il connaissait le nom de tous les oiseaux et racontait des histoires. Il se souvenait de celle de l'étroite voie de chemin de fer qui longeait la route de la rivière dans les années 1890... Comment les anciens étaient venus au *Grove* avec les transports en commun, d'abord avec le ferry de Sausalito, puis en prenant la *North-Western Pacific...*

Un énorme rapace en quête de nourriture patrouillait dans le ciel au-dessus du canoë. « Rien de mort de ce côté-ci, mon vieux ! Casse-toi !... » C'était probablement un balbuzard pêcheur. À moins que ce ne fût un vautour aura ? Jimmy, lui, aurait su le dire...

Mais Jimmy ne se trouvait pas là. Été après été, les séjours au camp avaient jalonné sa vie et maintenant il était parti, filant sur l'autoroute, raide comme un piquet, privé de son final.

« Comme ça, tout simplement, mon pauvre Jimmy. »

Il ferma les yeux et laissa traîner ses doigts dans l'eau. Pour une raison ou pour une autre, cette attitude lui sembla vaguement préraphaélite, comme sur ce tableau de la *Dame de Shalott,* étendue ensommeillée dans son bateau, et dérivant vers la mort.

Tennyson. Comment était-ce, déjà ?

Et descendant les contours imprécis de la rivière,
Telle une prophétesse en transe,
Voyant tout de sa malchance...
Le regard perdu
Elle se tourna vers Camelot...

Il s'agissait du poème préféré de sa mère. Il l'avait appris par cœur quatre ou cinq ans après sa mort, pour un mémoire sur la littérature anglaise, à Deerfield.

Et à la nuit tombante
Elle desserra les chaînes et s'allongea :
Le violent courant l'emporta très loin,
La Dame de Shalott.

Il ouvrit les yeux. L'énorme silhouette du rapace formait dans le ciel une tache noire qui se détachait sur le soleil. L'intensité de la lumière était trop forte pour lui. Ses paupières tombèrent.

Et tandis que la proue descendait en serpentant,
Au milieu des saules peuplant les collines et les
[champs,

Ils l'entendirent chanter son dernier chant,
La Dame de Shalott.

Son dernier chant... Le dernier chant de sa mère... Le dernier chant de Jimmy...

Le canoë se laissa aller au fil de l'eau et changea de direction lorsque Booter s'enfonça dans le matelas pour sombrer dans les bras de Morphée. Seul le vautour, qui tournait paresseusement dans l'azur, remarqua, peut-être, avant de rejoindre son aire, que le canoë s'abandonnait au courant.

Dans le doute...

Cet après-midi-là, Michael et Thack s'étaient rendus en voiture jusqu'à l'océan. Depuis Cazadero, ils avaient emprunté une mauvaise route à sens unique qui serpentait dans la pénombre vert foncé des séquoias avant de parvenir sur un plateau brûlé par le soleil. Des chênes noueux parsemaient le paysage et des barrières gris Wyeth s'étageaient sur la pente qui menait à la mer.

— Regarde ! s'écria Michael en montrant du doigt le bord de la route. Des « femmes nues » !

Thack écarquilla les yeux, un peu interloqué.

— Ces lis roses, là, expliqua Michael. Tu les vois ? Ils n'ont pas de feuilles. Eh bien, on les appelle des « femmes nues ».

— Ah... fit Thack.

— Il n'y en a pas, à Charleston ?

Thack haussa les épaules, puis :

— C'est possible. Je ne m'y connais pas très bien, en fleurs.

— Seulement en architecture, hein ?

— Ouais.

Il sourit vaguement et reposa sa main sur la cuisse de Michael moulée dans un jean. Cette main s'était trouvée là pendant la plus grande partie du trajet, agréablement chaude et déjà familière.

— C'était gentil, de la part de Brian, commença Thack.

— Quoi ?

— De nous laisser partir tous les deux.

— Oh... En fait, il voulait rester seul.

Cela n'était sans doute pas très loin de la vérité, même si Brian s'était un peu fait prier pour exprimer la chose explicitement.

— C'est un mec bien, ajouta-t-il en se sentant à nouveau vaguement coupable.

— J'aime assez tes amis, dit Thack. C'est Charlie, qui a appelé ce matin ?

— Oui.

— Juste pour... vérifier si on était bien arrivés ?

— Oui, dit Michael. Il se demandait si tout allait bien dans sa maison.

Il mentait effrontément.

— Ça fait longtemps qu'il est malade ? voulut savoir Thack.

— À peu près un an, répondit Michael. Le mois dernier, il a attrapé une pneumocystose.

Thack émit un petit sifflement.

— Mais il se porte bien maintenant.

— Il en a l'air. Je veux dire... mis à part sa lésion.

— En général, l'état s'améliore un certain temps avant que la maladie ne regagne du terrain, le renseigna Michael. On appelle cette période « la lune de miel », tu imagines ?

— Difficilement.

Michael le regarda tristement.

— Oui, toi aussi tu trouves cette expression terrible...

Ils passèrent devant un champ jauni et les ruines d'une grange. Au-dessous d'eux, le bleu de la mer scintillait.

— Tu connais des gens qui ont le sida ? s'enquit Michael.

— Quelques-uns.

— À Charleston ?

— Non. À New York, surtout.

— Il y en a sûrement aussi à Charleston.

— Je m'en doute.

— Quelquefois, je pense qu'on va tous mourir.

Thack marqua un temps d'arrêt, puis :

— As-tu pensé à faire un test ?

— J'en ai fait un... répondit Michael.

Thack le regarda longuement, avant que Michael réussisse à esquisser un pauvre sourire.

— ... Et ça ne m'a pas amusé, acheva-t-il.

Thack hésita avant de reprendre :

— Cela ne change rien, tu sais.

— Tu es sincère ? demanda Michael.

Thack lui rendit son sourire, puis tourna le visage vers l'océan.

— Moi, je n'en ai pas fait, dit-il.

Michael hocha la tête en signe de compréhension.

— Est-ce que tu regrettes d'avoir fait ce test ?

— Non, avoua Michael. Je déteste les surprises.

Ils passèrent environ une heure à errer dans l'ancien village russe de Fort Ross, puis ils trouvèrent enfin une anfractuosité au pied d'une falaise où ils purent s'appuyer l'un contre l'autre pour regarder les vagues.

— Quelquefois, plaisanta Michael, j'ai l'impression d'être Hermione Gingold.

Thack pouffa.

— Tu sais ? Dans *Une petite musique de nuit* ! Comment s'appelait cette chanson, déjà ?

— *Liaisons,* répondit Thack.

— Exact.

Il donna un coup de coude taquin à Thack.

— On n'est jamais trop aidé !

Thack lui sourit.

— Pourquoi penses-tu ressembler à Hermione Gingold ?

— Oh... Tout cela me semble si loin !

— Explique-toi.

— C'était juste... le bon vieux temps. Il y avait cette plage, à Wohler Creek. Elle existe toujours, je crois. C'était une plage naturiste que se partageaient les hétéros, les gays et les hippies. Les hippies formaient une sorte de zone tampon entre les hétéros et les gays.

— Logique, laissa tomber Thack.

— Quelqu'un m'a raconté un jour qu'elle appartenait à Fred McMurray.

— Quoi ? La plage ?

— Euh... Oui : enfin les terres, je suppose. Les gens se pointaient là-bas par centaines, et cela ne le dérangeait pas. Apparemment, il était juste propriétaire des lieux. Il n'y allait jamais.

— Ah.

— La zone des gays était extraordinaire. Imagine des douzaines de mecs nus, tous étendus sur la plage... Et *tout le monde* avait son petit ponton. On pouvait s'allonger sur le sable et contempler l'océan qui n'était qu'une mer de fesses superbes.

Il sourit.

— On l'appelait la Marine de San Francisco.

Cela fit rire Thack.

Michael regarda la mer.

— La dernière fois que j'y suis allé... c'était en 1981.

— Quatre ans, compta Thack.

— Oui, mais on dirait que ça fait quarante ans, soupira Michael.

Il se tourna pour dévisager Thack.

— Ça t'ennuie, que je sois séropositif ?

Thack le dévisagea aussi, puis l'embrassa doucement et lentement sur la bouche.

— Est-ce que c'est une réponse ? demanda Michael.

— C'est que... je ne peux pas mieux faire pour l'instant.

Thack l'attira davantage contre lui et l'embrassa à nouveau. Sous sa vieille chemise en velours côtelé, aux reflets chatoyants, son dos avait le toucher du marbre chaud. Ses lèvres incroyablement suaves avaient un léger goût de jus de pomme.

— C'est mieux comme ça, dit Thack.

— Oui, oui, acquiesça Michael.

Thack caressa les cheveux de Michael.

— Tu sais quoi ?

— Je t'écoute...

— C'est dommage de devoir partager le salon à trois...

Michael fit une moue.

— Je sais. Je m'en excuse.

— Arrête de t'excuser, lui reprocha Thack en l'embrassant encore une fois.

Peu après 16 heures, par la même route tortueuse, ils retournèrent à Cazadero. Quand ils se garèrent en face de la maison, Michael découvrit Brian installé sur une chaise longue au bord de la rivière et lui fit un signe de la main.

— Salut ! cria Brian.

— Je te retrouve à l'intérieur, annonça Michael à Thack. Je vais lui parler.

Il descendit sur la rive dans la lumière oblique de la fin de l'après-midi. Brian avait l'air en meilleure forme, plus détendu, et son visage avait repris des couleurs.

— Comment c'était ? demanda-t-il.

— Super, dit Michael.

— Bien. Ça me fait plaisir.

— Cette route est extraordinaire.

— Je vais peut-être la faire à mon tour, répliqua Brian. Vous avez besoin de la voiture, ce soir ?

— Ce soir ?

— Eh bien... pendant les trois ou quatre prochaines heures.

— Je crois que non.

— Je pensais aller voir le coucher de soleil et peut-être dîner à Jenner.

— Tout seul ?

— Bien sûr.

— Brian, écoute...

— J'en ai envie, Michael. J'aime bien être seul. J'ai passé une très agréable journée.

— Tu en es sûr ?

Brian confirma.

— Dans ce cas...

Brian se leva, ramassa son exemplaire de *Jitterbug Perfume* et plia sa chaise longue.

— Elle était vraiment bien alors, cette promenade en voiture ?

— Magnifique, répondit Michael.

— Parfait.

Ils remontèrent ensemble jusqu'à la maison, le bras de Brian autour des épaules de Michael.

— Au fait... fit Brian. J'ai mis des draps propres sur le canapé-lit !

Michael le regarda et lui sourit.

— C'était juste histoire de t'en parler...

Vingt minutes plus tard, il partit au volant de la Volkswagen.

Thack, alors, se tourna vers Michael :

— Tu veux une bière ?

— Non, serre-moi dans tes bras.

Thack s'exécuta en lui massant les muscles du dos.

— On mange avant ou après ?
Michael rit.
— Comme tu veux, sauf pendant !
— Bien.
Thack le quitta pour se diriger vers la salle de bains.
— Je vais prendre une douche.
— D'accord.
— Il fait trop chaud pour faire un feu ? hurla Thack depuis la salle de bains.
— Pas pour moi.
— Super. Tu veux bien en préparer un ?
Michael regarda la hotte de la cheminée — orange et hideuse — et décida que c'était de loin la plus belle de l'Ouest.

Le bois venait de commencer à crépiter lorsque le téléphone sonna. Si c'était encore Charlie...
— Allô ?
— Euh... Michael ?
On ne pouvait pas ne pas reconnaître cette voix veloutée.
— Wren ? Je croyais que vous étiez partie.
— C'est que... C'est un peu ça, le problème. Quelque chose de bizarre est arrivé.
— Quoi ?
— Mon ami a disparu.
— Votre ami ? Vous voulez dire... ?
— Ouais, lui.
— Qu'est-ce que vous voulez dire par disparu ?
— Eh ben... il faut que je t'explique certaines choses. Tu peux passer me voir ?
« Pas question ! » pensa-t-il.
— Mince, je suis vraiment désolé, Wren. Brian a pris la voiture, Thack et moi sommes donc...
— Je pourrais venir vous chercher.
— Maintenant ?
— Ouais.

— Wren... Ce n'est pas vraiment le bon moment.

— Oh.

Elle saisit tout de suite ce que cela signifiait.

— Je suis navrée.

— J'espère que vous comprenez.

— Tu m'avais pourtant dit que je pouvais appeler si j'avais besoin de quoi que ce soit.

C'était vrai, et il s'en voulait.

— Est-ce qu'on ne pourrait pas s'en tenir au téléphone ?

— Non, répondit-elle. Il faut que je te montre quelque chose.

La porte de la salle de bains s'ouvrit et Thack apparut la taille ceinte d'une serviette, au milieu d'un nuage de vapeur.

— Qu'est-ce qu'il y a? s'enquit-il, constatant la mine sinistre de Michael.

— L'ami de Wren a disparu.

— Quoi ?

— Donne-moi votre adresse, supplia Wren. Je passe vous prendre.

Michael poussa un soupir et lui expliqua comment venir. Il ne pouvait pas s'empêcher de se demander si elle n'obtenait pas toujours ce qu'elle voulait.

Ils étaient une heure plus tard installés tous les trois sur la terrasse dont la vue donnait sur la rivière.

— Voilà où il est censé être, dit Wren en montrant du doigt un petit plan d'eau aux contours imprécis.

Elle portait un bermuda blanc extraordinairement ample et un chemisier en coton rose au col relevé.

— Qu'est-ce qu'il y a, là-bas ? demanda Thack.

— Le *Bohemian Grove.* T'en as déjà entendu parler ?

Thack fit non de la tête.

— C'est un club, précisa Michael. Pour les gens de la haute.

— Pas pour les « gens », rectifia Wren. Exclusivement pour les hommes.

— C'est ça, confirma Michael.

— Quand lui avez-vous parlé pour la dernière fois ? interrogea Thack.

— Ce matin. J'ai annulé mon vol pour lui. Il a appelé pour me dire qu'il voulait me voir. Il avait l'air vraiment bizarre et désespéré.

Le front de Thack se plissa.

— Comment ça ?

— J'sais pas. D'abord, il m'a fait annuler mon vol.

— C'est bien vrai, ça ? voulut savoir Michael.

Il était encore un peu fâché contre elle.

— Il me l'a demandé. Il avait l'air désemparé. C'est pourquoi je l'ai fait. Il m'a dit qu'il venait avant trois heures, et je connais Booter suffisamment bien pour savoir qu'il n'aurait jamais...

— Booter ? releva Michael. Il s'appelle Booter ?

— Pas de blagues, s'il te plaît.

— Non... Je crois que je le connais, c'est tout.

— Merde...

— Booter Manigault ?

— Putain, grogna Wren, cette ville est donc si petite que ça ?

— Microscopique ! renchérit Michael.

Thack se tourna vers son ami :

— C'est un copain à toi ?

— Non, répondit Michael. Mais je sais qui c'est. Le garçon avec qui je vivais a mis au monde ses...

Il réfléchit un moment.

— Ses beaux-petits-enfants.

— Ça par exemple ! ironisa Wren d'un ton pince-sans-rire en regardant Thack. T'as pas plus clair ?

— Pourquoi n'allez-vous pas tout simplement là-bas pour vous renseigner ? proposa Michael.

— Où ça ? Au *Grove* ? J'y suis allée, mon chéri. C'est un terrain de jeux réservé aux petits garçons. Accès interdit aux filles.

— Vous ne pourriez pas lui laisser un message ? suggéra Thack.

— Je l'ai fait. Ils m'ont dit qu'ils l'afficheraient sur le tableau du Centre Administratif... Ce truc-là, ne me demandez pas de quoi il s'agit.

Michael fut amusé.

— Je les imagine très bien se promenant en toge ou quelque chose dans le genre, laissa-t-il échapper.

— Ce qu'il y a de certain, reprit Wren, c'est que tout cet endroit à la con a été conçu pour les protéger des femmes. Si vous n'avez pas de quéquette, ils ne veulent pas entendre parler de vous.

— Je ne comprends toujours pas, osa Michael. Pourquoi restez-vous ? S'il ne se pointe pas, il ne se pointe pas. Qu'y a-t-il à ça de si important ?

— Je reste parce que je me sens redevable, balbutia Wren.

— Depuis quand le connaissez-vous ?

— Pas très longtemps.

— C'est-à-dire ?

— Une semaine... Dix jours.

— Alors, il vous a peut-être délibérément raconté des histoires.

— Non, protesta-t-elle. Je ne crois pas.

— Bon... concéda Michael. Alors peut-être qu'on l'a appelé pour qu'il rentre d'urgence chez lui, ou un plan comme ça. Vous pourriez téléphoner à sa maison d'Hillsborough ?

— Pas question, s'insurgea-t-elle.

— Eh bien moi, je vais le faire, décida-t-il.

Après au moins huit sonneries, une vieille domestique répondit au téléphone. Michael demanda à parler à M. Manigault, jugeant qu'il pouvait toujours raccrocher ou se lancer dans un baratin sur le paysagisme au cas où Booter aurait été chez lui. Cependant, la domestique déclara qu'il était « monté au *Grove* » et que Mme Manigault était « allée à un défilé de mode en ville ».

Michael la remercia et raccrocha.

— Apparemment, apprit-il à Wren, il est toujours dans le coin.

Celle-ci eut l'air inquiète :

— Y a un truc qui cloche, les mecs : il est hors de question que je rentre chez moi sans savoir...

— On pourrait y aller, intervint Thack.

— Vraiment ? minauda Wren.

Michael fronça les sourcils. Voilà donc comment allait se passer sa nuit d'amour !...

— Peut-être, répondit Thack, manifestement en train d'accepter. On pourrait parler au garde, lui dire que nous sommes des amis de Booter.

— Non, objecta Wren. Ce n'est pas la peine de se présenter à l'entrée si l'on ne figure pas soi-même sur la liste.

— Alors ? demanda Thack.

— Eh bien... il y a peut-être un autre moyen.

Elle se tourna vers Michael.

— Est-ce que tu es aussi bon nageur que Thack ?

Chez les indigènes

Quand Booter se réveilla, il contempla les étoiles qui brillaient au-dessus de lui.

Ce soir-là, elles étincelaient plus que jamais et lui évoquaient les faibles ampoules qui éclairaient les caves dans son enfance. Le canoë avait échoué sur un rivage inconnu, la nuit était tombée et il avait attrapé des coups de soleil. Malgré tout cela, il se sentait étrangement serein, dans son cocon matelassé.

Combien de temps avait-il dormi ? Trois heures ? Quatre ? Et jusqu'où avait-il dérivé ?

Il contempla la rivière éclairée par la lune et chercha

des points de repère pour se rassurer — le pont de Monte Rio, les néons d'un night-club, ou une maison en forme de A baignée de la lumière bleue d'une télévision...

Mais il n'y avait rien de tout cela.

Seulement du sable pâle comme des ossements, des massifs d'arbustes gris, des arbres noirs se dressant vers le ciel sombre...

Et des tambours. Et le chant des sirènes.

Il pensa d'abord qu'il rêvait.

Il se rappela le whisky (en sentit le goût dans sa bouche, plus exactement) et la nuit blanche qu'il avait passée après la mort de Jimmy. Il avait eu besoin de dormir et le sommeil était venu à lui : il restait assoupi, c'était tout. Et le whisky ne le faisait-il pas toujours rêver ?

Pourtant, la brise lui sembla bien réelle lorsqu'il se hissa hors du canoë. Tout comme les courbatures qu'il éprouvait et le couinement de rongeur que rendit l'aluminium de la coque sur le sable lorsqu'il tira son embarcation sur la berge et chercha à se repérer.

Pourquoi donc entendait-il toujours des tambours, et ce chant de sirènes ?

Il s'agissait assurément de voix féminines. Et il y en avait beaucoup.

Booter s'avança dans leur direction, en se dégourdissant les membres. Lui revenaient maintenant en mémoire les retraites chrétiennes organisées dans le coin, les camps baptistes... Ces femmes devaient sans doute en faire partie.

Il se dirigea avec prudence dans le sous-bois, craignant de leur faire peur. Rouge comme une écrevisse et débraillé, il savait qu'il devait ressembler à un véritable homme des bois, mais il n'avait pas d'autre choix que de leur demander de l'aide.

Elles le conduiraient au moins à un téléphone d'où il appellerait le *Grove*. On lui enverrait une voiture et il serait de retour à temps pour le Cercle du Feu de Camp, et sans que personne en sût rien. Flûte, après tout : il pourrait même leur en parler, en faire une histoire... À la manière de Jimmy.

Se laissant guider par le son de la musique, il se faufila à travers un épais fourré. Il y avait un grand feu de joie un peu plus haut, et il entrevit des silhouettes qui oscillaient, des visages illuminés par les flammes.

Quand il s'approcha, la musique s'arrêta brusquement. Aiguillonné par ce signe primitif de danger (et peut-être par le souvenir des films de Tarzan), il se cacha subitement derrière le tronc d'un séquoia, puis rit de l'absurdité de sa réaction.

Il surgit donc à nouveau, et ce fut pour découvrir un spectacle extraordinaire : une grande femme aux gros seins, toute nue mais recouverte çà et là de peinture bleue et verte, levant les bras au ciel.

Il se cacha une deuxième fois, rassemblant ses esprits, jusqu'au moment où la femme commença à chanter :

— Nous t'invoquons, Grande Divinité... en mémoire des neuf millions de femmes exécutées pour sorcellerie...

Que diable... ?

— Nous invoquons le nom de la Grande Déesse, la Mère de toutes les créatures vivantes...

Stupéfait, il s'aperçut que les autres femmes étaient également nues. Certaines brandissaient des coupes de fruits ou des bouquets de fleurs. Quelques-unes étaient harnachées d'amulettes ou portaient des géodes d'améthyste dans leurs mains réunies en vasque.

— Nous t'invoquons, Grande Divinité... toi dont les noms ont été chantés de tout temps. Toi qui es Inanni, Isis, Ishtar, Anat, Ashtoreth, Amaterasu, Neith, Selket...

Il n'y avait rien d'autre à faire que de se retirer. Aussi rapidement et discrètement que possible. Il trouverait de l'aide ailleurs, mais pas ici, bon sang, pas ici !

— ... Femme Turquoise, Femme du Coquillage Blanc, Cihuacoatl, Tonantzin, Déméter, Artémis, Mère des Séismes, Kali...

Il s'éloigna en rampant du grand feu de joie tribal, mais Dame Nature le remarqua et fit le nécessaire. Des brindilles craquèrent sous ses pieds, de jeunes ronces lui enserrèrent les membres, et des oiseaux de nuit adressèrent des avertissements criards à qui voulait les écouter...

Quelque chose de grand et de terrible, alors, sortit de l'ombre pour lui administrer un formidable coup sur la nuque.

D'un bord à l'autre

Mettant leur plan à exécution, Michael et Thack prirent la voiture de Wren pour aller au Safeway de Guerneville, où ils achetèrent un paquet de sacs-poubelles Hefty résistants. Quand ils revinrent à la maison en haut de la colline, Wren était en train de fumer un joint sur la terrasse, les yeux fixés sur la rivière ténébreuse.

— Vous avez des nouvelles ? s'inquiéta Michael.

Elle fit non de la tête :

— Il n'appellera pas. Je le sens.

Michael ne se laissa pas convaincre plus que ça par l'instinct de Wren, mais il ne pipa mot.

— Que voulez-vous qu'on fasse, s'enquit-il enfin, une fois qu'on sera là-bas ?

Wren leva les yeux au ciel :

— Dites-lui de téléphoner à mon cul : ma tête est malade !

— Il va se demander comment on a fait pour entrer, non ?

Elle haussa les épaules :

— Vous n'aurez qu'à le lui dire. Il ne vous dénoncera pas, je vous le promets.

— Et s'il n'est pas là-bas ?

— Alors, répondit Wren, on trouvera autre chose.

— Par où passe-t-on pour revenir ?

— Par l'entrée. On ne vous embêtera pas au moment de sortir. Ça se situe à environ deux kilomètres de Monte Rio. Appelez-moi de la gargote qui se trouve sur le pont et je viendrai vous chercher.

— Compris, lança Thack.

— Heureux de l'apprendre... ironisa Michael.

Dix minutes plus tard, elle les emmena en voiture au bord de la rivière et se gara dans un coin à l'apparence incroyablement banlieusarde. Michael se demanda pourquoi les gens allaient s'installer au milieu des séquoias pour y construire des maisons à deux étages pseudo-Tudor avec des paniers de basket accrochés au mur du garage.

L'habitation la plus proche n'étant pas éclairée, ils en profitèrent pour en traverser tous les trois le terrain à toute allure, comme des cambrioleurs, jusqu'à un chemin sablonneux menant à l'eau.

— Vous voyez ? chuchota Wren, en montrant du doigt l'autre côté de la rivière. C'est là.

Le ponton et les vestiaires des *Bohemians* formaient au loin un sombre ensemble géométrique. Michael estima que la largeur de la rivière ne dépassait pas cinquante mètres. La traversée était assez facile à effectuer, en supposant bien sûr l'absence de crocodiles ou d'indigènes hostiles armés de sarbacanes.

— D'après Booter, dit Wren, il y a un pont, au-dessus de ce ravin, et un corps de garde quelques mètres plus loin. Il est certainement possible de les éviter en passant par la plage.

— Vous en êtes sûre ? demanda Michael.

Elle fit non de la tête avec un petit sourire forcé.

— Génial...

— Ils ne vont pas vous tirer dessus, les rassura-t-elle. C'est juste un club. Au pire, vous pouvez parler de Booter et ils enverront quelqu'un le chercher.

— Ils vont découvrir qu'on n'est pas membres, observa Thack.

— Nan, répliqua-t-elle. Il y a des milliers d'hommes à l'intérieur. Personne ne connaît tout le monde.

Thack s'assit sur le sable et commença à se déshabiller, fourrant ses vêtements dans un sac-poubelle Hefty.

— Mets tes affaires là-dedans avec les miennes, conseilla-t-il à Michael. Non, laisse tomber. Ce sera trop lourd, avec les chaussures.

Michael s'accroupit à côté de lui et se mit à remplir son propre sac. Son acolyte étant maintenant déshabillé, il en fit autant, décidant de surmonter sa timidité de protestant, ou au moins ce qui en avait subsisté.

Pâle comme un clair de lune, Thack pataugeait dans la rivière avec son paquetage improvisé. Lorsque l'eau lui arriva aux genoux, il se tourna pour s'adresser à Wren :

— Souhaitez-nous bonne chance !

— Plutôt une bonne traversée...

Elle rit.

— Et si je lançais une bouteille de champagne sur votre petite proue ?

Michael suivit Thack dans l'eau qu'il trouva plus chaude que ce à quoi il s'attendait, mais il avait quand même la chair de poule. La vase s'insinuait entre ses orteils.

— Si on n'est pas rentrés au lever du soleil, plaisanta-t-il, envoyez la police montée.

— Ha ! ha ! ironisa Wren. Tu crois que je te ferais confiance, accompagné d'un beau flic ?

— Parlez moins fort, les réprimanda Thack.

Wren se mit une main sur la bouche, puis alla au bord de l'eau et chuchota :

— J'attendrai votre appel. Vous avez mon numéro, n'est-ce pas ?

— Non, répondit Michael.

— Si, je l'ai, rectifia Thack.

Michael le regarda et lui dit :

— Bon Dieu ! Ce que t'es organisé, toi. Je parie que tu classes tes disques par ordre alphabétique.

— Attendez, ajouta Wren. J'ai oublié quelque chose.

Elle fourragea dans les herbes hautes jusqu'à ce qu'elle trouvât les serviettes-éponges qu'elle avait apportées, puis elle les tendit à Michael qui les fourra dans son sac Hefty.

— T'es un ange, de faire ça pour moi...

Il haussa les épaules :

— La vie était si désespérément ennuyeuse ces derniers temps, ma chère !

— Au fait, ça s'appelle les Montagnards, précisa-t-elle. Enregistrez bien.

— Promis.

Il rejoignit Thack et ils commencèrent une sorte de nage indienne laborieuse, tirant leur barda derrière eux.

Quand ils arrivèrent au milieu de la rivière, soufflant comme des bateaux à vapeur, ils se regardèrent et éclatèrent de rire.

Wren était toujours sur le rivage à surveiller les opérations, réellement imposante dans son bermuda blanc.

Allongée sur son lit de camp, les seins nus, Polly Berendt joignit ses mains derrière sa tête et dit :

— Quelque chose de bizarre est en train de se passer dans la zone interdite aux produits chimiques.

Seins nus également, mais assise par terre, DeDe voulut en savoir davantage :

— Qu'est-ce que tu sous-entends ?

— Eh bien, je suis allée faire pipi de ce côté-là et j'ai vu toutes ces filles en T-shirt noir rassemblées... Je n'en avais encore jamais vu autant. Quand j'ai fait irruption dans leur coin, elles l'ont bouclé, comme si j'avais interrompu une réunion du Conseil des ministres ou quelque chose comme ça.

— Je ne veux même pas en entendre parler ! déclara DeDe.

Elle en avait vraiment assez, de la Sécurité et de ses petites intrigues désagréables.

Polly pouffa :

— Elles ont dû trouver une nénette en possession d'une cassette de Stevie Wonder !

DeDe ne comprenait pas :

— En quoi Stevie Wonder est-il un problème ?

— Voyons, dit Polly, c'est un homme !

— Arrête !...

— Je t'assure ! C'est une violation de l'espace réservé aux femmes. Pas de disques de chanteurs de sexe masculin. Tu n'as qu'à lire le règlement.

Polly se retourna, appuyant sa tête sur son coude.

— Tu sais de quoi j'ai envie ?

— Non. De quoi ?

— D'un hamburger. Avec plein de fromage, de sauce, et dégoulinant de sang...

— Beurk ! gémit DeDe.

— En tout cas, c'est un peu plus excitant que la

perspective de rester dans ce trou, ronchonna Polly. Tu as goûté ces croquettes végétariennes, hier soir ?

DeDe fit une grimace.

— Les *Sloppy Josephines* ?... Oui.

— Quand est-ce que ces connasses vont se réveiller pour s'apercevoir que les *sixties,* c'est terminé ? J'aimerais bien le savoir.

DeDe se tourna et lui adressa un sourire chaleureux. Une heureuse combinaison de la lumière du soleil et de celle de la lanterne avait donné au petit ventre tendu de Polly la couleur des rivets de son 501. DeDe observa cet effet avec admiration mais sans passion, comme une brave mère de famille intéressée par l'art étudiant un Rembrandt.

Comparée à cette gamine, elle était bien une matrone.

— Tu ne te souviens même pas de Kennedy, n'est-ce pas ? risqua-t-elle.

Polly prit une expression ahurie.

— On me pose toujours la même question, se plaignit-elle.

— Excuse-moi.

— Pourquoi en fait-on toute une histoire, d'ailleurs ? Bon, il a couché avec Marilyn Monroe : la belle affaire ! Demande-moi plutôt si je me souviens du premier pas sur la Lune.

— D'accord... Tu t'en souviens ?

— Non.

DeDe grogna et lui jeta des chaussettes à la tête.

— Espèce de petite merdeuse !

Polly glapit triomphalement. D'une certaine manière, elle rappelait à DeDe son fils Edgar. Son expression quand il avait glissé un ver de terre dans le dos d'Anna.

— Ce qu'il faut savoir sur les *sixties,* déclara DeDe, c'est que ça n'est pas tant que ça une période historique, plutôt le début d'une évolution sur le plan des mœurs. Certains ont changé à ce moment-là. D'autres un peu plus tard.

— Super !... Génial !... Dément !... lui lança Polly effrontément. Profond, surtout.

— Va te faire foutre, répliqua DeDe.

Polly lui décocha un clin d'œil malicieux.

— Alors, quand est-ce que t'as changé, toi ?

DeDe réfléchit, puis :

— Tard. Au cours du printemps 77.

— C'est si précis que ça ?

— À cette époque-là, j'ai rejoint la secte de Jim Jones. En Guyana.

Polly sembla tomber des nues :

— Putain !...

— On est partis avant... Avant le massacre, bien sûr.

— Ton amie et toi ?

— Mmm. Et les enfants.

— Ils devaient être tout petits, remarqua Polly.

— Oui. Ils ne se souviennent de rien.

Un ange passa, puis Polly demanda :

— Pourquoi es-tu allée là-bas ?

— Je ne sais pas.

DeDe lui adressa un regard triste.

— C'était l'idée de D'or.

Polly resta longtemps silencieuse avant d'oser une autre question :

— Comme l'idée de venir ici, hein ?

DeDe acquiesça mollement :

— Si tu veux, mais je suis aussi capable de penser par moi-même, que tu le croies ou non.

— Je te crois.

— D'or est forte, donc je la laisse être forte. J'aime ça. Enfin... la plupart du temps.

Une lueur d'amusement brillait dans les yeux de Polly.

— Est-ce que c'est toujours elle qui s'occupe du barbecue et fait griller les steaks ?

DeDe ne savait pas très bien comment prendre cette remarque, mais en tout cas, cela la divertit :

— Le thon ! rectifia-t-elle.

— Ah, d'accord ! Pas de viande rouge, hein ? J'avais oublié.

Polly hocha la tête d'un air solennel.

— Et ce n'est qu'à elle que les enfants obéissent ?

— Qu'est-ce que tu veux dire ? demanda DeDe.

— Je suis juste curieuse.

— Un peu trop...

— On est amies, non ? J'avais seulement envie de... partager.

Polly minauda.

— Comme dans les *sixties*.

DeDe fit sauter la capsule d'une bouteille de Seven-Up sans sucre.

— Tu es incorrigible, la gronda-t-elle.

— Ne dis pas ça.

— Pourquoi donc ?

— On dirait la prof d'anglais que j'avais en cinquième.

DeDe but une petite gorgée, puis :

— Tu la détestais ?

— Non, répondit Polly. Elle me branchait sérieusement.

— Ne cherche pas à me scandaliser, s'il te plaît.

Polly la toisa un instant, secoua la tête lentement et finit par s'exclamer :

— Tiens, tiens !...

— Quoi ?

— DeDe joue les oies blanches, maintenant !

DeDe fut contrariée. Pourquoi tout le monde lui balançait-il cela à la figure ? Les bourges coincées constituaient probablement la dernière minorité opprimée sur terre.

— Écoute, protesta-t-elle. J'ai enlevé mon T-shirt, non ?

— C'est vrai, considéra Polly calmement. Et nombreuses sont les amatrices de beaux seins qui t'en sont reconnaissantes !

DeDe grogna.

— Mais tu l'as enlevé pour ne pas avoir l'air d'une oie blanche : pas du tout parce que tu te sens vraiment bien comme ça.

— Continue...

Polly haussa les épaules.

— Tu l'as enlevé parce que D'or l'a fait, et tu as peur que Sabra en fasse autant très vite. Tu lui as donc coupé l'herbe sous le pied.

— Oh, je t'en prie, s'insurgea DeDe.

— C'est évident ! se récria Polly. *Tout le monde* fait ça !

— Tu vas arrêter ? Premièrement, Sabra Landauer ne montrera jamais ses seins avant un million d'années !

— D'accord... *Donc toi* tu les as montrés pour prouver que tu vaux mieux que Sabra !

— Non !

Polly s'empara d'une pomme et la fit reluire en la frottant sur la jambe de son 501. Elle reprit :

— Où est-elle, en ce moment ?

— Qui ça ?

— D'or.

— Au concert de Holly Near.

— Elle y est avec Sabra ?

— Vraisemblablement, répondit DeDe.

— Tu crois qu'elles sont passées à l'acte ?

DeDe le croyait, effectivement, mais refusa de montrer ses craintes.

Polly croqua dans la pomme, mâcha un morceau et l'avala.

— Tu sais quoi ?

— Je t'écoute.

— Tu devrais faire comme si tu baisais avec quelqu'un d'autre.

DeDe la regarda d'un air dubitatif, puis comprit :

— Avec toi, je suppose ?

— Bien sûr ! Je serais vachement convaincante dans le rôle de l'amante !

— Je n'en doute pas.

Polly lui adressa un large sourire.

— Je ne pourrai jamais me montrer aussi mesquine.

— Force-toi ! la brusqua Polly. Tu risques gros : Sabra a brisé plusieurs ménages, en son temps !

DeDe n'avait pas envie d'entendre ce genre de choses.

— Elle n'est pas si belle que ça, fit-elle valoir.

— Peut-être, mais elle est riche.

— Je suis riche aussi, contre-attaqua DeDe.

— Elle, elle est riche *et* célèbre, insista Polly. Elle peut faire tout ce qu'elle veut : assister aux premières à Broadway, se déplacer partout en limousine, être l'amie intime de Lily et de Jane...

— Merci, apprécia ironiquement DeDe. Merci beaucoup !

Polly la dévisagea un moment, puis se leva et enfila un sweat-shirt pâle.

— Où vas-tu ? s'enquit DeDe.

— Je m'évade, répondit Polly. Là-bas, y a un hamburger qui m'attend.

DeDe se sentit de nouveau abandonnée. Qu'allait-elle faire ? Retourner à la tente et attendre qu'Anna revienne de son cours de tapisserie ? Devrait-elle être là, l'air esseulée, désespérée, quand D'or rentrerait ?

Et si D'or ne rentrait pas du tout ?

Polly commençait à fouiller le fond de la tente pour essayer d'y retrouver ses chaussettes.

— Viens avec moi, proposa-t-elle. Je ne vais pas en avoir pour très longtemps.

— Écoute...

Polly lui tendit sa chemise :

— Allez, *manman* : habillons-nous et sortons en ville.

Selon Jimmy, les araignées femelles étaient les plus impressionnantes, et celle-ci l'était sans aucun doute. Grosse, poilue et le ventre cramoisi, elle pendait d'une toile fragile, et filait sa quenouille à seulement quelques centimètres de son visage recuit.

Booter se trouvait dans une tente; c'était tout ce qu'il savait. Il avait un goût infect dans la bouche et des élancements dans la tête. Ses pieds étaient attachés, et on lui avait lié les mains dans le dos. Il était étendu sur le côté, faisant face à la bête.

Sa première pensée fut celle-ci : « Les araignées qui tissent leur toile n'ont pas leur place ici. »

Il s'agissait de la devise loyale des *Bohemians*, mais elle ne lui apporta aucun réconfort. Au *Grove*, cette expression signifiait qu'il était interdit d'y parler affaires, d'y conclure des marchés.

Ici, cela ne voulait rien dire.

Ici, cette araignée pouvait tisser sa toile où elle le voulait.

Cela faisait presque cinq minutes qu'il avait repris ses esprits quand il entendit une voix de femme à l'extérieur de la tente.

— Où est-il ? cria-t-elle.

Quelqu'un lui demanda de baisser la voix.

— Il faut appeler la police.

— Ah, bien sûr ! Le confier à ses semblables.

— Ça m'est égal, Rose. On doit le faire.

Il entendit des bruits de bottes, puis vit le rabat de la tente bouger, qui découvrit bientôt une femme en T-shirt noir. Elle tenait un talkie-walkie dans une main, et sa coiffure, inégalement rasée, dessinait sur son crâne une sorte de jardin topiaire. Elle s'accroupit pour examiner le prisonnier.

— Écoutez... dit-il. Quoi que vous pensiez que j'aie fait...

— Je ne pense pas. J'ai vu.

— J'étais dans un canoë, commença-t-il.

— Je le sais.

— Je me suis endormi et j'ai dû dériver.

— Le spectacle vous a plu ?

Elles l'avaient donc vu espionnant leur assemblée.

— Répondez à la question, ordonna-t-elle.

— C'était un accident, s'expliqua-t-il. Je ne savais pas où je me trouvais. Je me suis dirigé de ce côté-là pour demander mon chemin.

— Vous mentez, objecta-t-elle.

— Ne m'accusez pas de mentir !

Comment osait-elle lui parler ainsi ? Après tout, c'était lui qui avait été frappé.

— Quel est votre nom ? exigea-t-elle.

Il hésita. Et si elle appelait la police ? Il pourrait clarifier la situation, bien sûr, mais quel genre d'affronts serait-il forcé de supporter ?

— Je ne suis pas obligé de vous le révéler, lui opposa-t-il enfin.

Elle le jaugea froidement pendant quelques secondes avant de laisser tomber le rabat de la tente pour s'en aller.

— Attendez !... brailla-t-il alors.

Personne ne lui répondit.

Elle revint environ quinze minutes plus tard.

— Vous avez soif ? demanda-t-elle.

C'était le cas et il le lui avoua.

— Je vais envoyer quelqu'un vous chercher de l'eau.

— Une minute ! fit-il. Ne partez pas.

— Pardon ?

— Vous êtes en train de faire une grosse bêtise, mademoiselle.

— Ah ouais ?

— Je sais ce que vous avez dû penser sur le moment, mais je ne suis pas du tout un voyeur.

— OK. Alors qui êtes-vous ?

— Je suis membre du *Bohemian Grove.* Ça se situe un peu plus haut sur la rivière. Je n'ai pas l'intention de vous causer le moindre ennui, mais...

— Je vous ai demandé votre nom !

— Manigault, marmonna-t-il.

— Quoi ?

— Manigault. Roger Manigault.

— C'est ça, oui...

— C'est que... Zut ! Je n'ai pas mon portefeuille sur moi.

— Manigault, comme le type du Pacific Excelsior ?

— Parfaitement, mademoiselle !

Il poussa un véritable soupir de soulagement : Dieu merci, elle connaissait le monde des affaires.

— C'est moi !

— C'est vraiment vous ?

— Oui ! Je ne suis pas du genre à...

Elle l'interrompit soudain avec un rire fou et tonitruant :

— Booter, c'est ça ? C'est comme ça qu'on vous appelle ?

— Oui. Vous voulez bien maintenant détacher...

— L'ami de Reagan ?

— Eh bien... Je le connais, effectivement... Je ne dirais pas très...

Elle laissa retomber le rabat de la tente et s'en alla en hurlant de joie dans la nuit.

Rencontre d'un certain type

À cause de Booter, Wren n'avait pas eu le temps de dîner. Elle remit donc son retour au bercail à plus tard et s'arrêta à la gargote qui se trouvait proche du pont de Monte Rio. Puisque Michael et Thack n'appelleraient pas avant au moins une heure, elle décida de se calmer les nerfs avec une assiette de frites et un demi-poulet rôti.

La gargote était un « restaurant familial », que caractérisaient de la façon la plus pittoresque les gosses qui braillaient, les menus plastifiés dans leur enveloppe craquelée et le désodorisant au séquoia en vente à côté de la caisse.

Wren se demandait si elle allait prendre aussi un dessert quand une adolescente approcha, l'air admirative et hésitante.

— Bon, je me risque ! déclara-t-elle à Wren. Si ce n'est pas vous, au moins vous lui ressemblez beaucoup.

Wren posa sa fourchette et lui tendit la main.

— Alors, je crois que c'est bien moi ! l'encouragea-t-elle. Comment t'appelles-tu ?

En l'examinant de plus près, Wren trouva que l'adolescente était en fait une jeune femme. Elle était petite et noueuse, avec des taches de rousseur et un sourire éclatant qui découvrait ses gencives roses.

— Polly Berendt, répondit-elle. Je n'arrive vraiment pas à le croire !

— Quoi ? demanda Wren. Que tu me vois devant toi en train de manger ?

Cela fit rire Polly.

— Vous êtes exactement comme à la télé. Mieux, encore. Je n'en reviens pas. C'est tellement génial !

— Assieds-toi.

Wren lui fit un clin d'œil et tapota le set de table en face d'elle.

— Les familles honorables nous regardent d'un sale œil.

Polly se laissa tomber sur la chaise.

— Excusez-moi, dit-elle. Je parle fort.

— Exact, reconnut Wren. Moi aussi.

Elle ouvrit brusquement son poudrier et commença à se remettre du rouge à lèvres.

— T'es en vacances, c'est ça ?

Polly ne trouva rien à répondre pendant un moment, réalisant mal ce qui lui arrivait.

— Pardon ? demanda-t-elle enfin.

— T'es en vacances ?

— Ah... oui. Je suis à *Wimminwood.* Vous connaissez ?

— Euh... c'est un festival de femmes, non ?

Elle avait lu quelque chose là-dessus sur le tableau d'affichage de l'épicerie de Cazadero. Et maintenant elle comprenait que son admiratrice était lesbienne.

— Oui, c'est ça.

— Qu'est-ce que tu fais ici, alors ? L'école buissonnière ?

— Plus ou moins, gloussa-t-elle.

— Toute seule ?

Bon d'accord, elle flirtait un peu, mais quel mal y avait-il à cela ?

— Non, je suis ici avec une amie. Je veux dire : ici, au restaurant. Avec la dame blonde, là-bas.

Wren laissa tomber son bâton de rouge à lèvres dans son sac à main et parcourut la salle du regard. Surprise en train de les observer, la blonde semblait incontestablement mal à l'aise. Wren lui adressa un petit sourire, ce qui l'embarrassa davantage.

— Elle est contre, annonça Polly.

— Contre quoi ?

— Contre le fait que je vienne vous parler.

— Pourquoi ?

Polly haussa les épaules.

— Elle dit que ça ne se fait pas.

— C'est pas ça... lui expliqua Wren. Moi, je crois qu'elle est jalouse.

Polly examina la blonde, puis commenta :

— Sans déconner ?

Wren arbora un de ses sourires à la Mona Lisa.

— Ça serait merveilleux ! s'exclama Polly.

— Quoi ?

— Qu'elle soit jalouse. Je ne suis pas sûre de lui plaire tant que ça.

— Eh bien...

— Je pourrais avoir une empreinte de rouge à lèvres ?

Wren cligna des yeux en signe d'assentiment.

— J'en fais la collection, commenta Polly. C'est un hobby. J'ai déjà celles de Diana Ross, de Linda Evans et de Kathleen Turner.

— D'accord. Comment dois-je faire ?

Polly leva vers elle un visage rayonnant.

— Je n'arrive pas à y croire !

— Dis-moi ! insista Wren. Juste imprimer un petit bisou sur ma serviette ?

Son regard erra dans la salle. La femme blonde avait les yeux rivés sur les restes de son hamburger. Elle était manifestement mortifiée.

— Je pourrais également, ajouta Wren, faire la bouche en cul de poule pour laisser une plus grosse marque.

Elle sourit à Polly d'un air de conspiratrice.

— Ton amie apprécierait beaucoup, je pense.

Polly s'esclaffa.

Wren prit une serviette et y apposa ses lèvres pour y laisser une empreinte assez nette qu'elle offrit ensuite à Polly.

— Passe un bon été, conclut-elle.

— Vous aussi, lui souhaita Polly en serrant vivement la main de Wren. Vous aussi !

Entre hommes

Michael et Thack avaient traversé la rivière sans encombre, puis s'étaient essuyés et habillés dans une cabane réservée à cet effet près de la berge. Ils avaient suivi le ravin et remonté la petite colline peuplée d'arbres jusqu'à la passerelle dont Wren leur avait parlé. Elle apparut au-dessus d'eux, immense et squelettique, ainsi qu'un pont de chemin de fer abandonné.

— Et maintenant ? chuchota Michael.

— On passe dessous, répondit Thack. Pour escalader la pente.

— Attends !...

— Quoi ?

— J'ai entendu quelque chose.

Thack dressa la tête. Ils perçurent d'abord des rumeurs indistinctes, puis le martèlement sourd de pas qui résonnaient sur le pont. Michael se plaqua contre l'un des piliers qui soutenaient la passerelle, tirant Thack en arrière dans l'obscurité. La lune brillait traîtreusement.

— Qui va là ? cria une voix.

Michael retint son souffle, jetant un coup d'œil à Thack. Les paroles de Wren le hantaient : « Ils ne vont pas vous tirer dessus... C'est juste un club... Ils ne vont pas vous tirer dessus... »

Thack lui fit signe de se taire, bien décidé à aller jusqu'au bout de cette folle aventure.

La cavalcade reprit, puis s'arrêta bientôt au beau milieu du pont. Le faisceau lumineux d'une lampe électrique explora ensuite le sous-bois à seulement quelques centimètres de leur cachette. Michael serra le pilier entre ses bras et pria pour qu'on les libérât. Ou pour qu'on leur accordât au moins la clémence.

— Qui va là ? hurla le garde.

Michael regarda Thack, essayant de lui faire

comprendre qu'en ce qui le concernait ça suffisait comme ça.

Thack fit un non catégorique de la tête.

Le garde resta là, au-dessus d'eux, pendant trente bonnes secondes, puis se remit à marcher. Il s'éloigna, quitta le pont et gravit la petite colline.

Les yeux de Thack lancèrent des éclairs de triomphe. Michael, lui, poussa un « ouf » de soulagement et chuchota :

— Sortons de ce putain d'endroit...

— Quoi ? Tu veux repartir à la nage ?

— Pourquoi pas ?

— Allez... Le pire est passé !

— Qu'est-ce que t'en sais ? demanda Michael. Et si ce con revenait ?

— On est presque arrivés. Ne sois pas aussi trouillard.

— Je suis seulement pratique, dit Michael.

Thack lui donna une petite tape sur les fesses.

— Alors sois moins pratique, Maude chérie, tu veux ?

— OK, Harold...

Ils attendirent encore cinq minutes avant d'entamer leur ascension de la petite colline jusqu'à une route éclairée menant au *Grove.* Des hommes ivres passèrent devant eux, chantant et se bousculant, mais leur lançant aussi des bonjours comme si Michael et Thack étaient des leurs, venus prendre du bon temps sous les séquoias.

Leur appartenance au sexe masculin était, semblait-il, la seule exigence de ces hommes : elle valait à leurs yeux carte d'identité.

— C'est tellement irréel, murmura Michael. On se croirait à l'intérieur d'un hologramme ou un truc comme ça.

— Non : on est dans *Pinocchio*, corrigea Thack.

— Tu trouves ?

— Tu sais bien : je pense à la scène des méchants garçons sur *Pleasure Island.*

Ils traversèrent un ravin dont les parois étaient recouvertes de massifs de fougères. Les séquoias qui longeaient la route étaient énormes et tellement rapprochés les uns des autres à certains endroits qu'ils évoquaient les murs de salles à ciel ouvert isolant les camps qui s'étendaient derrière.

Vu de loin, ces camps offraient un spectacle prodigieux : les tipis géants, les pavillons recouverts de mousse et les cheminées en plein air semblaient avoir été placés là pour le divertissement des dieux. Des guirlandes de lanternes passaient au-dessus du ravin pour aller jusqu'à des campements si haut bâtis qu'on aurait dit des habitations construites dans des arbres.

De la musique montait de partout. Ils entendirent du Brahms pendant un moment, puis du Cole Porter. Ensuite, un pianiste invisible commença à jouer *Yesterday.*

— Il n'y a pas du tout de femmes ? demanda Thack.

— Non, répondit Michael. Ils ont d'ailleurs été poursuivis en justice à propos de ça.

— Comment se sont-ils défendus ?

Michael haussa les épaules :

— Les femmes les rendent nerveux. Ils ne peuvent pas être eux-mêmes en leur compagnie...

Thack pouffa et passa son bras autour des épaules de Michael.

— À ta place, je ne ferais pas ça, l'avertit Michael.

— Pardon ?

— C'est l'endroit le plus hétéro du monde, Thack.

— Oh.

Thack retira son bras, l'air vaguement blessé.

— Beaucoup d'entre eux font le même geste ici.

— Oui, mais... Tu sais bien : c'est différent...

Michael savait combien cela paraissait lâche de dire ça, mais il se sentait dans ces parages très parano.

Un peu interloqué, Michael vit Thack s'approcher d'un vieillard à tête de faucon qui reprenait son souffle contre un arbre.

— Excusez-moi, monsieur. Nous nous sommes égarés, et...

Le vieil homme sembla amusé :

— Vous êtes nouveaux ici, hein ?

— Oui.

— Où vous voulez aller, les amis ? demanda le vieillard avec un accent à la John Wayne.

— Eh ben... chez les Montagnards, nous a-t-on dit. Le camp de Booter Manigault.

— Ah.

Il acquiesça lentement.

— Vous êtes des invités de Booter ?

Thack hésita un peu.

— C'est ça, déclara Michael.

— Un chic type, ce Booter.

— Ouais, c'est vrai, approuva Thack.

— Le meilleur, ajouta Michael sur un ton peut-être un peu trop enthousiaste.

— Je vais vous dire comment faire, commença leur guide. Vous allez continuer à descendre la route de la rivière... Cette route, là, devant vous...

— OK, fit Thack.

— C'est quelques camps plus bas, sur la gauche. Il y a un panneau.

— Merci beaucoup.

— Mais je ne comprends pas... Vous allez revenir sur vos pas.

— Euh... oui, on a dû rater la bonne bifurcation, tout à l'heure !

— Eh bien, vous n'avez qu'à continuer dans cette direction. Vous êtes sur le bon chemin, maintenant.

— Super, se réjouit Michael.

— À gauche, hein !... ajouta le vieillard. Vous ne pouvez pas vous tromper.

— Génial.

— Il y a un panneau à l'entrée. Un grand panneau en bronze.

Tandis qu'ils se retiraient, hochant tous les deux la tête en signe de remerciement, Michael se demanda pourquoi les vieillards prenaient toujours autant de temps pour indiquer un chemin. Était-ce la sénilité ou un désir ardent de compagnie ?

Peut-être, tout simplement, l'euphorie inattendue de se sentir à nouveau utile ?

La plaque des Montagnards représentait Pan muni de sa flûte et la forme évanescente d'une femme nue qui s'élevait comme une vapeur au-dessus d'un chaudron.

— Regarde un peu ça, s'étonna Thack en se reculant pour l'admirer. Du pur Art nouveau.

Michael, qui gardait l'impression de n'être en ces lieux qu'un imposteur, s'abstint de faire valoir avec éloquence ses connaissances en la matière.

Michael suivit Thack à l'intérieur d'un enclos que dominait un chalet à deux étages en séquoia. Une demi-douzaine d'hommes de tous les âges étaient rassemblés autour d'un feu dans la cour. L'un d'eux fixa avec insistance les nouveaux venus, puis se précipita vers eux, arborant un large sourire quasi phosphorescent.

— Michael, mon enfant !

C'était le père Paddy Starr, le prêtre catholique qui s'occupait des affaires religieuses sur la chaîne de Mary Ann.

— Oh, salut ! lança Michael sans grande conviction, pris de panique à la vue d'un visage familier.

— Quelle charmante surprise !

Le père Paddy croisa ses doigts potelés.

— Vous êtes là depuis le début ?

Il s'agissait d'une question probablement innocente, mais qui cependant acheva de déstabiliser Michael.

— C'est que... euh... En fait, non. Nous venons d'arriver. Booter Manigault nous a invités.

Le front du père Paddy se plissa. Il fit claquer sa langue et secoua la tête.

— Le pauvre garçon, se lamenta-t-il.

Thack jeta un rapide coup d'œil à Michael.

— Est-ce que quelque chose de fâcheux lui est arrivé ? s'inquiéta Michael.

— Eh bien, répondit le prêtre, je suppose que vous avez appris, pour Jimmy Chappell ?

— Euh... Non, pas vraiment.

— Jimmy est mort, la nuit dernière.

— Je suis désolé, mais j'ignore qui...

— Oh, bien sûr... Que c'est bête de ma part ! Jimmy était l'un des plus vieux copains de Booter.

Le père Paddy soupira.

— Ç'a dû être un coup dur, pour lui... poursuivit-il.

— Vous ne l'avez pas vu, n'est-ce pas ? intervint Thack.

— Non. Je pense qu'il est rentré chez lui.

— Ce n'est pas possible, objecta Thack. Nous devions le retrouver ici.

— Ah... alors il doit être retourné aux Anges Perdus. Il a des amis, là-bas.

— Les Anges Perdus ?

— Venez, décida le prêtre, je vais vous montrer.

Il se tourna vers Thack et tendit la main, paume tournée vers le bas, comme pour qu'on la baisât.

— Je suis le père Paddy... Puisque Michael a oublié les bonnes manières, n'est-ce pas !...

Thack serra la main de l'ecclésiastique en se présentant :

— Thack Sweeney.

— Oh, un Irlandais ! J'aurais dû m'en douter.

Thack montra du doigt la plaque des Montagnards.

— Que savez-vous de l'auteur de cette œuvre ?

— Pas la moindre chose, répondit le père Paddy. Mais c'est adorable, vous trouvez vous aussi ?

Comme le prêtre les précédait en se déhanchant coquettement, Thack glissa tout bas à l'oreille de Michael :

— L'endroit le plus hétéro au monde, hein ? J'ai bien entendu ?

Sauvé ?

Booter entendit à nouveau les sourds échos d'un pas. Le rabat de la tente s'ouvrit et une jeune fille noire, qui portait un short de gym et un T-shirt bleu roi, apparut.

— Salut ! claironna-t-elle sur un ton étonnamment convivial. Je m'appelle Teejay.

Lui, cependant, ne se sentait pas disposé à lui révéler son surnom.

— Pour l'eau, ajouta-t-elle en levant un bidon.

— Vous savez, menaça-t-il soudain, on peut toutes vous arrêter pour ce que vous êtes en train de faire !

S'agenouillant devant lui, elle l'aida à se soulever pour qu'il se mît en position assise.

— Est-ce que vous avez mal aux poignets ? demanda-t-elle.

— Pardi ! Qu'est-ce que vous croyez ? répondit-il.

Elle examina les liens pendant un moment.

— Je ne peux pas les desserrer sans tout enlever, constata-t-elle.

— Alors allez-y, faites-le ! la défia-t-il.

— C'est ça !...

Elle lui sourit.

— Et vous laisser m'assommer.

Elle leva le bidon au niveau des lèvres de Booter, le penchant précautionneusement et essuyant ce qui débordait avec un mouchoir.

Quand elle eut fini de jouer les échansons, Booter lui dit :

— J'assomme rarement les gens.

Elle revissa le bouchon du bidon.

— Rose prétend que vous fabriquez des instruments de guerre.

— Non, je suis dans l'aluminium... grogna-t-il.

— Elle dit que vous êtes allé à Bitburg pour déposer une gerbe sur la tombe d'un nazi.

— Il s'agissait d'un geste de *réconciliation*. Écoutez... Que se passe-t-il ici ? Vous ne pouvez pas me séquestrer indéfiniment : je n'ai rien fait de mal.

La jeune fille lui passa la main sur le front pour en écarter les cheveux.

— On a eu des problèmes de... harcèlement. Et Rose pense que vous y êtes pour quelque chose. Elle veut organiser un tribunal.

— Quoi ? Un tribunal ?

Elle hocha la tête.

— C'est une folle ! explosa Booter. Cette bonne femme est complètement cinglée. Si elle croit qu'elle va pouvoir encore longtemps m'humilier de cette façon !...

Il se reprit et essaya d'avoir l'air aussi raisonnable que possible.

— Écoutez... Je n'ai ici rien contre vous ni personne. Je suis de plus un homme de parole : si vous me laissez partir, je promets de ne pas me montrer violent.

— Ça ne va pas, répliqua-t-elle. C'est cela qu'il faudrait, justement.

— Pardon ?

— Il faudrait au moins que ça en ait l'air.

— L'air de quoi ?

— Faudrait que j'aie l'air d'avoir ramassé un sale coup !... Sinon je vais tout prendre sur le dos.

À son grand soulagement, il comprit ce qu'elle voulait dire.

— OK, très bien. Faites comme bon vous semblera.

S'approchant un peu plus, elle lui dit :

— La manière la plus sûre de sortir d'ici, c'est encore de repartir par l'endroit où vous êtes arrivé. Votre canoë y est toujours.

— Vous en êtes certaine ?

— J'ai déjà vérifié.

— Sommes-nous si près que ça de la rivière ?

— Oh, mon Dieu, vous ne savez pas où vous êtes ?

— Non. Comment le pourrais-je ? Cette excitée... Votre Rose, là...

— Fermez-la, l'interrompit-elle. Il y a un chemin de terre qui passe devant la tente. Descendez-le un peu et tournez à droite. Suivez-le jusqu'à la rivière. Ensuite...

Mais elle se tut brusquement, jetant un coup d'œil inquiet par-dessus son épaule.

— Qu'est-ce qu'il y a ? demanda-t-il en chuchotant.

— Rien, fit-elle. Je croyais avoir entendu quelque chose.

Elle s'interrompit à nouveau pour écouter un peu plus longtemps.

— Le canoë se trouve en amont, à environ cinquante mètres de l'endroit où le chemin débouche sur la rivière. Compris ?

— Je crois que oui, mais...

— Quoi ?

— Eh bien, je ne peux pas retourner là d'où je viens... en pagayant. Le courant est contre moi.

Elle réfléchit au problème, puis déclara :

— Il y a en aval un camp de baptistes, à moins de deux kilomètres. Vous y serez en sécurité.

Elle s'agenouilla derrière lui et se mit à défaire les cordes qui ligotaient ses poignets.

— Faites vite et ne regardez personne. C'est un endroit réservé aux femmes.

— Et si l'on me voit quand même ?...

— Ça se passera bien, rétorqua-t-elle sur un ton apaisant. Nous ne sommes pas toutes comme Rose.

— *Vraiment ?* rugit une voix.

Impossible de ne pas reconnaître cette voix et la coupe de cheveux du crâne qui apparut à l'intérieur de la tente !

La jeune fille laissa tomber au sol les liens de Booter et se retourna anxieusement pour affronter sa supérieure.

— Rose...

— J'en parlerai dans mon rapport, siffla celle-ci entre ses dents.

— J'étais seulement en train de relâcher... commença Teejay.

— J'ai tout entendu, l'arrêta l'autre.

— Rose, c'est un vieillard !

— On a dit ça aussi pour Mengele !

Booter en avait assez entendu.

— Écoutez-moi, mademoiselle !

— Vous, ne m'appelez pas comme ça !

— Je vous appelle comme je veux !

— Rose, on ne peut pas légalement...

— Sors de là, Teejay !

La jeune fille resta encore un moment, se taisant, puis marmonna à voix basse et s'en alla.

— Je vous en prie, la supplia Booter, prévenez la police...

La femme au crâne rasé se mit à fourrager bruyamment dans le fourbi entassé au fond de la tente. Booter la regarda ouvrir une boîte de carton pour en tirer un rouleau de ruban adhésif. Enfin, elle se pencha sur lui et plaqua sur sa bouche une sorte de compresse de gaze blanche qu'elle fixa solidement avec l'adhésif.

Ses yeux commençaient à larmoyer, mais Booter

parvint à distinguer l'étiquette de la boîte : il s'agissait d'un paquet de *Nouvelles maxi-serviettes hygiéniques Freedom.*

Crève-cœur

Il était presque 21 heures quand Brian retourna à la maison d'Austin Creek. Il n'avait fait que rouler sur la route côtière jusqu'à Elk, puis était reparti à temps vers le sud pour aller dîner à Jenner, au restaurant du *Bout de la Rivière*. N'ayant adressé la parole à personne, mis à part une serveuse et un pompiste de chez Exxon, il se réjouissait à l'idée de retrouver de la compagnie.

Malheureusement, Michael et Thack étaient partis. Ils ne se trouvaient ni dans la maison ni près du feu de camp ; pourtant, ils n'avaient pas de voiture. Étaient-ils allés à pied jusqu'à Cazadero pour y manger un morceau ?

Il alluma un feu et essaya de se replonger dans *Jitterbug Perfume,* mais son esprit commença à vagabonder. Sous le coup d'une impulsion soudaine, il prit le téléphone pour appeler Mme Madrigal.

— Madrigal... J'écoute.

— Salut, c'est Brian !

— Ah... Tu es rentré ?

— Non. Nous sommes toujours ici. Je voulais juste savoir si tout allait bien.

— Oh... Oui.

— Est-ce que Puppy vous donne du souci ?

— Ne fais pas l'idiot. En fait... Puppy, ma chérie, viens dire bonjour à papa. Vas-y. Mais oui, c'est papa. Dis : « Bonjour, papa. »

— Bonjour, papa, fit une petite voix familière.

— Salut, Puppy. Ça va bien ?

— Oui.

— Tu me manques beaucoup, tu sais.

— ...

— Est-ce que Papa te manque ?

— ...

— Puppy ?

Mme Madrigal reprit le combiné :

— Le téléphone la déroute. À mon avis, elle pense que tu devrais être à la télévision.

— Qu'est-ce que vous voulez dire ?

La logeuse rit.

— Quand maman n'est pas là, elle est à la télévision. Donc quand papa n'est pas là... C'est logique, non ?

— Je suppose.

— Sois tranquille : tu lui manques, chéri. Tu peux me croire.

— Est-ce que Mary Ami va bien ?

— Oui, répondit-elle sur un ton neutre. Je ne l'ai pas vue beaucoup, mais elle n'a pas arrêté, ces derniers temps. As-tu essayé de la joindre au Summit ?

— Non.

— Elle participe à une grande fête, ce soir, mais elle devrait rentrer vers dix heures.

— OK.

— Elle était ravissante, à cette émission d'Hollywood. Est-ce que tu as eu l'occasion de la voir ?

— Non, répondit-il.

— Elle était... d'un grand calme. Comment s'appelle cette émission déjà ?

— *Super Soirée*, répondit-il.

— C'est ça. Ton épouse était absolument magnifique. Je suis certaine qu'elle l'a enregistrée. Tu pourras la regarder quand tu seras de retour.

Il ne trouvait rien à dire.

— Est-ce que tu vas bien, Brian ?

— Ouais. Ça va.

— Non, ça ne va pas.
— Je suis juste un peu fatigué, ce soir.
— Alors, repose-toi. Prends une camomille.
— D'accord.
— Quand rentres-tu ? demanda-t-elle.
— Demain.
— Bien.
Elle marqua une pause.
— Au fait... Nous avons perdu, en appel.
— Oh... Vous voulez parler des marches ?
— Oui.
— Alors, qu'est-ce que ça signifie, exactement ?
— Eh bien... ils les démolissent lundi.
— Si vite ? s'étonna Brian. Comment va-t-on monter dans l'allée ?
La logeuse soupira :
— Apparemment sur d'horribles trucs provisoires. En aluminium... En attendant les marches en béton !
Elle resta un moment sans rien dire.
— C'est trop affreux à imaginer.
— Mmm...
— Tu me trouves ridicule ?
— Non ! Pas du tout.
— Tu sais... je m'assois là-bas avec mon thé tous les matins. Le bois se réchauffe au soleil et rien que de le sentir sous mes doigts...
On aurait dit quelqu'un se souvenant d'une aventure amoureuse.
— Est-ce qu'ils ne pourraient pas en construire un autre en séquoia ou je ne sais quel autre bois ? la questionna Brian.
— C'est exactement ce que je leur ai proposé. Ils n'en ont pas envie. Le coût de l'entretien, ont-ils invoqué.
— Quels sales cons ! s'indigna-t-il.
— On doit tout entretenir, dans la vie. C'est précisément ça qui est *agréable* : prendre soin des choses...

Il médita là-dessus un moment.

— En avez-vous parlé à Mary Ann ?

— Oui, mais... tu avais raison. Ça ne correspond pas vraiment au style de son émission.

— Peut-être, mais elle pourrait... je ne sais pas... en parler à ses confrères, au moins.

— Je lui en ai touché un mot, mais elle m'a dit qu'ils auraient besoin d'une... *accroche* : je crois que c'est le mot qu'elle a employé.

— Une *accroche* !

Brian s'emporta brusquement.

— Mais bon Dieu, ils foutent l'escalier en l'air : là voilà, l'accroche !

— Je sais bien, mais... C'est elle, la professionnelle.

— Il n'y a aucun putain de doute là-dessus ! Qu'est-ce qu'elle veut que vous fassiez ? Que vous vous enchaîniez à l'escalier ?

— Chéri... ne t'énerve pas.

— C'est qu'il m'arrive parfois d'en avoir ras le bol, d'elle.

Mme Madrigal se tut un long moment. Enfin, elle se risqua :

— Pourquoi lui en veux-tu à ce point ?

— Je ne lui en veux pas.

Il était à nouveau sur le canapé, plongé dans son livre, quand le téléphone sonna.

— Ouais ?

— Brian ?

— Ouais.

— C'est Wren Douglas.

— Ah, oui !

— Si tu te demandes où sont passés tes camarades de chambrée, minauda-t-elle, sache que c'est moi qui les ai enlevés.

— Ah. Tout s'explique.

— C'est eux qui m'ont conseillé de t'appeler... Je les ai chargés d'une petite mission.

— Ils ne sont pas avec vous, c'est ça?

— Non. Je les retrouve à Monte Rio dans une heure, à peu près. Je suis simplement en train d'attendre qu'ils me recontactent. Je pensais que tu pourrais avoir envie de me faire coucou.

Après un moment d'hésitation, il déclara :

— Euh... bien sûr. Super.

— On pourrait flemmarder, parler. Et... que sais-je encore ?

— Formidable.

— Tu te souviens du chemin pour venir jusqu'ici ? s'assura-t-elle.

— Comment pourrais-je l'avoir si vite oublié ?

L'amitié est une chose

L'estomac rempli de nourriture proscrite, DeDe et Polly retournèrent au campement des Halcyon-Wilson et trouvèrent Anna en train de lire des bandes dessinées dans sa petite tente.

— Eh bien, s'étonna DeDe, tu as séché ton cours de tapisserie ?

Sa fille secoua la tête :

— Non, mais on est sorties de bonne heure.

— Et tu es restée ici toute seule ?

— Oui.

DeDe éprouva des remords.

— Ç'a été ?

— Mais oui.

— Polly et moi sommes juste... allées nous promener.

Elle ne savait pas très bien pourquoi elle mentait à ce sujet, ni pourquoi son détour par la gargote lui donnait tellement l'impression d'être sortie sans permission. Polly, qui apparemment ne savait pas non plus quoi dire, jeta un curieux regard oblique à DeDe.

— Y a une dame qui te cherchait, dit Anna en se remettant à lire les *ThunderCats.*

— Quand ça ? demanda DeDe.

— Tout à l'heure.

— Quel genre de dame, Anna ?

L'enfant haussa les épaules, mais ne leva pas les yeux.

— Une dame noire.

— Est-ce qu'elle t'a dit comment elle s'appelait ?

— Non... Enfin si : avec deux lettres.

— Avec deux lettres ?

DeDe examina sa fille d'un air mécontent.

— Pose cet album et regarde-moi.

Anna s'exécuta à contrecœur.

— Qu'est-ce qu'il y a ?

— Que veux-tu dire avec tes *deux lettres* ? Teejay, c'est ça ?

— Oui. Teejay.

— T'a-t-elle expliqué ce qu'elle voulait ?

Anna fit la grimace :

— Elle a dit... que tu devais aller la retrouver derrière le Ventre le plus vite possible.

Polly ricana, ce qui lui valut un regard furieux de la part de DeDe, avant que celle-ci ne se retournât vers sa fille.

— Pourquoi, Anna ? A-t-elle précisé pourquoi ?

— Va y avoir un tri-quelque chose...

— Un « tri-quelque chose » ?

— Ça doit être un triathlon, ironisa Polly.

— Oh, tais-toi, je t'en prie ! grommela DeDe. Ça ne serait pas un *tribunal*, Anna ?

— Si. C'est ça.

— Je dois aller la rejoindre ?

— Oui. Derrière le Ventre.

— Oh, mon Dieu !

— Qu'est-ce qui t'arrive ? s'inquiéta Polly.

— Rien, répondit DeDe en ressentant un pincement au cœur.

Quand elle sortit de la tente d'Anna pour retourner à la sienne, ce fut avec Polly sur ses talons.

— Bon, DeDe... Que se passe-t-il ?

— Elles vont me choper... explosa-t-elle. Elles vont me brûler sur un bûcher.

— *Qui ?*

— Rose Dvorak !... et les autres.

— Je ne comprends pas.

— Teejay travaille pour Rose.

— Ah...

Polly fronça le nez.

— Alors, qu'est-ce qu'elles vont faire ?

— Je ne sais pas. Ce qu'on fait habituellement dans un tribunal !

— Bah ! Tu penses vraiment qu'elles vont te juger ? Pour quelle raison ? Pour avoir laissé entrer ces péquenauds ? Ce n'était qu'une petite erreur.

— Il n'y a pas que ça ! avoua DeDe.

Bouche bée, Polly la regarda longuement.

— Qu'est-ce que tu as fait d'autre ?

— Ce n'était pas moi. C'était Mabel. J'étais avec elle quand...

S'interrompant, elle se baissa pour entrer dans la tente et s'effondra sur le sac de couchage.

Polly s'assit en face d'elle.

— Quand quoi ?

— Ça n'a pas d'importance, déclara DeDe.

— Tu vas aller la voir ?

— Qui ?

— Cette Teejay.

— Non ! Merde, bien sûr que non ! Je m'en vais dès demain et à la première heure.

— Et qu'est-ce que tu fais de... D'or ?

— De D'or ?

— Si elle ne veut pas partir ?...

DeDe haussa les épaules :

— Elle peut rester. Moi, en tout cas, je pars avec les enfants.

Polly la regarda d'un air dépité :

— Et si, moi, je n'ai pas envie que tu t'en ailles ?

— Tu es adorable, murmura DeDe. C'est très gentil de ta part.

Polly se rapprocha, déplaçant lestement son petit postérieur, puis elle se pencha sur DeDe et lui déposa une bise maladroite sur la bouche.

— Ta D'orothea est barjo, ronchonna-t-elle d'une voix rauque. À sa place, moi, je ne te quitterais pas d'une semelle.

— Polly...

— Pas d'une semelle !

DeDe se déroba mollement :

— Ça ne se passe plus comme ça, quand on est ensemble depuis un moment. Et c'est pour tout le monde pareil, va !

— J'sais pas.

— Moi si.

Polly lui adressa un sourire contraint :

— Puisque vous le dites, ma chère Deirdre.

DeDe fut troublée d'entendre ainsi son vrai prénom.

— Où as-tu appris que je m'appelais comme ça ?

— C'est Anna qui me l'a dit hier. Quand tu nageais.

Pour une raison ou pour une autre, DeDe eut vaguement l'impression qu'il s'agissait d'un complot.

— Elle te l'a dit... sans que tu lui demandes ?

— Non. C'est moi qui lui ai posé la question. Je voulais savoir tout ce qu'il était possible de savoir sur toi.

DeDe tripota la fermeture Éclair du sac de couchage.

— Tu vas vraiment me manquer, recommença Polly.

— Toi aussi.

D'ordinaire, elle détestait les gens qui disent ça, mais cette fois, cela lui permit d'en finir avec la gêne qu'elle éprouvait.

— Tu viendras me voir à la jardinerie, de temps en temps ?

— C'est que... C'est surtout D'or qui s'occupe du jardinage.

— Je peux t'appeler, non ?

DeDe évita son regard.

— OK, laissons tomber.

— Polly...

DeDe lui prit la main.

— L'amitié est une chose, et... Enfin, ce que tu veux...

— Tu ne sais pas ce que je veux.

DeDe choisit ses mots avec circonspection :

— Peut-être pas, non, mais... Écoute : je suis une vieille dame mariée très ennuyeuse !

— Ça m'est égal, protesta Polly.

DeDe eut un mouvement de recul :

— Euh... là, tu était censée dire que je ne suis *ni* vieille *ni* ennuyeuse, Polly.

— Mais j'aime les vieilles ! cria Polly.

DeDe accusa le coup et lui lança une chaussure de tennis, que Polly évita avec une mimique espiègle.

— Bon, déclara-t-elle ensuite, je m'en vais.

— Non, objecta DeDe. Reste avec moi. Pour jouer au Pictionary, d'accord ?

— Il faut être au moins trois, pour ça.

— Eh bien... entraînons-nous, au moins.

— Il se pourrait que ton amie revienne, fit valoir Polly.

— Et alors ? demanda DeDe.

D'or méritait certainement qu'on lui rendît la monnaie de sa pièce ! De plus, au moment où Rose semblait vouloir se déchaîner, DeDe ne supportait pas l'idée de rester seule.

Le père Paddy les conduisit dans la forêt, en jacassant sans cesse.

— Vous savez, dit-il soudain comme ils grimpaient à toute vitesse un chemin tortueux. Je crains que la robe, ça ne soit un peu exagéré, ici.

Il parlait évidemment de sa soutane, mais Michael s'abstint de tout commentaire.

— Je l'ai portée pour la messe du pauvre Jimmy. Ensuite je n'ai pas trouvé un moment pour me changer... Oh, mon Dieu, vous devez me juger légèrement exhibitionniste.

— Mais non, fit Michael.

— En général, ajouta l'ecclésiastique en s'adressant à Thack, je me satisfais d'un simple col roulé et d'un crucifix, surtout au *Grove*, mais le défunt nous a quittés d'une façon si théâtrale... J'ai donc pensé que rien ne s'opposait à un petit peu d'apparat !

Michael décela une lueur malicieuse dans le regard du prêtre ; celui-ci était manifestement en train de tester Thack, essayant sur ce néophyte providentiel celui de ses trucs qui avait déjà fait ses preuves.

— Comment est-il mort ? s'enquit Thack.

— Eh bien... le cœur ; ça arrive assez souvent, ici.

— J'imagine, dit Thack d'un ton plus sec pour plaire à Michael.

Maintenant qu'ils étaient arrivés au-dessus du ravin, le père Paddy s'écarta du sentier principal pour leur faire traverser une passerelle élevée en bois qui enjambait le lit asséché d'un ruisseau. Au bout, en face d'eux, il y avait un pavillon aux lumières vives d'où l'on entendait fuser des rires. En contrebas on apercevait trois ou quatre camps similaires, accrochés au flanc de la colline.

— Voilà les Anges Perdus ! annonça le prêtre en

désignant le pavillon d'un doigt. Booter est certainement ici.

— Pourquoi s'appellent-ils comme ça ? se renseigna Thack.

— Vous ne comprenez pas le jeu de mots...

Le père Paddy se rapprocha et parla derrière la paume de sa main, comme s'il leur faisait part d'un secret honteux.

— Certains d'entre eux viennent de Los Angeles, voyez-vous.

Au bout de la passerelle, il salua un homme d'une quarantaine d'années :

— Bonsoir, Ollie.

— Bonsoir, mon père.

— Vous n'auriez pas vu Booter, par hasard ?

L'homme fit non de la tête :

— Pas depuis les obsèques.

Fouillant du regard l'assemblée des convives, le prêtre continua cependant :

— Je pensais que peut-être...

— Allez toujours voir, conseilla l'homme. C'est à la bonne franquette.

Il se tourna vers Michael et Thack.

— On dirait que vous avez envie de boire un verre, les gars.

Michael jeta un coup d'œil à Thack.

— Oui, allez-y ! insista le père Paddy. Rincez-vous la dalle : c'est fait pour !

— Je m'en occupe... souffla Thack à Michael. Qu'est-ce que tu veux ?

Michael réfléchit, puis annonça :

— Euh... un gin-tonic.

Thack se tourna vers le prêtre :

— Et vous, mon père ?

— Oh, merci, rien pour moi : je bois seulement pendant le service !

Thack arbora un large sourire et se dirigea vers le

bar. Quand il fut parti, le père Paddy prit à part Michael et lui confia ses impressions :

— Il est tout à fait charmant.

— Je trouve aussi, acquiesça Michael.

— Est-ce que vous êtes... ensemble ?

— Non, pas vraiment.

Le prêtre s'assombrit sur un mode comique :

— Écoutez, mon enfant, ne faites pas le timide avec moi.

— Eh bien, lui révéla Michael. Il n'y a pas bien longtemps que nous nous connaissons. Thack est venu de la Caroline du Sud juste pour passer des vacances ici.

— Oh...

Mal à l'aise, Michael essaya de changer de sujet :

— Pensez-vous que Booter... ?

— Vous allez très bien ensemble tous les deux, fit le prêtre en revenant sur le sujet.

Michael haussa les épaules.

— Si cela peut vous intéresser, je vous signale que j'ai en magasin une merveilleuse petite cérémonie.

— Pardon ?

— Oh, ce n'est pas du tout de mariage qu'il s'agit : le Saint-Père ne le permettrait pas. Mais c'est une sorte de bénédiction dans ce genre-là, tout à fait émouvante.

— Mon père !

— Très bien, je n'en parle plus. Oubliez ce que j'ai dit.

— D'accord, fit Michael avec soulagement.

— Même si j'en ai toujours eu envie, je ne l'ai jamais fait. *Mais...*

Sa main décrivit dans l'air plusieurs cercles rêveurs.

— Thack va bientôt retourner à Charleston, précisa Michael.

— Bon.

— De plus, nous sommes tous les deux très indépendants.

— Mmm.

— Enfin, vous négligez un autre aspect des choses : c'est que je ne suis même pas catholique !

— Oh, vraiment ?... fit le père Paddy. Euh... et alors ?

Plus tard, quand ils furent tous les deux tranquillement installés sur un banc, au-dessus des Anges Perdus, Thack demanda à Michael :

— Qu'est-ce qu'on fait, maintenant ? Le vieux Manigault n'est manifestement pas là.

— C'est impossible à dire ! soupira Michael. Il y a tellement de camps.

— Ouais... On pourrait chercher pendant toute la nuit !

— Je pense que nous devrions appeler Wren.

— Tu crois que quelque chose de grave lui est arrivé ? s'interrogea Thack. Au fait... c'était quoi, ces regards ?

— Quels regards ?

— Tu sais bien : entre toi et sœur Bertrille...

— Oh.

Michael roula les yeux, faussement effaré.

— Tu ne vas jamais me croire.

— Vas-y.

— Il joue les entremetteuses.

Thack le dévisagea avec une expression quelque peu interdite.

— Il a proposé de nous marier, chuchota Michael en écarquillant les yeux pour souligner la frivolité de l'idée.

— *Quoi ?* s'étrangla Thack.

— Véridique : il veut bien célébrer notre union, continua Michael. C'est mignon, non ?

Thack se renfrogna :

— Qu'est-ce qui a bien pu lui donner cette idée ?

— Je me le demande autant que toi. Il doit trouver qu'on forme un joli couple, c'est tout.

Il se tut un instant.

— Je lui ai précisé qu'on est seulement copains. Et que tu ne vis même pas ici.

Étant donné l'endroit, « ici » n'était pas exactement le mot adéquat. Les minuscules villages de tentes situés en contrebas, estompés par la fumée des feux de bois, leur donnèrent l'impression de n'être qu'un décor de rêve et il était difficile d'imaginer que pût vivre ici qui que ce fût.

— Qu'il aille se faire foutre, ce vieux travelo ! lâcha Thack. Comme si on avait besoin de l'Église pour ça !...

Sa véhémence surprit Michael.

— T'es catholique ?

— Je l'étais. J'ai fait partie de *Dignity* pendant un moment et puis j'ai laissé tomber.

— Pourquoi ?

Thack haussa les épaules.

— Pourquoi devrais-je continuer à embrasser le cul du pape alors qu'il n'approuve même pas ce que je fais du mien ? Je n'appelle pas ça de la dignité : c'est du masochisme.

Brusquement, un sourire éclaira son visage.

— J'ai un super-plan !

— Dis voir ?

— Attends-moi ici.

Il secoua le genou de Michael et partit en courant le long du chemin, entrant comme une flèche dans le sous-bois près des lumières des Anges Perdus. Cinq minutes plus tard, il revenait, traînant derrière lui un matelas pour deux personnes.

— Où as-tu pris ça ?

— Dans une des cabanes, répondit Thack.

Michael fronça les sourcils.

— T'inquiète, elle était vide. On le ramènera.

— Oui, mais qu'est-ce qui va se passer si...

— Allez, insista Thack.

Michael le suivit dans une côte à travers un enchevêtrement de broussailles quasi inextricables. Quand ils atteignirent un ressaut à environ six mètres au-dessus du chemin, Thack laissa tomber le matelas.

— Je me demande si l'on ne devrait pas se méfier, s'inquiéta Michael.

— Mais c'est tranquille, ici, le rassura Thack. Pas besoin d'angoisser.

— Oui, mais je ne sais pas vraiment si cet endroit...

— Écoute, on voit le chemin. Ils sont trop vieux et trop bourrés pour nous apercevoir d'en bas.

Il s'assit sur le matelas, puis fouilla dans la poche de sa chemise pour en retirer un joint et une boîte d'allumettes.

— Où est-ce que tu as eu ça ? demanda Michael en s'accroupissant à côté de lui.

Thack alluma d'abord le joint, puis répondit :

— C'est Wren qui nous l'a donné. C'est notre récompense.

Il aspira deux bouffées et l'offrit à Michael.

— Non, merci... Oh, et puis merde !

Il prit le joint et remplit ses poumons de fumée. Il avait fait attention toute l'année : ce soir, son système immunitaire pouvait bien aller se faire voir.

— Écoute, l'alerta Thack. *The Trail of the Lonesome Pine.*

— Ce que c'est beau, ça !

Michael pencha la tête pour mieux entendre pianos et banjos jouer librement le vieil air.

— C'était la chanson préférée de Gertrude Stein, lui apprit Thack.

— Vraiment ?

— Je crois que oui.

Michael lui repassa le joint.

— Où l'as-tu entendue la première fois ?

— Je ne m'en souviens pas... Je t'assure.

— C'est une chanson magnifique, s'extasia Michael.

Thack s'allongea, tendant son cou.

— Regarde cette putain de lune. C'est pas superbe, ça ?

Elle était pleine et fluorescente, une véritable fautrice de troubles. Michael s'étendit près de Thack en s'appuyant sur les coudes. Il y avait quelque chose de terriblement séduisant chez cet homme qui savait toujours quoi faire, dans n'importe quelle situation.

Thack tira une autre bouffée, puis écrasa le joint. Il tourna la tête nonchalamment pour regarder Michael.

— Je pensais que ça n'arriverait jamais.

Michael lui sourit.

— Tu es un mec bien...

— Toi aussi.

Michael se pencha sur le côté et fit sauter un à un les boutons-pression nacrés de la chemise en jean de Thack.

Sa bouche, ensuite, alla directement se poser sur son téton gauche, rose et fier ainsi qu'une bite minuscule.

À la fin, ils restèrent couchés là sans bouger, écoutant la musique. Une traînée de sperme brillait encore sur le ventre de Thack comme si un escargot s'était promené dessus. Il garda ses mains autour du sexe de Michael, comme s'il s'agissait d'un oiseau blessé essayant de s'échapper.

— Où sont les prêtres, quand on a vraiment besoin d'eux ? demanda Michael.

Thack gloussa et posa son nez contre l'épaule de Michael.

— C'était vraiment la chanson préférée de Gertrude Stein ? Tu ne l'as pas inventé ?

— Pourquoi aurais-je fait ça ?

— Je ne sais pas. Pour me mettre dans l'ambiance.

— Gertrude Stein t'excite ? plaisanta Thack.

— Eh bien... Avec Alice Toklas, ça a marché !

— Mais tu étais déjà dans l'ambiance, remarqua Thack.

— C'est vrai, avoua Michael.

Un peu plus bas dans le ravin, un autre piano commença à jouer. Des voix d'hommes joyeux flottèrent vers eux dans la brise. Pour une raison obscure, Michael pensa à un daguerréotype défraîchi qu'il avait remarqué dans un magasin d'antiquités sur Union Street : une douzaine de bûcherons aux énormes moustaches, en Levi's d'époque, à califourchon sur un séquoia abattu.

— Brian aurait adoré tout ça, dit-il.

— Tu crois ? demanda Thack.

— Ouais. C'est un grand enfant.

— Comme toi.

— Probablement.

Thack se rapprocha de Michael pour se blottir contre lui et fit glisser sa main le long de son ventre.

— Vous êtes un petit peu comme un couple, n'est-ce pas ?

— Qui ?

— Brian et toi.

— Euh... Oui... En quelque sorte.

— Depuis combien de temps le connais-tu ?

Michael réfléchit :

— Neuf ans... Presque dix.

— Vous avez toujours été amis ?

— Pas au début, répondit Michael. Mais nous... enfin nous nous racontions nos histoires.

— Quel genre d'histoires ?

— Oh... nos parties de baise.

Thack ricana.

— Après le petit déjeuner, Brian dégringolait toujours les escaliers. Il habitait dans la petite maison sur le toit, à l'époque, et il pouvait ainsi voir tous les inconnus qui traversaient la cour. Il avait pris l'habitude de me sortir quelque chose du style : « Dis donc, Michael, il était quelle heure, cette nuit, quand tu l'as ramené à la maison, celui-là ? »

— Bonjour la discrétion !

— Oh, je faisais la même chose avec lui ! Tu sais... je le taquinais à mon tour sur le laideron qu'il venait de se taper, quoi. C'était juste un jeu.

— Oui, mais...

— D'accord, je sais que c'est méchant de parler des gens comme ça. Mais ça nous a rapprochés, et on n'a jamais fait de mal à personne. J'adorais le chahuter. Il aimait le sexe autant que moi.

— *Aimait ?* demanda Thack en lui pinçant l'oreille.

— Aime, corrigea Michael en souriant.

— Je préfère ça.

— C'était un grand romantique, vraiment. Mary Ann n'a rien voulu savoir pendant des années parce qu'elle le trouvait trop chaud lapin. Quand finalement il est tombé amoureux d'elle, il lui a fait la cour comme un dingue. Il venait me confier ses peines de cœur au moindre problème. C'était l'époque où, malgré nos ruptures, je sortais régulièrement avec mon ami Jon... et avec beaucoup d'autres, bien sûr. Brian et moi n'avons donc pas cessé de revenir l'un vers l'autre.

— Je comprends.

— C'est drôle : quand je regarde en arrière, je m'aperçois qu'il était la seule constante dans ma vie.

— Mmm.

— Il était avec moi quand mon ami est mort.

Les larmes lui montèrent aux yeux, brouillant sa vision de la lune. Il les essuya en deux mouvements avec le bout de ses doigts.

— C'était le sida ?

— Oui. Quand la maladie s'est déclarée, je ne décolérais plus. Tout le monde s'en foutait plus ou moins, ou faisait seulement semblant d'être touché... parce qu'au fond, tu vois, il ne s'agissait que de pédales en train de crever. Et le sida, après tout, n'était qu'une manifestation physique de leur maladie mentale. Je me souviens d'avoir pensé...

Mais il n'arriva pas à trouver les mots justes.

— À quoi ? l'encouragea Thack en lui caressant le bras.

— Que... rien ne se passerait, que tout le monde s'en ficherait tant que les hétéros ne commenceraient pas à l'attraper, eux aussi.

— Je sais ce que tu as dû éprouver.

— J'ai prié, pour ça. J'ai vraiment prié pour que ça arrive.

— Mais tu ne le voulais pas franchement.

— Est-ce que ça fait une différence ?

Rien de romantique

Au moment où Brian garait la Volkswagen derrière le chalet que Wren occupait au sommet de la colline, celle-ci apparut en haut des escaliers.

— Ramène quelques bûches ! lui cria-t-elle. On n'en a presque plus.

Il scruta l'obscurité, mais en vain.

— À gauche, précisa-t-elle en pointant un doigt. À côté de ce banc, il y a un tas de bois.

Il le trouva et chargea ses bras de bûches de séquoia. La plupart étaient suffisamment vertes pour suinter de résine et leur poids le surprit, le faisant chanceler un peu. Sa maladresse le gênait ; c'est pourquoi la nuit le réconfortait.

Il arriva en haut des marches essoufflé.

— Je te joue un sale tour, hein ? Tu ne savais pas que tu aurais à travailler... plaisanta Wren en lui tenant la porte.

— C'est pas un problème, dit-il en se dirigeant vers la cheminée.

— Elles sont tellement crades... J'adore les feux de

cheminée, mais je déteste aller chercher ces putains de bûches !

Il déchargea son fardeau dans la grande cheminée en pierre.

— Il est plutôt vert, ce bois !

— Il brûle très bien, une fois que le feu est parti.

Elle ramassa plusieurs bûches parmi les plus petites et les jeta dans l'âtre.

— Alors, proposa-t-elle en s'essuyant les mains, un verre, un joint ?... Qu'est-ce que tu veux ?

— Rien du tout, merci.

— Tu es sûr ?

— Oui.

Elle désigna un fauteuil d'un geste élégant.

— Assieds-toi.

Il s'exécuta tandis qu'elle se pelotonnait sur le canapé. Elle portait un chemisier rose et un short blanc. Ses gros genoux accueillants étaient aussi pâles et ronds que deux melons d'Antibes. Elle redressa la tête et lui sourit :

— J'ai vu ta femme, à *Super Soirée*.

— Ah bon...

— Tu l'as regardée ?

— Non.

— Elle était très bien.

— C'est ce qu'on m'a dit aussi. Ma logeuse. Enfin... mon *ex*-logeuse.

— Tu m'as vue, le matin où je suis passée à son émission ?

« Non, pensa-t-il avec perversité, j'ai préféré me branler en feuilletant ton livre. »

— En fait, non, répondit-il.

— Je ne lui ai pas plu, lâcha Wren.

Il inclina la tête :

— Ça lui arrive de temps en temps. Juste pour provoquer les gens.

Wren grogna :

— Dans ce cas, ça a parfaitement marché.

Il lui sourit.

Elle l'observa attentivement pendant un long moment, puis se leva pour prendre un joint sur la cheminée dans une boîte. Elle l'alluma et retourna sur le canapé où elle tira une bouffée qu'elle retint dans ses poumons, l'étudiant à nouveau.

— Si tu me trouves trop curieuse, dis-le-moi.

Il haussa les épaules :

— Faites, je vous en prie...

— Est-ce que tu pars en vacances sans ta femme, en général ?

Il rit avec embarras :

— Vous voulez dire avec des gays ?

— Non, insista-t-elle. *Sans ta femme.*

Il sentit ses traits se contracter.

— Je pense que tous les deux on avait besoin... de prendre un peu l'air chacun de son côté.

— Je vois.

— Vous êtes mariée ?

— Non, mais j'ai un petit copain.

— J'imagine qu'il ne pouvait pas vraiment vous accompagner pendant la tournée promotionnelle du livre...

— De toute façon, la tournée s'est terminée la semaine dernière.

— Ah.

— Et... j'avais besoin d'être seule, moi aussi.

Elle sourit mystérieusement.

— Enfin, *presque* seule.

Elle faisait manifestement une nouvelle fois allusion à son « ami ».

— Mais à présent, ajouta-t-elle, Rolando me manque trop.

Elle tira une deuxième bouffée du joint et la retint longtemps dans ses poumons, comme la première.

— Même ses ronflements me manquent.

Brian émit un petit rire blanc.

— Il vous manque tant que ça, alors...

— Puisque je te le dis. Tu ronfles, toi ?

— Pas moi, non. Mary Ann, répondit-il. C'est la pire.

— Elle ronfle ? Comme c'est mignon !...

— Elle me tuerait si elle savait que je vous ai raconté ça !

Posant un doigt sur sa bouche, Wren lui fit signe qu'elle garderait le secret.

— Et toi, tu ne racontes rien à Rolando, hein ? exigea-t-elle en retour.

— Qu'est-ce que je pourrais bien lui dire ?

— Eh ben... pour commencer, il croit que je suis toujours en tournée.

— Ah, ah.

Il se sentait beaucoup plus à l'aise, maintenant que leur conversation impliquait quatre personnes au lieu de trois.

— Tout ira bien, l'assura-t-elle. Une fois que je serai rentrée.

Il la regarda un moment, puis déclara :

— J'aimerais pouvoir en dire autant.

— Mary Ann... euh... soupçonne quelque chose ?

Il secoua la tête.

— Ce n'est pas d'elle qu'il s'agit.

— Tiens... fit-elle.

— Je voyais cette fille, de temps à autre. Rien de romantique : juste... l'amour entre bons copains, quoi !

Elle sourit avec indolence.

— Je comprends ça.

— Et elle a le sida, murmura-t-il.

Wren cligna des yeux.

— Je l'ai vue la semaine dernière. Elle n'était déjà plus elle-même.

— Merde ! soupira Wren en posant son joint.

— J'ai fait le test, mais je dois attendre encore une semaine avant d'avoir le résultat.

— Et ta femme ?

— Elle ne sait pas. Je ne pouvais pas le lui dire avant de...

Et, incapable de terminer sa phrase, il fit à ce moment-là un geste vague.

Elle profita de l'occasion pour prendre le relais :

— Tu es pourtant en bonne santé. Tu as l'air d'aller très bien.

Il haussa les épaules.

— J'ai des sortes de brûlures à l'estomac, se plaignit-il. Je n'ai plus d'énergie.

— Ça peut être un tas de choses.

— C'est ce que le médecin a prétendu.

— Eh bien alors ?...

Un silence gêné s'ensuivit, puis elle lui demanda :

— Tu as peur ?

Il fit oui de la tête.

— Il ne faut pas, dit-elle.

Il haussa les épaules une nouvelle fois, se retenant de fondre en larmes.

— Je t'apprécie trop pour accepter de te voir souffrir comme ça.

Il ne pouvait pas la regarder en face, mais il répliqua :

— Est-ce qu'un mec qui fait ce genre de choses à sa femme est tellement appréciable ?

— Arrête ! le supplia-t-elle gentiment.

— Si je lui ai... transmis...

— Ne dis pas ça : tu n'en sais rien.

— Si je l'ai contaminée, je mérite...

— Ça suffit : boucle-la ! Tu ne devrais pas penser à ça avant de... Bon Dieu, Brian, pense un peu à toi. C'est toi qui m'inquiètes.

Il sentait qu'il allait flancher.

— Écoutez... Je suis vraiment désolé. Je devrais y aller.

— Ah, non ! s'insurgea-t-elle. Pas question ! C'est un délit de fuite, ça, mon pote.

— Je m'excuse si...

— Viens ici, commanda-t-elle.

— Pardon ?

— Allez, ramène ton beau petit cul par là.

Elle tapotait le coussin à côté d'elle sur le canapé.

Brian hésita, puis obéit.

Elle passa son bras autour de lui, et l'attira doucement vers elle jusqu'à ce que sa tête se posât sur ses seins moelleux et chaleureux.

— Voilà, conclut-elle en lui passant la main dans les cheveux. Maintenant, taisons-nous un peu.

Lorsqu'il eut les larmes aux yeux, elle commença à le bercer doucement, fredonnant un air qu'il n'arrivait pas à reconnaître.

Faute avouée...

Le Pictionary avait occupé DeDe et Polly pendant presque une heure. DeDe s'était débrouillée comme une championne jusqu'à ce que Polly dessinât une silhouette debout, avec une autre allongée sur une table. DeDe avait proposé « docteur », « entrepreneur de pompes funèbres » et « masseuse »... Sans résultat.

— Allez ! la stimula Polly.

— Qu'est-ce que ça peut bien être d'autre ? demanda DeDe.

Polly s'impatienta et dessina un énorme pénis sur la silhouette debout.

— Excuse-moi, pas masseuse : masseur ! cria DeDe.

— Oui !

Elles hurlèrent ensemble de joie.

— Appelle Kate et Trudy, déclara DeDe. Je suis prête pour la finale !

Elles étaient toujours en train de s'exciter comme des folles quand DeDe entendit soudain quelqu'un s'approcher à travers les arbustes : sans hésiter, elle reconnut la démarche de D'or.

DeDe compta jusqu'à dix dans sa tête, puis se retourna :

— Oh, salut ! dit-elle avec la plus grande désinvolture.

— Salut, fit D'or d'une voix aussi plate qu'un Pepsi éventé.

— Tu connais Polly Berendt, n'est-ce pas ?

— Pas officiellement.

Elle inclina la tête dans la direction de Polly, mais ne tendit pas la main.

— J'étais sur le point de partir, plaça Polly.

— Non, objecta DeDe. Reste. On va faire des chocolats chauds.

Elle se retourna vers D'or.

— Comment était le concert de Holly Near ?

— Je n'y suis pas allée, répondit D'or, plus froide que jamais.

Polly se redressa et brossa brusquement le sable du fond de son jean.

— Je devrais déjà être couchée, dit-elle.

Cette fois, DeDe ne se donna pas la peine de protester.

— Merci pour la soirée, chuchota-t-elle sans grande conviction.

— Tout le plaisir était pour moi, glissa Polly en s'éclipsant dans l'obscurité.

D'or s'assit par terre, mais ne parla pas avant que le bruit des pas de Polly eût disparu.

— Désolée, si j'ai interrompu quelque chose, marmonna-t-elle.

— C'est toi qui me dis ça ? s'étonna DeDe.

D'or contempla la rivière pendant un moment, puis lâcha tout à trac :

— Je me suis arrêtée pour aller voir Edgar.
— Comment allait-il ?
— Très bien. Il se plaît vraiment, ici.
— Je sais, lui opposa DeDe.
— Il m'a dit que je ne pouvais entrer, que c'était un espace uniquement masculin.
Cela fit sourire D'or qui essayait manifestement de rompre la glace.
Mais DeDe refusa de se dégeler.
— Ils ont déjà leur propre hiérarchie ! De petits lieutenants qui courent dans tous les sens... C'est vraiment drôle.
DeDe grommela.
D'or se tourna pour la dévisager.
— Tu veux partir demain ?
— C'est dans mes intentions.
— Bien. Je pense effectivement qu'il est temps.
Elle regarda autour d'elle.
— Où est Anna ?
— Elle dort, répondit DeDe.
D'or dénoua les lacets de l'une de ses baskets, tira dessus et les renoua. Enfin, elle se lança :
— Pourquoi recommences-tu ?
— Je recommence *quoi* ?
— Tu le sais très bien.
DeDe refréna une forte envie de la gifler. Pourquoi était-ce toujours son comportement à elle, DeDe, qui nécessitait une explication ?
— Elle est partie, ajouta D'or. Si c'est ça qui te tracasse.
— Qui ça, *elle* ? demanda DeDe.
Cela ne servait à rien, pensa-t-elle, de rendre les choses plus faciles pour D'or.
— Sabra. Tu avais raison, à son propos : c'est une sale hypocrite.
DeDe dut faire un effort pour masquer le soulagement qu'elle éprouva.

— Comment en es-tu arrivée à cette brillante conclusion ? parvint-elle à ironiser.

— Je m'en suis aperçue, c'est tout, avoua D'or.

— Ah, oui ?

— Elle cherchait à baiser, rien de plus.

— Et... ça a marché ?

D'or hésita, puis acquiesça.

— Je vois, fit DeDe. Et elle s'est tirée ?

D'or acquiesça une nouvelle fois.

— Juste crac-crac, merci, au revoir madame ! railla DeDe.

D'or jouait avec le sable.

— Tu as le droit de rire... reconnut-elle. Je le mérite.

DeDe resta silencieuse. Son amie faisait pitié à voir.

— Ça n'a pas beaucoup d'importance, mais je pensais vraiment que c'était ma tournure d'esprit qu'elle aimait. Je croyais qu'elle respectait mes idées.

Deux minutes plus tôt, DeDe aurait pu lui décocher une remarque piquante à ce sujet.

— Eh bien, observa-t-elle à la place. C'était peut-être vrai.

D'or secoua la tête en signe de négation :

— Ç'a été très... direct. On s'est allongées sans rien dire.

DeDe abandonna son rôle d'enfant blessé et endossa celui de la mère à qui l'on se confie.

— Je *savais* que c'était une salope ! laissa-t-elle échapper.

— Je n'aurais jamais cru ça d'elle, fit D'or. On revenait juste d'un atelier sur l'Holocauste.

DeDe sentit un sourire naître au coin de sa bouche, mais le réprima et écouta la suite.

— J'étais tellement mortifiée que je n'ai pas pu faire autrement que d'aller jusqu'au bout. Je ne sais pas pourquoi. Je ne sais *vraiment* pas pourquoi.

Elle s'interrompit un moment pour lancer un galet dans la rivière.

— Je pense que je voulais lui montrer qu'il y avait... quelque chose que je faisais mieux qu'elle... Elle a été *tellement froide* après. Aussi froide qu'elle s'était montrée complaisante avec moi depuis le début.

DeDe remercia le Seigneur pour avoir fait de Sabra une personne si dure, si manipulatrice, sur qui on ne pouvait absolument pas compter.

D'or tapota le sable entre ses pieds.

— Si seulement j'avais terminé mes études à l'université ! regretta-t-elle.

DeDe étendit un bras pour entourer la taille de D'or.

— Allez... la tranquillisa-t-elle.

— Je le pense vraiment. J'ai l'impression d'être tellement gourde, quelquefois !

— D'or, tu as gagné plusieurs centaines de milliers de dollars avant tes vingt-cinq ans ! Tu as voyagé, tu as rencontré des gens...

— Oui, mais je ne connais rien. Je suis à moitié illettrée.

— Et puis quoi encore ? Juste parce que Sabra a eu la vulgarité de... Écoute, est-ce que tu as lu *Le Bal des méduses* ?

— Non.

— Moi si, lui opposa-t-elle en risquant le même mensonge qu'avec Sabra. C'est franchement nul : c'est rempli de lieux communs et c'est... lugubre.

— Tiens, tu vois ? se lamenta D'or. Je ne comprends même pas ce mot.

DeDe lui donna une bourrade.

D'or, alors, riposta et l'immobilisa sur le sable.

— Je t'aime tellement ! lui confia-t-elle.

— Ce que tu es difficile à suivre, ma pauvre, rétorqua DeDe.

— Peut-être.

— J'en suis sûre.

— D'accord.

Elle se pencha pour embrasser DeDe.

— Je suis désolée. Je suis vraiment désolée.

— Est-ce qu'on peut s'en aller dès demain ?

— À la première heure, répondit D'or. Tu me pardonnes ?

— Pose-moi la question demain.

— Où es-tu allée ce soir ?

— En ville, répondit DeDe, où j'ai consommé des quantités monstrueuses de chair animale.

— Oh.

— Et je ne veux entendre aucune critique à ce sujet.

— Je ne te reproche rien.

Dans un accès de terrible lucidité, DeDe se rendit compte de la force des liens qui l'unissaient à son amante.

Pendant que D'or commettait l'adultère, elle s'était livrée à l'orgie avec un cheese-burger et une portion de frites !...

Les plus petits porteurs de cercueil

Quelque part dans la nuit, une créature traversait le sous-bois en sautillant. À l'entendre gambader, on aurait dit un animal plus grand qu'un lapin ou un raton laveur, mais il semblait se déplacer par à-coups, comme s'il s'arrêtait pour reconnaître le terrain. Finalement, il fut rejoint par une créature de la même espèce qui faisait un bruit identique de l'autre côté de la tente.

Qu'allait-il se passer, maintenant ? se demanda Booter. Devait-il se manifester ? Il pourrait peut-être se débattre, faire bouger la tente, émettre une sorte de bruit de gorge. Et s'il s'agissait encore de cette camionneuse ?... Elle pourrait lui rendre les choses encore plus compliquées !

— Coucou ! cria une voix dans la nuit.

— Coucou ! répondit une autre voix.

Ce n'était pas le chant d'un oiseau : ce qu'il entendait, c'étaient des voix humaines.

Des enfants ?

Il pencha la tête pour écouter.

— Va attendre là-bas, chuchota l'une des deux voix.

— Où ça ? demanda l'autre.

— Tu sais bien... Là où je t'ai dit.

— Alors, comment t'as fait pour avoir... ?

— Ferme-la. Je t'ai dit que je suis le Chef de Peloton. Qu'est-ce que t'as pris ?

Booter perçut le bruit d'un froissement de papier.

— Tu parles : une autre barre de céréales ! C'est une blague ?

— Écoute, elle a failli me surprendre.

— Et... alors ? Tu t'es porté volontaire pour ce travail, non ?

— Oui, mais je ne...

— Tu vas commencer par la fermer... et baisser la tête. On se retrouve ici dans trois minutes.

Quelques instants plus tard, Booter entendit quelqu'un ouvrir doucement la grande fermeture Éclair de sa tente. Un petit faisceau lumineux balaya l'espace, éclaboussant de lumière la toile orange en polyester. Le vieil homme dressa la tête et se trouva nez à nez avec un petit rouquin joufflu de huit ou neuf ans.

Ligoté, bâillonné, Booter dut se contenter de pousser un gémissement et de se débattre, ce qui laissa l'enfant bouche bée, avant que ne tombe la torche électrique ; la frimousse étonnée ressembla un moment à une citrouille d'Halloween en lévitation, une image cocasse, certes, mais pourtant assez terrifiante.

Ensuite, le farfadet s'enfuit.

Booter continua alors à gémir à travers son bâillon.

Il entendait le garçonnet se sauver, lequel glapissait à travers le sous-bois comme un chiot échaudé. Enfin le silence reprit ses droits et le prisonnier se retrouva seul à haleter, les membres endoloris, rempli d'indignation dans la défaite. Pourquoi ce môme stupide avait-il eu une telle réaction ? se demandait-il.

Heureusement les voix revinrent.

— Si tu mens, Philo...

— Je ne mens pas. Je le jure. Son visage ressemblait à... la Momie ou quelque chose comme ça.

— C'est ça, oui !...

— Je te le jure.

— Quelle tente ?

— Celle-là.

— J'espère que c'est vrai, sinon gare à tes fesses. Je le signalerai au Général.

Juste un peu moins terrifié que Philo, le petit dur semblait essayer de gagner du temps.

La tente s'ouvrit cette fois d'un seul coup et un faisceau lumineux plus puissant que le précédent se dirigea sur la vieille tête entourée de ruban adhésif.

Booter décida de remuer un peu, histoire de leur montrer qu'il était toujours vivant.

— Tu vois ? souffla le petit rouquin.

Il se tenait à côté de celui qui tenait la lampe électrique, les yeux écarquillés et la bouche encore plus béante qu'avant.

— Peut-être qu'elles le gardent en captivité, hein ?

— Qui ça, *elles* ?

— Celles qui interdisent les produits chimiques, ou les autres... J'sais pas, moi.

L'autre garçonnet maintint le faisceau lumineux sur le visage de Booter, l'aveuglant momentanément.

— Il pourrait être vraiment dangereux ! ajouta le rouquin.

Son acolyte ne répondit pas. Il s'agenouilla et se

pencha lentement en avant pour examiner le visage du vieil homme.

Celui-ci cligna des yeux plusieurs fois, puis finit par distinguer des traits familiers : ceux d'un joli petit métis. Quand leurs regards se croisèrent, le minois du garçon eut l'air plus que surpris.

— Booter ? s'exclama-t-il.

Tout aussi étonné, Booter poussa un grognement et fit oui de la tête.

Le gamin se tourna vers son compère.

— C'est Booter, dit-il.

— Qui ?

— Le mari de Magnie. La maman de ma maman.

— Ton grand-père ?

— Mais non, t'as le cerveau en compote ou quoi ? C'est le mari de la maman de ma maman. Ce n'est pas pour ça qu'il est mon...

Booter se manifesta avec indignation, ce qui interrompit le garçon.

— Tu ferais mieux de faire quelque chose pour lui, conseilla le rouquin.

Edgar tira fort sur la partie du ruban adhésif qui recouvrait la joue de Booter, ce qui fit éprouver à celui-ci une vive douleur : il poussa un nouveau gémissement.

Saisissant un autre bout du ruban, Edgar tira cette fois plus doucement et parvint à arracher le bâillon de Booter. Le vieil homme put alors aspirer d'énormes bouffées d'air et lécha ses lèvres desséchées.

— Tu vas bien ? s'enquit Edgar.

Booter acquiesça, remplissant toujours ses poumons. Puis il se renseigna :

— Où est ta mère ?

— Au camp, répondit le garçon.

— Où ça ?

— Un peu plus bas, au bord de la rivière.

— Va la chercher.

Edgar secoua la tête d'un air grave.

— Pourquoi non?

— C'est un endroit interdit aux hommes.

— Quoi?

« Ce camp, jugea-t-il, est une véritable maison de fous. »

— De quoi es-tu donc en train de parler?

— Je ne peux pas y aller, répondit le garçon avec sérieux. Elles ne me laisseront pas entrer.

— Détache-moi, alors. Aide-moi, petit imbécile! Ne reste pas planté là à ne rien faire!

Le rouquin fronça les sourcils et regarda Edgar d'un air anxieux. Celui-ci, à son tour, se rongea les ongles et réfléchit.

— Est-ce que tu as fait quelque chose de mal? voulut-il savoir.

— Non! tonna Booter. Bien sûr que non!

— On ferait mieux d'y aller, proposa le rouquin à Edgar. Quelqu'un va revenir et...

— Non! protesta le prisonnier. Vous n'allez pas partir comme ça. Détachez-moi au moins les mains.

Plissant à nouveau le front, Edgar commença à s'exciter vainement sur un nœud.

— Dépêche-toi, le pressa Booter.

— Je n'y arrive pas. C'est trop serré.

— Trouve un couteau, alors.

Son complice roux tira sur la manche d'Edgar.

— Je m'en vais d'ici.

Edgar continua à considérer Booter.

— Si tu n'as rien fait de mal, pourquoi elles t'ont attaché?

— Écoute, Edgar: je me suis endormi dans un canoë, et j'ai dérivé jusqu'ici. Elles m'ont capturé uniquement parce que je suis un homme.

Le garçon se mordit la lèvre inférieure, perplexe.

— Je le jure, ajouta Booter.

Edgar étudia la physionomie de son grand-père par

alliance pendant un moment, puis saisit son compagnon par le bras au moment où il essayait de s'enfuir.

— Philo, aboya-t-il, va chercher Jackson, Berkowitz et les deux Zack ! Dis-leur que j'ai besoin d'eux ici. Au pas de course.

— Hé, Edgar, je ne suis pas...

— Au pas de course !

— Il n'y a pas de couteau ? demanda Booter.

Edgar fit non de la tête.

— On va te sortir d'ici, rassura-t-il le vieil homme. Ne t'en fais pas.

Tandis que l'autre garçon s'en allait à toute vitesse dans la nuit, Edgar s'accroupit à côté de Booter.

— Tu veux t'asseoir ? proposa-t-il.

— Oui, fiston. S'il te plaît.

Le garçon l'aida, en calant son dos avec un matelas de mousse. Quand il eut terminé, il fouilla dans sa veste bleue pour y trouver une barre de chocolat. Détachant un morceau, il l'offrit :

— T'en veux ?

— S'il te plaît, accepta Booter en ouvrant la bouche.

L'amère suavité du chocolat lui laissa sur la langue un goût qui valait un sacrement.

— Quand est-ce qu'ils reviennent ? s'inquiéta-t-il ensuite.

— Oh, dans pas longtemps : juste quelques minutes.

— Ces sacrées bonnes femmes peuvent revenir à n'importe quel moment.

— Je sais.

Edgar lui tapota l'épaule.

— T'inquiète pas, d'accord ?

Il regarda gravement Booter, puis se laissa tomber d'un seul coup à côté de lui contre un tas de matelas.

— Dis, reprit-il gaiement, qu'est-ce qui est bleu et crémeux ?

Booter le regarda, l'air complètement ahuri.

— C'est une devinette. Faut que tu trouves.

— Edgar, ce n'est pas le moment...

— Allez ! insista le gamin. Qu'est-ce qui est bleu et crémeux ?

— Mais puisque je t'ai dit que... Suffit, d'accord ?

Edgar eut l'air déconfit pendant un bref moment, puis cassa un autre gros morceau de chocolat.

— Tu en veux encore ? demanda-t-il.

— Oui, répondit Booter avec calme, cette fois-ci.

« Ce que ça peut être humiliant, de recevoir des friandises d'un enfant ! » pensa-t-il amèrement.

Edgar lui donna plusieurs petits morceaux et se lécha les doigts après avoir terminé.

— Est-ce que ton canoë est toujours là-bas ? s'enquit-il.

— Je ne sais pas, répondit Booter.

— D'où t'es venu ?

Booter réfléchit un moment, puis déclara :

— Du *Bohemian Grove*. Ta mère t'en a parlé ?

— Je ne crois pas.

— C'est une sorte de camp. Ton grand-père Halcyon avait l'habitude d'y aller.

— On m'a donné son prénom, tu sais ?

— Oui... exactement.

— Qu'est-ce qu'ils font, eux, les hommes ?

— Où ça ? s'impatienta Booter.

— Ben... dans ton camp !

Booter humecta ses lèvres desséchées.

— Eh bien... On discute beaucoup, on va voir des pièces de théâtre, on lit des livres...

Edgar fit la grimace.

— C'est pas un vrai camp, alors ?

Booter nuança :

— Si, plus ou moins. Écoute... Tu es sûr que tes amis vont venir ?

— Absolument sûr !... Dis, est-ce que mon grand-père était ton meilleur ami ?

— Oui.

— Qui est ton meilleur ami, maintenant ?

Booter choisit la solution de la facilité :

— Voyons... Évidemment, ta grand-mère, Magnie...

— Non, se cabra Edgar, les filles comptent pas.

Booter hésita, puis :

— Alors, je ne pense pas avoir de « meilleur ami » en ce moment.

Le garçon en eut l'air affecté.

— Pourquoi ? voulut-il savoir.

Booter ressentit un petit élancement au cœur.

— Et toi, qu'est-ce que tu fais ici, au fait ? préféra-t-il répondre. Tu fauches des bonbons ?

Edgar écarquilla les yeux.

— Oh, je ne vais pas te dénoncer.

— C'est juste un jeu...

— Je sais. Ne t'inquiète pas, fiston. On est du même côté.

Philo revint bientôt, essoufflé, suivi de quatre autres garçons.

— Quelqu'un a pensé à apporter un couteau ? s'inquiéta Edgar.

Aucun n'en avait.

— Nom de Dieu !... grommela Booter.

— Bon, décida Edgar, voilà ce qu'on va faire, alors : on le ramène chez nous en le portant.

— D'accord ! approuva l'un des nouveaux venus.

— C'est pas compliqué, expliqua Edgar. On ouvre ce sac de couchage, on met le monsieur dessus et on en prend chacun un bout... trois de chaque côté.

Ce plan ne plaisait guère à Booter :

— Attendez une minute !

— Faut y aller, dit Edgar en regardant sa montre. Le concert est presque fini.

— Quel concert ?

— Allez, Zack... Donne-moi un coup de main. Les autres, vous poireautez dehors !

Edgar et Zack attrapèrent Booter sous les bras, le traînèrent jusqu'au sac de couchage, puis ils tirèrent le tout à l'extérieur, où les autres garçons étaient déjà en position, prêts à hisser.

— Hé ! Edgar... intervint Philo. Et s'il se déplaçait plutôt en sautant à pieds joints ?

— C'est un vieux, grogna Edgar, pauvre crétin ! Il peut pas sauter !

Booter ne s'en mêla pas. Il n'était plus qu'un vieux, d'accord. Et sauter à pieds joints était certes hors de question.

Edgar dirigeait ses acolytes :

— Jackson, change de place avec Zack numéro 2. Il est plus fort.

— C'est pas vrai, protesta Jackson.

— Toi, tu vas la fermer !... Bon, très bien... Vous soulevez quand je le dis. Un... deux... trois... *Soulevez !*

Comme il lévitait, Booter contempla l'un après l'autre les six petits visages concentrés et pensa brusquement que les choses se déroulaient là un peu comme s'ils étaient en train de porter son cercueil.

— Où allons-nous ? demanda-t-il à Edgar.

— On retourne au Camp du Frère Soleil.

— Où ça ?

— Dans le secteur des garçons. Frère Soleil, ça s'appelle.

Les enfants se mirent à trottiner, le portant dangereusement près du sol. L'obscurité était presque totale et le terrain semblait jonché d'obstacles : il y avait des rochers, des ornières vaseuses, des fourrés impénétrables, et des branches épineuses qui s'abattaient sur eux sans prévenir, giflant les garçons comme des institutrices irascibles.

— On est loin ? questionna Booter.

— Non, le rassura Edgar.

Un des garçons rompit la marche en trébuchant.

— Philo ! aboya Edgar. Arrête de paniquer, tu veux ?

— J'ai entendu quelque chose, s'excusa le fautif.

— T'es qu'un pédé ! fit un autre gamin.

— Je vous jure ! Arrêtez-vous, les gars.

Au milieu d'un concert de protestations, les garçons firent halte, tenant toujours Booter. Celui-ci voyait la lune à travers les arbres, pas grand-chose d'autre, mais il ne bougea pas de peur de déséquilibrer ses porteurs.

Le bois paraissait assez calme. On entendait seulement une chouette ou deux, des guitares et quelques voix au loin, vagues et inoffensives.

— C'est rien, commenta Edgar. Tu pensais que c'était quoi, Philo ? La mère fouettard, peut-être ?

Les autres garçons s'esclaffèrent aux dépens du pauvre Philo tandis que recommençait le voyage de Booter sur son tapis volant, un peu plus vite cette fois-ci. Ils descendaient une légère pente, semblait-il, et le feuillage était devenu plus clairsemé.

— C'est encore loin ? demanda bientôt Booter.

— Pas très, répondit Edgar en haletant un peu.

— Au fait, c'est quoi, exactement, cet endroit ?

— Quel endroit ?

— Eh bien... ici, ce camp. Avec toutes ces... dames.

— C'est *Wimminwood,* le renseigna Philo, désirant manifestement se racheter.

— Il n'y a pas du tout d'hommes, dans le coin ?

— Si, il y a nous, plastronna Philo.

— Toi, t'es qu'un pédé, repartit son persécuteur en s'étranglant de rire.

— Zack ! ferme-la, tu veux ? dit Edgar, ralentissant un peu leur allure. Cette fois, je crois bien que j'ai entendu quelque chose, moi aussi !

— Tiens, maintenant il l'entend ! ironisa Philo en aparté.

— Dites donc, qu'est-ce que c'est que ce bordel ? vociféra une voix de femme dans la nuit.

Les garçons échangèrent des coups d'œil paniqués et instantanément se mirent à galoper. Quand le sac de couchage heurta une souche, Booter tressaillit mais ne s'en autorisa pas davantage.

— Arrêtez-vous tout de suite ! brailla encore la voix.

— On ferait mieux de s'arrêter, chuchota Zack.

— Pas question, rétorqua Edgar en reprenant de la vitesse.

Telle que Booter la voyait, la lune maintenant jouait dangereusement à saute-mouton avec le sommet des arbres. Une sensation de vertige l'envahit. Il ferma les yeux, serra les dents et s'attendit au pire. L'ennemi se rapprocha si près que le vieil homme put entendre sa lourde démarche d'ogre, et jusqu'au sifflement de sa respiration difficile.

Sans crier gare, l'un des garçons déserta son poste pour s'enfuir à toute vitesse dans les bois.

— Hé ! cria Edgar, sa petite voix aiguë chargée de colère et de désespoir.

Son voisin trébucha à son tour, laissant tomber les jambes de Booter. Toute la fragile expédition s'arrêta brusquement et Booter se retrouva sur le sol, sa chute quelque peu amortie par le sac de couchage.

Un autre garçon s'enfuit, puis un autre... Il ne resta plus finalement qu'Edgar qui fixait son grand-père par alliance.

— Va-t'en, dit Booter, accordant à l'enfant l'absolution dont il avait besoin. Tu as fait de ton mieux.

Edgar le considéra gravement pendant un bref moment, puis fila comme une flèche à travers la forêt. Le léger piétinement précipité qui avait signalé l'apparition de la troupe trahissait maintenant sa débandade. La gorge de Booter se serra et il essaya de se redresser.

— Mais qu'est-ce que c'est que ce bordel ? demanda encore la voix féminine.

En tournant la tête, il vit surgir du sous-bois une petite femme trapue. Elle s'approcha de lui avec prudence, passant la main dans sa courte tignasse grise, et là, même à distance, il vit qu'elle était ivre.

— S'il vous plaît, commença Booter, voudriez-vous m'aider ?

Elle avança encore un peu et l'observa, ramassée comme un lanceur de base-ball, les jambes écartées et les mains cramponnées à ses genoux. Elle resta bouche bée un moment, puis :

— Ça, par exemple, déclara-t-elle, c'est plus fort que tout !

— Je ne vous ferai pas de mal, crut-il bon d'ajouter.

— Du mal ?

Elle rejeta la tête en arrière et émit une sorte de hurlement. Sa voix rauque se ressentait de l'usage immodéré du tabac et du whisky.

— Ah non ! Me sortez pas des trucs pareils, pas à moi !

Riant à nouveau, elle fut saisie d'une soudaine quinte de toux qui la déséquilibra et la fit s'écrouler au sol d'une manière peu glorieuse.

Elle se redressa lentement pour s'asseoir.

— Bon sang ! laissa-t-elle échapper.

Il passa sa langue sur ses lèvres et déglutit péniblement.

— Si vous m'aidez, reprit Booter, je vous donnerai tout l'argent que...

— Mais qui diable êtes-vous donc ? l'interrompit-elle.

Il se rappela ce qui s'était produit la dernière fois qu'il avait donné son nom.

— Je descendais la rivière en canoë... commença-t-il à raconter. Je me suis endormi et je...

— Qu'est-ce qui vous est arrivé, au juste ?

Il hésita, puis :

— Je ne sais pas... On m'a d'abord donné un coup sur la tête, et... Écoutez, je n'ai rien fait...

— C'est une bonne femme qui vous a ligoté et laissé dans cette panade ?

— Oui.

— Vous l'avez vue ? Elle est comment ?

Il décida de se risquer à dire la vérité :

— Elle avait le crâne rasé. Avec des motifs.

— Nom de Dieu !

En soufflant comme un phoque, la femme ivre se mit debout péniblement.

— Alors, croyez-moi, la vieille Mabel va se remuer le cul !

— Non, fit-il, ne me laissez pas seul, je vous en prie...

— Ne bougez pas, le coupa-t-elle en s'éloignant dans la nuit de son pas pesant.

Passions

Dans la cuisine du chalet de Wren, Brian versait du jus d'orange dans des verres *Flintstones*. Il sautillait dans la pièce avec entrain, quoique son assurance fût mêlée d'un rien de timidité, un peu comme ces cuisiniers qui passent à la télévision, lorsqu'ils sont confrontés pour la première fois à un public national. « Pourquoi, se demandait Wren, les hommes battent-ils toujours un peu en retraite après avoir fait l'amour ou après s'être confiés ? »

— Tu penses que nos petits camarades se sont perdus là-bas ? hasarda-t-il.

Elle lui avait parlé de la disparition de Booter, de leur arrangement en ce qui concernait la maison, et même du chèque qu'il lui avait laissé ; la confession de Brian lui avait semblé mériter la sienne et le tutoiement était devenu ainsi réciproque.

— Peut-être que c'est un genre de trou noir, cet endroit ! plaisanta-t-elle, adossée à la porte.

— Ouais. Une sorte de Triangle des *Bohemians.*

Il lui tendit un verre.

— Michael et toi êtes assez proches, non ?

— Ouais.

— C'est ce que je pensais.

— Pourquoi ?

— Ben... il m'a demandé de t'appeler, entre autres choses.

— Quand ? Ce soir ?

— Quand veux-tu que ce soit ? Je l'aurais fait, de toute façon, ajouta-t-elle en voyant son expression.

— Est-ce qu'il t'a dit pourquoi ?...

— Non. Pas du tout.

Elle le regarda droit dans les yeux pour lui assurer que sa révélation en avait vraiment été une.

Le téléphone, alors, sonna.

— Ça doit être eux ! s'exclama Wren, posant son verre sur le comptoir et se dirigeant vers le salon.

— J'espère que c'est toi ! commença-t-elle sitôt après avoir décroché.

— C'est effectivement moi ! déclara Michael. On est tant que ça à la bourre ?

— Non. Peu importe, d'ailleurs. Vous l'avez trouvé ?

— *Niet.* Aucune trace de lui.

Elle poussa un soupir.

— Est-ce que là-bas ils vous ont dit s'il était rentré chez lui ?

— On a demandé à l'accueil, répondit Michael. Et on a seulement appris qu'il n'a pas encore réglé sa note.

— Il doit y être, alors.

— Probablement, mais cet endroit ressemble à une véritable petite ville, vous savez !

Elle se rongea un ongle.

— Ce n'est vraiment pas logique. Pourquoi ne m'appellerait-il pas ?

— Je n'en sais rien, rétorqua Michael. Je connais pas le bonhomme.

« Moi si, pensa-t-elle, et quelque chose cloche terriblement ! » Elle l'imagina mort, étendu quelque part dans la nuit, victime d'une crise cardiaque. Ou suicidé. Son dernier coup de fil avait été, après tout, inexplicablement mélancolique, et même assez désespéré.

— Vous avez ratissé son secteur ? demanda-t-elle.

— Oui. Et quelques autres dans le *Grove.* Personne ne l'a vu depuis ce matin, quand il a assisté à l'office funèbre...

— Quelqu'un est mort ?

— Un ami à lui, précisa Michael. Vous pensez que ça a quelque chose à voir ?

— Mon Dieu... j'en sais rien, moi.

Il attendit, puis :

— Qu'est-ce que vous voulez qu'on fasse ?

— Vous êtes à la gargote ?

— Non. On est toujours au *Grove.*

— Vous revenez à la nage ?

Elle le taquinait, bien sûr.

— Ah non ! protesta-t-il. On passera par la sortie et rien d'autre, cette fois-ci ! On est pour ainsi dire membres du club, maintenant.

— Ils vous chouchoutent déjà ?

Michael gloussa.

— Thack s'est fait draguer par un prêtre, figurez-vous !

Elle entendit le rire de celui-ci derrière Michael.

— Comment résister ? plaisanta-t-elle.

— Les gens n'arrêtent pas de nous servir à boire, de nous inviter chez eux... En tout cas, c'est ahurissant de voir tout ce qu'on peut trouver pour occuper son temps quand on a une bite.

— Raconte-moi ! s'enthousiasma-t-elle. Je n'en ai pas eu récemment...

Autre gloussement :

— Ma pauvre amie !
— Bah ! Ça ne fait rien. Ça ira.
— Vous allez rentrer chez vous et retrouver aussitôt votre Rolando.
Elle fut un peu interloquée.
— Comment tu sais ?
— Vous avez parlé de lui... expliqua-t-il. À la télévision, dans l'émission de Mary Ann.
— Ah, oui ! Que veux-tu, une fille n'a pas de secrets.
Il rit puis :
— Pas quand elle les vend !
— Va te faire foutre ! dit-elle. Je vous retrouve à la gargote dans une demi-heure.
— Très bien. Brian est avec vous ?
— Ça ne te regarde pas, répondit-elle avant de raccrocher.
— Qui est mort ? demanda Brian, quand elle fut de nouveau toute à lui.
— Mort ? Ah... Un ami de Booter.
Il fronça les sourcils, se sentant concerné.
— Je ne vais pas commencer à m'inquiéter pour ça, plaça-t-elle. Je me suis fait suffisamment de souci pour aujourd'hui.
C'est sur le chemin de Monte Rio que Brian posa la question :
— Tu repars en avion demain ?
Elle acquiesça, tournant le volant. Ils étaient en train de prendre un virage dangereux : d'un côté, à un mètre de la chaussée, un ravin vertigineux, de l'autre, le mur presque vertical de la paroi rocheuse, couverte de fougères grises de poussière. Wren connaissait bien ce virage. Elle séjournait dans les parages depuis assez longtemps pour qu'il lui semblât menaçant autant que familier.
— Je m'en vais, dit-elle. Quoi qu'il arrive.
Il regarda par la vitre un moment, puis demanda :

— Aimerais-tu que je te tienne aussi compagnie ce soir ?

Elle se tourna pour lui sourire.

— Juste pour des câlins, se corrigea-t-il. Je n'ai pas vraiment envie de...

— Je sais. Tais-toi. Laisse-moi un peu rêver à autre chose.

Brian fixa à nouveau la route.

— Et... au fait... Booter ?

— Quoi : Booter ?

— Eh bien... s'il revenait ce soir ?

La réplique l'amusa.

— Chéri... Lui et moi, on dort pas ensemble !

— Ah.

— Je ne suis que son « p'tit quatre-heures », dans la journée. Le soir, il dort avec ses copains... Quand il retourne au *Grove.*

— Je vois.

— Bref, je suis seulement une gâterie. Sa vraie passion, c'est le *Grove.*

Le chemin de terre laissa place à l'asphalte, et des points lumineux indiquaient le chemin çà et là.

— Et toi ? Qu'est-ce qui te passionne ?

Wren crut qu'il prenait ça pour une question piège.

— Qu'est-ce que tu fais, dans la vie ? Ta femme, je sais ce qu'elle fait, bien sûr...

Et comme il avait l'air encore plus gêné, elle s'excusa :

— Désolée. C'était assez peu californien de ma part.

— Non, finit-il par dire, ce n'est pas grave... Je m'occupe de notre fille et de la maison, voilà.

— Eh bien, c'est déjà pas mal.

Elle se rendit compte que le ton qu'elle prenait pouvait paraître condescendant à Brian, et c'était malheureusement le cas. « Merde ! se reprocha-t-elle. Cet homme pense qu'il est en train de mourir, et moi, comme une conne, je lui rappelle qu'il n'a aucun but dans la vie. »

— Ça ne représente pas grand-chose, murmura-t-il.

— Élever un enfant ?... Tu plaisantes !

— Ça ne suffit pas.

Il regardait les lumières de Monte Rio.

— Ce n'est pas... parce que je suis un homme, mais c'est vrai : ça ne me suffit plus. C'était tout ce que je désirais, pourtant, avoir un enfant, une femme...

Il se tourna pour la dévisager.

— J'ai été avocat, à une époque. Est-ce que ça compte davantage ?

Elle rit, décidée à conserver un tour badin à leur conversation.

— Écoute, ce que je voulais dire, c'est... quels sont tes hobbies ?

Il ne semblait pas entendre.

— La personne que j'envie vraiment, c'est Michael.

— Pourquoi ?

Il haussa les épaules.

— Il adore son boulot. Il vit le plus souvent dehors, sans devoir remuer de la paperasse. Il fait pousser des trucs. Ça me paraît une vie agréable.

— Mais ta vie aussi est agréable, dit-elle.

— Tu crois ?

Embardée

La femme aux cheveux gris était revenue en brandissant un énorme couteau de chasse. Elle s'agenouilla près du corps inerte de Booter et se mit à trancher les cordes autour de ses poignets.

— Dvorak a fait du bon boulot, reconnut-elle en respirant péniblement.

— Oui, parvint-il à dire.

Il se frotta les poignets et secoua ses bras tandis qu'elle commençait à s'occuper de ses jambes.

— J'ai amené mon Winnebago, l'informa-t-elle, mais on doit se magner le cul. Il n'est pas censé se trouver là.

Quand elle eut détaché le dernier morceau de corde, il essaya de se lever. Ses genoux étaient faibles, mais il réussit quand même à se mettre debout. Il inspira, s'étira, mais le signal qu'il reçut bientôt de son organisme provenait de sa vessie.

— Je suis désolé, murmura-t-il. Cela vous ennuierait-il si... Enfin, je n'ai pas pu...

— Allez-y, fit-elle avec compréhension. Je ne regarderai pas. Si vous croyez que j'ai envie de voir votre vieux machin !...

Quand il eut terminé, elle le guida à travers un fourré vers un étroit chemin en terre où était garé son camping-car vert. Il monta à l'avant, s'abandonnant avec reconnaissance dans les profondeurs du siège en vinyle vert craquelé.

— Montez à l'arrière, ordonna la femme.

— Pardon ?

— On va passer par l'accueil. Allez derrière et gardez la tête baissée.

Il fit ce qu'elle lui avait demandé.

— S'il y a un problème, ajouta-t-elle, je m'en charge : je suis armée.

Elle montra du doigt une couchette défaite et s'esclaffa. Là, au milieu d'une paire de draps zébrés, étincelait une arbalète d'acier.

— Eh ! Attendez... objecta-t-il.

— C'est une blague, le rassura-t-elle en démarrant.

Elle l'observa par-dessus son épaule et cligna des yeux.

— Vous y avez cru, n'est-ce pas ? Comment vous appelez-vous ?

— Euh... Roger.

— Moi, c'est Mabel, se présenta-t-elle en lui tendant une bouteille de Jack Daniel's. Faites comme chez vous, Roger !

Il accepta sans rechigner. Le whisky lui brûla la gorge comme de l'iode, puis, s'infiltrant dans ses membres endoloris, les réchauffa. Il essuya la bouteille sur la manche de sa chemise Viyella et la lui redonna.

— Prenez-en encore, l'encouragea-t-elle.

— Non, merci.

— Allez-y. Si Dvorak n'a pas réussi à vous tuer, je suis sûre qu'un petit Jack Daniel's ne vous fera pas de mal.

Apprendre que son ravisseur avait une réputation aussi abominable le réconforta. Sa séquestration avait été l'œuvre d'un vrai génie du Mal, apparemment, et pas de n'importe quelle bonne femme. Il replaça le goulot de la bouteille sur ses lèvres gercées et but un autre coup.

— Qui est cette... Dvorak ? s'enquit-il en lui rendant la bouteille.

— Le chef de la Sécurité, lâcha-t-elle. Elles sont toutes pareilles.

La connaissance qu'il avait des chefs de la Sécurité de sexe féminin était hélas insuffisante.

— Je crois à l'ordre public, ajouta-t-elle. J'ai voté pour Reagan. Mais Dvorak, c'est quand même une autre paire de manches !

Elle fit soudain un signe à Booter, les yeux toujours fixés sur la route.

— Qu'est-ce qui se passe ? s'inquiéta-t-il.

— Baissez-vous ! commanda-t-elle à voix basse. On arrive à l'accueil.

Il se plaqua contre le sol, lequel était recouvert d'une moquette à longues mèches où traînaient des mégots de cigarettes, des moutons de la taille d'un écureuil et un disque de Debbie Reynolds. Son cœur battait la chamade.

Quelqu'un, à l'extérieur, se renseigna :

— Vous nous quittez ?

— Nan, répondit Mabel. Je fais faire un p'tit tour à ma caisse.

— Il est un peu tard pour ça, vous ne trouvez pas ?

— Écoute, fifille, s'impatienta Mabel. Occupe-toi de tes fesses, tu veux ?

Un peu plus humblement, l'autre insista :

— Ce n'est pas comme si c'était une simple voiture, vous comprenez...

— T'as fini ? gronda Mabel.

— Bon, allez-y, dit le garde.

Le camping-car, quand Mabel appuya sur le champignon, fit une véritable embardée.

— Connasse ! marmonna-t-elle.

Booter s'agrippa à la moquette. Ils étaient maintenant sur une route goudronnée et roulaient à toute allure.

— Relevez-vous ! cria Mabel. C'est fini.

S'aidant du bord de la couchette, il réussit à s'asseoir.

— Vous roulez très vite, fit-il remarquer à la conductrice.

— Nan, dit-elle. C'est juste une impression qu'on a quand on est à l'arrière.

Il se leva sur des jambes flageolantes, passa à l'avant en arrondissant le dos et s'effondra sur le siège. Le paysage broussailleux, éclairé par la lune, défilait devant eux comme une peinture sur un train de marchandises. Il était peut-être libre, mais l'avenir semblait pour le moins incertain.

— Où va-t-on ? voulut savoir Mabel.

Comment, se demanda-t-il brusquement, expliquer le recours à ce véhicule à l'agent qui se trouverait à l'entrée du *Grove* ?

— Euh... à Monte Rio, décida-t-il, se résignant à effectuer les huit cents derniers mètres à pied.

— C'est parti ! claironna-t-elle en empoignant la bouteille de whisky.

Ils filaient sur la route déserte dans un vrombissement infernal, mais sans parler, comme deux inconnus trop courtois partageant un court laps de temps le même espace vital. Il fit tout son possible pour ignorer la vitesse excessive à laquelle ils roulaient, ou l'expression du visage de Mabel qui évoquait presque la démence.

Booter finit par rompre le silence :

— Vous avez donc voté pour Reagan ?

— Sans hésiter.

— Alors... vous êtes conservatrice ?

— Depuis toujours. Je déteste l'aide sociale, je déteste le communisme... je déteste tous ces machins-là.

Booter trouvait que quelque chose clochait et poursuivit :

— Mais... cet endroit ?

— Quoi ? *Wimminwood ?*

— Oui. C'est... plutôt gauchiste, n'est-ce pas ?

Elle haussa les épaules.

— Principalement, oui.

— Pourquoi y allez-vous, dans ce cas-là ?

Mabel émit un petit grognement.

— C'est facile à comprendre : pour les chattes, tiens !

Il fut certain d'avoir mal entendu jusqu'à ce qu'elle partît d'un rire irrépressible, tapant du poing sur le tableau de bord.

Seulement, quand elle se tourna pour voir la réaction de son passager, elle perdit le contrôle du volant, et Booter entendit avec effroi l'affreux crissement du gravier à l'instant où le véhicule dérapa sur le bas-côté de la route.

— Attention ! hurla-t-il.

La réaction de Mabel ne fut pas assez rapide. Le

camping-car bondit par-dessus le fossé, défonça un rideau de ronces, et plongea résolument dans l'obscurité.

Booter se cramponna au tableau de bord, et quand enfin elle écrasa la pédale de frein et que le camping-car s'immobilisa dans les broussailles, il se contenta de serrer les dents.

— Dieu merci ! articula-t-il cependant.

— Ben merde alors ! s'étonna Mabel.

La camionnette penchait de manière spectaculaire vers la droite.

— Ça va ? s'assura-t-elle.

— Oui... Ça va.

Si elle avait été sa femme, il l'aurait agonie d'injures, mais elle lui avait sauvé la mise, et on respecte son sauveur.

Elle descendit pour évaluer les dégâts.

— Il va falloir appeler une dépanneuse, constata-t-elle bientôt. Putain de merde !

Elle secoua la tête lentement, à l'évidence en colère contre elle-même.

— Ça m'apprendra à parler de chattes avec un mec !

Booter prit la bouteille de whisky qui se trouvait sur le tableau de bord et la lui proposa. Mabel accepta avec un soupir de lassitude.

— Ça vous est déjà arrivé de vivre des journées comme ça où tout va mal ? demanda-t-elle en dévissant le bouchon.

— Oui, répondit-il sobrement d'une voix éteinte. Oui.

Elle lui adressa un clin d'œil, et se mit à ululer.

— Ben oui, suis-je bête !... fit-elle après avoir avalé une gorgée de whisky.

Elle fit claquer ses lèvres en signe de contentement et lui retendit la bouteille.

Cette fois-ci, il téta la bouteille ainsi qu'un vieux poivrot.

— Vous êtes en vacances ? s'enquit-elle.

Il acquiesça :

— À ce qu'il paraît.

— Moi aussi.

— D'où venez-vous ?

— De Tacoma.

— Ah.

Il n'avait pas grand-chose à dire sur Tacoma : il n'y était jamais allé.

Mabel occupa le silence qui suivit en buvant une autre rasade de whisky. Enfin, elle reprit :

— Bon, on ferait bien de se magner. Il y a un téléphone à Duncans Mills. Ce n'est pas si loin. Vous pouvez attendre ici.

Elle infligea une nouvelle tape au tableau de bord.

— Veillez sur ma vieille caisse !

Booter l'entendait, mais à peine. Ses yeux vitreux étaient tournés vers la lune, laquelle pendait là-haut, dans les branches cassées, au-dessus du pare-brise, comme une boule de Noël mal équilibrée. La nuit était étrangement calme. Il n'arrivait pas à se rappeler la dernière fois où il s'était senti aussi seul, quoique accompagné.

— Vous êtes sûr que ça va ? demanda-t-elle.

— Oui, répondit-il calmement.

Elle le considéra un moment, puis déclara soudain :

— C'est Vénus. La grosse planète brillante, là, sous la lune. Les Grecs l'appelaient Lucifer le jour et Hesperus la nuit.

Cette curieuse remarque, dont elle lui avait fait part laconiquement et sans intention particulière, l'amena tout de suite à se souvenir de quelqu'un d'autre. Même la lueur qu'il voyait dans les yeux de Mabel correspondait : il y retrouvait l'expression familière, celle d'un enfant fantasque qui attend sa réponse à sa blague préférée.

— Vous en connaissez beaucoup, dans ce rayon ? laissa-t-il échapper.

Le visage de Mabel s'anima d'une façon qui accentua la nostalgie du vieil homme.

— Nan. J'ai seulement vu ce type... Vous savez ? Comment s'appelle-t-il, déjà... Hubert Reeves !

Booter hocha la tête :

— Je vois qui c'est.

— Bon, arrêtez ça, vous voulez bien ?

— Quoi ?

— Je ne sais pas : cette manière bizarre que vous avez de me regarder.

— Pardonnez-moi. Un instant, vous m'avez rappelé quelqu'un. Juste un instant.

— Qui ?

— Oh, c'est ridicule. Quelqu'un qui précisément en connaît un rayon sur... les choses de la nature. « Connaissait » serait plus exact.

Il était gêné à présent ; elle allait certes se cabrer.

— Vous ne lui ressemblez pas physiquement, en tout cas. Il adorait... expliquer les choses.

Elle plissa le front :

— Il est mort ?

— Oui, avoua-t-il avec un air absent.

Il se sentait curieusement soulagé de pouvoir le dire.

— La nuit dernière.

Elle se gratta le bras, le regardant avec fixité.

— Il était mon meilleur ami, déclara Booter.

Il s'étonnait de se l'entendre dire ainsi. Il n'avait jamais rien exprimé de tel à Jimmy. Pourquoi le lui disait-il à elle ?

Mabel semblait perplexe.

— Il voyageait avec vous ? interrogea-t-elle.

— Non. Nous sommes membres du même... club.

Il hésitait beaucoup à expliquer le *Bohemian Grove* à une femme, même à celle qui lui était venue en aide. Jusqu'à présent, cela ne lui avait apporté que des ennuis.

— Ici ? fit-elle.

— Oui.
— Il est mort au camp ?
— Pendant une pièce de théâtre.
Sur un mode compatissant, Mabel secoua la tête.
— Parmi les spectateurs ?
— Non. Il jouait dans la pièce.
— De quoi ça parlait ?
— Euh... de la Croix-Rouge, en fait.
— Je vous fais penser à lui ?
— Eh bien... à son esprit, oui.
— À quoi ressemblait-il ?
Il réfléchit un moment, écartant d'emblée tous les adjectifs qui pouvaient s'avérer dangereux.
— Eh bien... passionné par la nature. Aventurier.
— Bon vivant ? demanda-t-elle.
— Oui.
Il sourit un peu.
— Ça aussi.
— Alors, vous vous êtes saoulé, hein ? Et vous êtes tombé ivre mort dans ce canoë.
Il le reconnut avec résignation.
— Et vous avez ensuite dérivé jusqu'au pays des goudous...
« Quelle est donc l'histoire de cette femme ? »
Elle s'empara d'un paquet de cigarettes Trues sur le tableau de bord.
— Vous vous saoulez beaucoup, comme ça ?
— Non.
— Moi si. J'aime ça.
Elle enfonça une cigarette dans sa bouche, puis alluma son briquet Bic d'une chiquenaude. Son visage couperosé s'embrasa dans l'obscurité.
— Alors, ajouta-t-elle en retenant la fumée, vous les avez trouvées comment, ces gouines ?
Il regarda par la vitre, le temps de formuler une réponse :
— Ce n'est pas à ça que j'ai pensé... Ce que j'ai pensé n'a rien à voir avec ça.

Elle acquiesça gravement :

— Je comprends.

Tenant la cigarette entre l'index et le pouce, elle la lui tendit.

— Non, merci.

— Est-ce que vous et votre copain, vous viviez ensemble ?

— Non, il vivait à Denver.

— Ah, bon ?

— Ce n'était pas ce que vous croyez... Je suis marié.

Elle plissa un peu les yeux, puis hasarda une nouvelle question :

— Où habitez-vous ?

— À Hillsborough.

— Merde ! Si c'était votre meilleur ami, quand est-ce que vous le rencontriez, alors ?

Des cercles de fumée s'échappaient de sa bouche et planaient au-dessus de sa tête comme autant de points d'interrogation.

— Ici, répondit-il avec humeur. Au camp.

— Combien de fois par an ?

— Une fois.

— Pendant combien de temps ?

Il réfléchit, puis :

— Quatre ou cinq jours, en général. Et ce, pendant vingt-sept ans.

« Combien de jours cela fait-il en tout ? L'équivalent de six mois ? Non, même pas autant... »

Mabel parut effectuer le même calcul dans sa tête.

— Est-ce que c'était réciproque ? insista-t-elle.

— Qu'est-ce que vous voulez dire ?

— Étiez-vous son meilleur ami ?

— Non. Probablement pas, répondit-il sans la regarder.

Elle hocha la tête :

— Vous ne lui en avez jamais parlé, hein ?

— Non.

Elle hocha la tête à nouveau et tira une autre bouffée de sa cigarette.

— Ça n'a pas d'importance, laissa-t-elle tomber.

— Non. Sans doute pas.

— C'est que des mots. Aucune importance.

Elle écrasa sa cigarette.

— Quel genre de barre chocolatée aimez-vous ?

— Pardon ?

— Il y a un distributeur, à Duncans Mills.

— Ah... Rien pour moi, merci.

— Je reviens dans une heure.

Elle lui tapota jovialement le genou.

— Aucune importance, tout ça.

Elle réussit à s'extraire du camping-car et se dirigea vers la grand-route, respirant bruyamment et maudissant chaque « putain de branche » infâme qui se trouvait sur son passage.

Dispositions

Toujours à pied, Michael et Thack traversèrent le pont en fer si peu élégant de Monte Rio et se dirigèrent vers la gargote. Dix minutes plus tôt, les spectateurs de *Géant* étaient sortis du cinéma ; à présent les cinéphiles formaient des cercles et jacassaient comme des supporters de combats de coqs.

Quand ils entrèrent dans le restaurant, Wren agita ses doigts pour attirer leur attention. Brian se trouvait à ses côtés, la mine apparemment penaude.

— Vous revenez entiers ? s'étonna-t-il.

En guise de confirmation, Michael ouvrit les bras en prenant un air de béatitude.

— Comment s'est passée ta balade en voiture? demanda-t-il ensuite.

— Très bien, répondit Brian.

— Assez, asseyez-vous! ordonna Wren.

Thack se glissa près de Wren sur le banc, laissant à Michael la place à côté de Brian.

— Comment c'était, le *Grove*? voulut savoir Brian.

— Magnifique! reconnut Michael. Mais plutôt bizarre.

— Trop WASP, fit Thack en fronçant les sourcils à la vue du menu. Vous avez déjà mangé?

— J'ai pris quelque chose ici, tout à l'heure, les informa Wren. Mais je ne vous conseille pas d'en faire autant.

— Je ne sais pas pourquoi, mais je meurs de faim! s'exclama Thack en jetant à Michael un regard en coin diabolique.

« Ça, remarqua Michael, ça n'a pas dû échapper à Wren! »

— Bon, proposa celle-ci. Alors, mangez. Vous l'avez bien mérité!

— On a avalé deux ou trois trucs au *Grove,* avoua Michael. On a même traversé le camp en grignotant.

— C'est vrai, surenchérit Thack, abandonnant le menu.

— Au moins, le café est bon, lui, les rassura Wren.

— En fait, précisa Michael, on veut juste aller se pieuter. Si vous pouviez nous ramener à la maison...

— Entendu, dit Wren. Mais on retourne d'abord chez moi : votre voiture est là-bas.

— Ah... fit Michael.

Il aurait pu ironiser, mais l'expression des yeux de Wren le découragea de le faire.

Elle déclara dans la voiture :

— Y a une limousine qui vient me chercher

demain, les mecs. Et j'aimerais bien avoir de la compagnie.

— Je croyais que vous alliez à l'aéroport ?... hasarda Thack.

— Oui, mais il faut pour ça qu'on passe par la ville, de toute façon.

Cette perspective séduisit Michael pendant quelques secondes avant qu'il ne se rappelât un détail important :

— Qu'est-ce qu'on va faire de la Volkswagen, alors ?

— Ah, oui, dit Wren. C'est vrai !

— Je peux la prendre, offrit Brian.

Wren le regarda bizarrement.

— Pas question, objecta Michael. C'est très gentil, mais...

— Non, vraiment... insista Brian. J'adore conduire seul. Ça me ferait plaisir.

Il haussa les épaules.

— Et puis, je suis déjà monté dans une limousine : une fois qu'on en a vu une, on les a toutes vues.

Thack s'ébroua joyeusement.

— Reagan n'aurait-il pas dit la même chose à propos des séquoias ?

— Je ne vois pas où est le problème, reprit Brian.

Wren tendit le bras pour lui caresser les joues.

— Ce mec est tellement chou.

— Je peux la ramener, moi aussi, proposa Thack à son tour.

« Tais-toi, toi, pensa Michael. Tu vas tout gâcher. »

— Je suis une fouteuse de merde, se lamenta Wren avec humour. J'avais oublié qu'il y avait une autre voiture.

— Ça ne me dérange vraiment pas, répéta Brian. Je préfère ça.

— À notre compagnie ? s'indigna faussement Wren en se tournant vers Michael. Il est sincère, ou c'est par gentillesse ?

— Je crois qu'il est sincère, répondit Michael.

Dans un silence presque total, ils remontèrent le chemin plein d'ornières qui menait au chalet. Quand ils furent tous descendus de la voiture, Wren embrassa Michael et Thack.

— C'est tellement sympa de votre part d'avoir fait ça pour moi, leur glissa-t-elle.

— Bah, fit Michael.

— Vous voulez... boire un dernier verre ?

— Non, merci, s'excusa Thack. Il est tard.

« Bonne réponse », approuva intérieurement Michael.

Wren s'adressa à Brian :

— Donne ses clefs à Michael.

— Ah...

Brian fouilla dans sa poche et tendit le trousseau à son vieil ami. Même dans la nuit, il avait l'air gêné.

— Le chauffeur vient à dix heures, rappela Wren à Michael. On partira peu de temps après.

— Entendu, acquiesça Michael.

Il salua Brian et monta dans la Volkswagen avec Thack.

— Tiens, tiens, tiens, chantonna Thack tandis qu'ils redescendaient la colline.

Osmose

Pendant que, prisonnier, ou presque, du Winnebago de Mabel, il se languissait dans l'obscurité, il arriva à Booter une chose curieuse : il découvrit qu'il aimait ça. Il ne savait pas pourquoi mais il trouvait apaisant de se retrouver coincé ainsi, victime du hasard et des circonstances, certes, mais aussi dans l'impossibilité de prendre la moindre décision, son sens des responsabilités se trouvant en quelque sorte annihilé.

Il n'entendit en tout et pour tout que deux voitures passer en trombe sur la route étroite. Les bois demeuraient silencieux et cela lui était agréable. On percevait seulement de temps à autre des chouettes et des bruissements de feuilles.

Brièvement, mais d'une manière théâtrale et saisissante, un raton laveur s'était hissé sur une branche pour étudier l'intérieur du camping-car. Booter était resté calme, défiant le petit voyeur, et retenant son souffle comme un enfant en train de jouer à cache-cache.

Quand le raton laveur s'en fut à pas feutrés, ayant satisfait sa curiosité, Booter émit du fond de sa gorge un son admiratif, mais un étranger aurait pu prendre ça pour un gloussement nerveux.

En osmose avec la nature, pensa-t-il, attrapant la bouteille à nouveau.

Mabel, cependant, revenait, en se frayant péniblement son chemin à travers les branchages. La regardant, il ne put s'empêcher de songer à l'un de ces gentils ours ébouriffés d'Uncle Remus.

— La dépanneuse de Guerneville sera là dans une demi-heure, annonça-t-elle en montant dans le camping-car.

Ayant un peu de mal à respirer, elle retint son souffle un instant, puis mit la main dans la poche de sa chemise.

— Ils n'avaient que des Twix, ajouta-t-elle en lui donnant une barre.

Il pensa au chocolat qu'Edgar lui avait donné et se souvint de la curieuse lueur d'espoir qu'il avait pu déceler dans ses yeux. Qu'est-ce que ce garçon avait attendu de lui ?

— Je vous avais dit que je n'en voulais pas, rappela-t-il à Mabel.

— Eh bien, je n'écoute pas ce que les hommes racontent.

Comme un homme offrant des cigares à la ronde après l'accouchement de sa femme, elle l'incita à prendre le Twix.

— Prenez-le, Roger.

Il finit par accepter.

— Qu'est-ce qui vous fait sourire ? demanda-t-elle.

— Rien.

— Eh bien, mangez votre putain de barre, alors !

Il en déchira le papier jaune, puis :

— J'en mangeais, quand j'étais petit...

— Oui. Moi aussi.

— Elles étaient plus grosses, à l'époque.

Il regarda la barre brune, puis mordit dedans. Elle fit la même chose.

— Quel âge avez-vous ? se renseigna-t-elle en mâchant.

— Soixante et onze ans, répondit-il.

Comme pour montrer son propre cran, elle déclara :

— Moi, soixante-sept...

Il apprécia et leva son Twix comme pour lui rendre hommage.

— Mais je ne les fais pas.

— Non, convint-il. Vous ne les faites pas.

Elle termina la barre en une autre bouchée, faisant une boulette avec l'emballage.

— Parlez-moi donc de votre camp.

— Qu'est-ce que vous voulez savoir ?

Elle haussa les épaules :

— Vous y faites quoi ?

Il réfléchit un moment.

— J'ai prononcé un discours il y a quelques jours.

— Vraiment ? Sur quoi ?

— Eh bien... Sur l'Initiative de défense stratégique.

Elle hocha la tête avec une dignité toute judiciaire :

— Oh, très bien.

— J'ai certainement fait de mon mieux pour...

— C'est foutrement bien. À condition que les Russes ne nous coupent pas l'herbe sous le pied.

— C'est effectivement un risque à prendre en compte.

— On peut pas leur faire confiance, à ces salauds.

— Non. Vous avez raison.

Ils se turent tous les deux. De ses doigts rouges et boudinés, Mabel pianota sur le tableau de bord. Les bruits de la nuit, qui maintenant s'amplifiaient, rendaient tout dialogue incongru.

— Vous voulez sortir pour vous dégourdir les jambes ? demanda-t-elle enfin.

— Non. Merci.

— Vous savez, je suis désolée, pour votre ami.

— Merci.

— Il vous manque ?

Il fit oui de la tête.

Elle poussa un soupir bruyant et regarda un moment par la vitre. Puis elle conclut :

— J'ai une autre bouteille à l'arrière, si vous voulez.

Il se tourna et lui sourit :

— Allez donc la chercher !

La prochaine fois en pyjama

De retour à la maison, Michael s'allongea sur le canapé-lit et posa sa tête sur le torse de Thack.

— Quelle nuit ! s'exclama-t-il.

— M'en parlez pas, mon brave !

Thack joua paresseusement avec le lobe de l'oreille de Michael.

— Tu ne te sens pas coupable ?

— Pourquoi ? demanda Michael, légèrement étonné. Pour être entré illégalement au *Grove* ?

— Non. Pour être complice d'un adultère.

Michael hésita.

— Je ne pense pas qu'il y ait adultère.

— Vraiment ?

— Non.

— Comment appellerais-tu ça, alors ?

— Je crois qu'il a simplement besoin d'un peu de compagnie.

— Allez !...

— J'en suis pratiquement sûr, dit Michael.

— Tu ne crois pas qu'ils sont en train de baiser, là, maintenant ?

— Non.

— Tu ne me parais pas très bon juge, en la matière.

— Peut-être...

Michael resta encore allongé pendant un moment, écoutant le cœur de Thack qui battait fort. Dehors, des crapauds chantaient dans les hautes herbes de la rive. Et quelqu'un, dans la caravane rose, jouait *True Love Ways* de Buddy Holly.

— J'adore cette chanson, murmura Michael.

— Moi aussi.

Ils écoutèrent un instant, Thack fredonnant sans vergogne.

— Tu es très fleur bleue, finalement, observa Michael.

Il faillit dire « romantique », mais le mot lui parut trop dangereux.

— Mais t'as remarqué ?... Chaque fois qu'on fait l'amour, il y a de la musique.

— C'est vrai, dit-il en pouffant.

Thack parcourut avec son doigt l'épaule de Michael, puis posa sa paume tiède sur son dos.

— Je suis assez fleur bleue aussi, avoua Michael. Ce n'est pas un travers.

— Non.

— Je veux dire : si c'est équilibré. Quand les deux le sont... là, c'est OK.

Silence.

— Tu veux que je te raconte quelque chose de drôle ? demanda Michael.

— Quoi ?

— La première fois que je t'ai vu, j'ai essayé de t'imaginer en jockstrap.

Cela fit sourire Thack.

— Maintenant, continua Michael, j'ai envie de te voir en pyjama.

— En pyjama ?

— Oui. Un pyjama de flanelle. Bleu layette.

— Pas en grenouillère, quand même ?

— Non. Juste un pyjama ordinaire, concéda Michael en riant.

Thack caressa les cheveux de Michael.

— Peut-être la prochaine fois, d'accord ?

— Oui, peut-être.

Michael promena sa main sur les abdominaux de Thack.

— Quand, selon toi ?

— J'sais pas, souffla Thack. Difficile à dire. Tu retournes souvent dans l'Est ?

— Non, pas vraiment.

— J'aimerais revenir dans le coin.

— C'est vrai ?

— Bien sûr.

— On pourrait poursuivre un peu ça, alors...

— Quoi, ça ? s'enquit Thack.

— Notre relation, précisa Michael.

Thack ne dit rien, lui passant une main dans ses cheveux.

Michael était à présent à peu près certain d'être allé trop loin.

Au chalet, Wren, elle, s'occupait de Brian, qui était allongé, la tête posée sur sa poitrine.

— Tu m'appelleras ? s'inquiéta-t-elle.

— Quand ça ?

— Euh... quand la lune passera au-dessus de la montagne... Non, quand les hirondelles reviendront à Capistrano.

Elle l'embrassa sur la joue.

— Et d'après toi, imbécile ?

— Bon, je t'appellerai.

— Promis ?

— Mmm...

— Juste « oui » ou « non ».

— OK.

— Si tu ne le fais pas, menaça-t-elle, je téléphonerai chez toi pour foutre la merde.

Il sourit.

Elle explora avec ses doigts la chevelure châtain, bouclée et souple de Brian.

— C'était gentil, de laisser les garçons prendre la limousine.

— N'en parlons plus... Que vas-tu faire de ta voiture ?

Elle recommença à s'agiter.

— Eh bien, Booter m'a demandé de la laisser ici.

— Ah.

— J'ai fait tout ce qu'il y avait à faire, après tout. Je ne suis pas sa femme.

« Pourquoi faut-il toujours que je me justifie ? »

— C'est vrai.

— J'appellerai chez lui quand j'arriverai à Chicago. Quelqu'un pourra sans doute m'en dire plus à ce moment-là.

Elle poussa un soupir maternel.

— Je déteste jouer les putes, ajouta-t-elle d'une voix triste. Ça implique trop de responsabilités.

— Ne parle pas comme ça.

Elle sourit et glissa ses doigts à travers les poils frisés du torse de Brian.

— Merci pour l'indignation, mais je n'ai pas honte de ce que j'ai fait. Je voulais tenter l'expérience, je voulais de l'argent... Et Booter a eu lui aussi ce qu'il voulait.

Le téléphone de la table de nuit sonna.

— Allô ? fit-elle d'une voix flûtée, comme une réceptionniste parfaitement rodée.

— Wren, c'est moi, commença la voix à l'autre bout du fil.

— Booter ?

— Ouais, c'est moi.

« Il a l'air sacrément bourré », pensa Wren.

— Où es-tu, Booter ?

— Euh... à Guerneville.

— Est-ce que tu vas bien ?

— Oui. Je... je vais bien.

— Tu aurais pu appeler, bon sang ! Pourquoi tu ne l'as pas fait ?

— Je n'ai pas pu... J'étais dans un canoë.

— Quoi ?

Elle discerna alors les marmonnements d'une femme.

— Booter... qui est avec toi ?

Il fit une pause, puis déclara :

— Personne.

— Je vois.

À présent, son sang bouillait de colère.

— C'est juste quelqu'un qui...

— Tu as un sacré culot, Booter !

Elle se tourna vers Brian pour s'adresser à lui.

— Il est complètement pété et il a une bonne femme avec lui.

— Mais non ! s'énerva Booter.

— Comment ça, « non » ? J'ai entendu.

— Ce n'est pas ce que tu penses.

— Je pars demain, Booter. Tu peux me faire confiance : ton chèque sera vite encaissé.

— C'est normal.

Les jacassements de la femme lui parvenaient maintenant distinctement.

— Je raccroche, Booter.

— Dieu te bénisse, balbutia-t-il.

— C'est ça, grogna-t-elle avant de raccrocher violemment.

Elle enrageait. Brian, alors, se risqua :

— Je suis désolé que tu te sois autant inquiétée.

— Je ne me suis pas inquiétée !

— C'est que... Enfin pourtant...

— Qu'il aille se faire foutre ! J'aurais dû lui faire cracher les dix mille dollars qu'il m'avait proposés au départ.

Elle alla se coucher furieuse et se réveilla dans le même état d'esprit, se levant avant Brian pour faire ses bagages. Il grilla des tartines pour eux deux, puis sortit le dernier sac-poubelle. Quand la limousine arriva à 9 h 45, ils l'attendaient sur les marches de derrière. Elle ne connaissait pas ce nouveau chauffeur (Dieu merci, ce n'était pas celui avec qui elle avait couché !), lequel était ouvertement curieux de savoir pourquoi on lui avait offert une nuit au *Sonoma Mission Inn.*

Elle le laissa s'interroger, déterminée à oublier l'épisode Booter.

Ils roulèrent en silence jusqu'à Cazadero, où Michael et Thack, qui poussèrent des sifflements admiratifs pour la limousine, prirent la place de Brian. Un court instant, devant la porte de la petite maison, elle serra Brian dans ses bras.

— Appelle-moi !... chuchota-t-elle.

— Promis, lui accorda-t-il.

Elle lui fit au revoir de la main par la vitre, mais elle ne fut pas certaine qu'il l'avait vue.

De retour en ville, comme Michael insistait, elle demanda au chauffeur de remonter Russian Hill sur sa pente la plus raide, une rue baptisée Jones, presque en à-pic, qui éprouva la limousine au maximum de ses possibilités et les fit tous crier comme des fous.

— Ça devrait être illégal ! s'exclama-t-elle en mettant ses mains sur sa poitrine.

— C'est encore mieux quand on descend, annonça Michael en riant.

— Tu es pervers, le réprimanda-t-elle.

— Je n'avais jamais fait ça dans une limousine.

— À mon avis, il y a mieux à faire dans une pareille bagnole.

— Ça, je veux bien le croire, intervint Thack.

— Bon Dieu, s'étrangla-t-elle, c'est un stop, là-haut ?

Elle se pencha pour tapoter l'épaule du chauffeur.

— Ne vous arrêtez pas, d'accord ? Mon organisme ne le supporterait pas.

Cela fit rire Michael à nouveau :

— Est-ce qu'il peut supporter un bus Muni lancé à fond de train ?

Le chauffeur s'arrêta là où il était censé le faire, puis tourna à droite et continua à monter, moins précipitamment cependant. Il tourna encore une fois à droite pour descendre petit à petit une autre route qui soulevait le cœur. La baie, au loin, s'étendait au-dessous d'eux, ridiculement bleue.

— Bon, décida-t-elle en se tournant vers Michael. Ça suffit comme ça, les montagnes russes.

— Nous voilà arrivés, claironna-t-il, les yeux écarquillés. Je le jure.

— Arrivés où ?

Elle agrippa le dossier du siège avant, comme si cela devait l'empêcher de tomber par la fenêtre, et de dévaler la colline pour finir dans la baie.

— Là où je vis, précisa-t-il. L'escalier en bois que nous venons de dépasser.

— Ici ?

— C'est ça ! acquiesça-t-il, rayonnant de fierté. Vous pouvez vous garer sur la droite, lança-t-il au chauffeur, on continue à pied.

Il se retourna vers Wren.

— Brian habite dans cette tour, là-haut.

— Je ne peux pas lever les yeux, se plaignit-elle. Ni les baisser. Je vomirais mon déjeuner.

Utilisant le frein à main, le chauffeur se gara sur la droite. Michael et Thack rassemblèrent leurs affaires à la hâte. Puis Thack commença à ramasser leurs bouteilles de jus de fruits vides pour les mettre dans un sac en papier.

— Laisse tomber, lui conseilla-t-elle. Ça fait partie du délire.

— Que voulez-vous : il est maniaque, ironisa Michael.

Thack les regarda tous les deux en plissant les yeux et continua à rassembler les détritus.

— C'est tout à fait ce qu'il te faut, glissa Wren à Michael.

Cette petite manœuvre d'entremetteuse sembla embarrasser Michael ; elle mit alors une main dans la sienne et ajouta :

— C'était génial.

— Oui ! Je n'arrive pas à croire que je vous ai rencontrée.

— Brian a mon numéro de téléphone, ajouta-t-elle en se demandant s'il devinerait pourquoi.

Michael hocha la tête.

— Prends soin de lui, lui recommanda-t-elle.

— Je n'y manquerai pas, répondit-il en évitant son regard.

Elle se tourna pour prendre la main de Thack.

— Embrasse Charleston pour moi.

— OK, promit Thack. Merci pour la balade.

Il sortit de la voiture et attendit sur le bord du trottoir.

Michael la regarda un moment, puis l'embrassa rapidement sur la joue et sortit de la limousine d'un bond. Wren les regarda, Thack et lui, traverser la rue et commencer à monter ensemble l'escalier en bois délabré. Dans les herbes sèches, à côté du soubassement, se trouvait une pancarte de guingois sur laquelle était inscrit le mot BARBARY.

— C'est pas trop dangereux ? cria-t-elle quand ils arrivèrent au premier palier.

Michael mit ses mains en porte-voix et lança en retour :

— De nos jours, qu'est-ce qui ne l'est pas ?

Elle souriait toujours quand il disparut derrière le feuillage poussiéreux qui ombrageait le haut de l'escalier.

Son chauffeur se retourna :

— À l'aéroport, mademoiselle Douglas ?

— Oui. Il est temps de rentrer à la maison, maintenant.

Prisonnier de l'amour

Quand ils arrivèrent dans la cour du 28, Michael trouva Mme Madrigal en train d'arroser son jardin desséché. La chaleur l'obligeait à porter une vieille robe d'été en vichy lui donnant une allure d'institutrice et celle-ci contrastait étonnamment avec sa grâce habituelle, mâtinée d'originalité.

— Alors, comment était-ce ? s'enquit-elle quand ils passèrent sous le porche.

— Super, répondit Thack.

Elle coupa l'arrivée d'eau, laissa tomber le tuyau d'arrosage et arrangea les fines mèches qui retombaient sur ses tempes.

— Ç'a été épouvantable, ici ! Une chaleur absolument meurtrière. Pas loin de trente-cinq, presque tous les jours.

— Plaignez-vous, plaisanta Thack.

Elle lui jeta un regard étrangement aguichant et lissa à nouveau ses cheveux.

— Eh bien oui, tout de même !

— Le jardin est beau, remarqua Michael.

— Il l'est de plus en plus. Brian est-il rentré avec vous ?

Elle avait dans les yeux une étincelle significative qui démentait la jovialité de son débit.

— Non, dit Michael. On s'est fait ramener par quelqu'un d'autre. Il est rentré chez lui avec ma voiture.

— Je vois, fit songeusement la logeuse.

— Pourquoi cette question ?

— Oh... eh bien... parce que Mary Ann m'a posé la même.

Michael se demandait ce que Mme Madrigal savait exactement.

— Il devrait arriver bientôt chez lui, annonça-t-il, aussi affable que possible.

Elle posa avec plus d'insistance ses immenses yeux clairs sur lui.

— Il ne l'a pas appelée, regretta-t-elle. Ce n'est vraiment pas gentil de sa part.

Il esquissa un geste d'impuissance :

— Je ne sais pas quoi vous dire.

Elle le dévisagea un peu plus longtemps, puis se baissa pour ramasser ses gants de jardinage. Une fois relevée, elle reporta son attention sur Thack.

— Michael va te faire visiter, n'est-ce pas ?
— Oh, oui, répondit Thack.
— Tu te plais, ici ?
— Beaucoup.
— Cela me ravit. Pendant combien de temps aurons-nous le bonheur de t'avoir parmi nous ?
— Eh bien, laissa tomber Thack, jusqu'à ce soir, je crois. Mon avion part dans la soirée.
La nouvelle était pour Michael inattendue, mais il ne regarda pas Thack de peur de trahir ses émotions. Mme Madrigal, pensa-t-il, devait déjà avoir lu la détresse sur son visage, et deviné l'énormité des nuages qui s'amoncelaient au-dessus de lui.

En haut, dans sa chambre, après qu'ils eurent tous les deux pris une douche et enfilé des survêtements propres, Michael voulut savoir :
— À quelle heure est ton vol ?
— 18 h 15.
Michael alla à la fenêtre.
— Je pensais que c'était demain, expliqua-t-il. Je ne sais pas pourquoi.
Ses yeux fixaient d'un air rêveur Alcatraz. Alcatraz, la cause de sa douleur, le lieu du crime.
— J'avais plus ou moins imaginé qu'on dormirait ici.
Thack hésita, puis dit :
— C'est sympa...
— Mais... ? l'invita à poursuivre Michael même s'il savait que la question était dangereuse.
Thack arriva derrière lui et le prit dans ses bras.
— On m'attend mardi matin à la plantation Middleton.
— Pour quoi faire ? s'impatienta Michael, que rendait fou une excuse aussi exotique.
— Un discours. À des Yankees défenseurs de l'environnement.

— À propos de quoi ?

Thack l'embrassa sur l'oreille.

— Du financement, principalement. Un truc ennuyeux.

Il berça Michael.

— Tôt ou tard, la vie réelle reprend le dessus, n'est-ce pas ?

« C'est bien trop facile, comme réplique ! estima Michael. On dirait la conclusion éculée d'un roman à l'eau de rose qui se déroulerait à bord d'un paquebot. Je vis ici, non ? Le voilà, mon "paquebot". En quoi ça ne correspond-il pas à la vie réelle ? »

— Allez, voulut conclure Thack en le conduisant vers le lit. Viens, on va faire un câlin.

Mais ils restèrent simplement étendus, le dos de Thack contre le torse de Michael.

— Je déteste ça, grogna celui-ci. On dirait un dimanche après-midi.

— Nous *sommes* dimanche après-midi.

— Je sais... Je veux dire : comme quand on est enfant et que l'on sent que lundi arrive, et que le temps s'écoule. Les samedis étaient chouettes ; mais il y avait après les dimanches, qui étaient... une sorte de transition. Et ces dimanches, d'heure en heure, étaient de pire en pire.

Thack prit la main de Michael et la baisa.

— Savoure le moment présent ! énonça-t-il gravement.

« La barbe ! » pensa Michael.

— Tu sais, réussit-il à repartir calmement au beau Sudiste, tu es bien plus californien que je ne le serai jamais.

Passant à travers les stores, le soleil, déjà sur son déclin, les transforma à nouveau en bagnards, les ombres striant leurs corps. Michael dormit un moment et se réveilla quand les rayures avaient disparu. Thack dormait toujours.

Le réveil indiquait 16 h 47. Pour le vol à 18 h 15, ils devraient quitter la maison à 17 h 30 au plus tard. Et s'ils ne se levaient pas à temps — pourquoi pas ? — il se pouvait parfaitement que le vol suivant ne fût pas avant... Dieu savait quand...

La sournoiserie dont Michael faisait preuve maintenant qu'il était sous pression était véritablement stupéfiante. Pour se repentir, il serra gentiment un biceps de Thack qui se réveilla, souriant. « Comment peut-il avoir l'air aussi heureux ? se demanda Michael. Comment, aussi, arrive-t-il à dormir si profondément quand le temps — non : *notre* temps — file si vite ? »

— Tu devrais faire tes bagages, suggéra Michael.

— Ils sont déjà prêts.

Michael se frotta les yeux.

— Je t'emmène en voiture, bien sûr.

— J'ai bien peur que cela ne soit pas possible.

— Hein ?

— Pas avant que Brian ne soit revenu.

— Bon sang, tu as raison ! Mais... il doit être rentré.

Il prit le téléphone de la table de nuit et composa le numéro du Summit. Après trois sonneries, Mary Ann répondit avec un « allô » glacial.

— C'est Michael, annonça-t-il. Brian est rentré ?

— Je pensais qu'il était avec toi.

— Non... Je veux dire : il l'était, mais nous ne sommes pas rentrés dans la même voiture.

— Pourquoi ça ?

— Il n'y a pas de raison particulière, la rassura-t-il, évitant soigneusement de mentionner Wren. On a rencontré quelqu'un là-bas, et Brian a souhaité rentrer seul.

— Depuis combien de temps êtes-vous de retour ?

— Quelques heures seulement. Il a peut-être pris la route de l'océan.

— Peut-être. Je ne peux pas le savoir. C'est toi qui l'as vu en dernier.

C'était là une tentative évidente pour rejeter la culpabilité sur Michael qui n'en éprouvait cependant pas.

— Brian m'a dit qu'il rentrait à la maison, riposta-t-il sans ménagement. J'appelle parce que j'ai besoin de la voiture pour aller à l'aéroport. Demande-lui juste de me téléphoner dès son arrivée, d'accord ?

Elle resta silencieuse un moment, puis demanda :

— Tu es en colère contre moi, Mouse ?

Ce surnom était aussi vieux que leur amitié ; il se rendit compte qu'elle l'utilisait chaque fois que la gravité s'imposait.

— Non...

— Tu as l'air furieux. Qu'est-ce que j'ai fait ?

— Rien.

— Je t'ai cherché l'autre jour, après l'émission. Tu étais parti.

— Désolé, si tu l'as pris comme ça, s'excusa-t-il. J'avais du travail, c'est tout.

— Tu prétendais que tu voulais rencontrer Wren Douglas.

Un trémolo révélateur, originaire de Cleveland, était revenu dans sa voix. Michael ne l'avait pas entendu depuis longtemps, mais l'effet était toujours garanti sur lui.

— Elle ne m'a pas beaucoup intéressé, mentit-il. Je n'ai plus eu envie de la rencontrer après l'émission.

— Ah.

— Elle n'était pas si géniale que ça, ajouta-t-il.

Il se sentit alors déloyal envers deux femmes en même temps.

— Ça n'avait rien à voir avec toi, je te le promets.

— OK. Je me posais seulement la question.

— On parlera plus tard, d'accord ? Mon ami va louper son avion si je n'appelle pas un taxi.

— Je t'aime, Mouse.

— Moi aussi, Babycakes. Au revoir.

Il raccrocha, tenaillé par la culpabilité, puis appela les taxis *Veterans* et demanda une voiture en bas de l'escalier de Barbary Lane.

— On devrait y aller, dit-il ensuite à Thack. Le taxi va bientôt arriver.

Chargés des bagages de Thack, ils s'engagèrent sur les dalles branlantes de l'allée.

— Je pourrais venir avec toi, proposa Michael soudainement.

Thack eut l'air embarrassé.

— Jusqu'à l'aéroport.

— Moi, je veux bien, mais tu devras payer le retour.

Michael ne chercha pas à discuter : il s'imagina seul dans le taxi, et cela lui sembla pire que tout.

— D'ailleurs, ajouta Thack, je préfère te dire au revoir sur les marches. Comme ça, la boucle est bouclée, on se quitte sans trop d'effusion.

« On dirait un militaire, pensa Michael, précis et légèrement insensible. »

— Ah, poursuivit Thack. Dis à Mme Madrigal que je suis désolé.

— Pourquoi ?

— Ce n'est pas demain qu'ils démolissent les marches ?

— Ah, oui.

Il n'y avait plus songé depuis des jours.

— Je le lui dirai.

Arrivant à l'escalier, Thack posa sa valise. Michael en fit autant.

— C'était vraiment génial, je repars avec de super souvenirs, déclara Thack.

— J'ai été très heureux moi aussi, répliqua Michael.

Cruellement tôt, le taxi apparut dans la rue, en contrebas. Thack lui fit un geste autoritaire, puis prit Michael dans ses bras.

— Embrasse-moi : ça va le mettre mal à l'aise.

— Je ne crois pas, ironisa Michael en reconnaissant le conducteur. Salut, Teddy !

— Salut, Michael ! fit en écho une voix mélodieuse.

— C'est un ami à moi, expliqua Michael à Thack. L'adresse a dû lui rappeler quelque chose.

— Ah.

— C'est un lord, raconta Michael. D'Angleterre. Lord Roughton. Il s'est marié avec Mona, une amie lesbienne. Demande-lui toute l'histoire.

— D'accord, acquiesça Thack en souriant. Je la lui demanderai.

Il embrassa Michael légèrement sur la bouche. Deux fois.

— Fais attention à toi.

— J'en ai bien l'intention !

Thack empoigna ses bagages et descendit l'escalier, s'arrêtant seulement pour réexaminer la réparation qu'il avait faite. Quand il s'aperçut que Michael le regardait, il sourit d'un air penaud :

— Notre planche... dit-il.

— De salut ?...

Chez lui, il n'y avait rien d'appétissant à manger ; Michael descendit donc en courant au *Searchlight* où il acheta un litre de lait et un paquet d'Oreos. Il était en train de grignoter quand le téléphone sonna.

— Oui, répondit-il tout net.

Il n'avait pas envie de faire preuve d'amabilité, et surtout pas pour Brian qui aurait dû appeler il y avait des heures pour s'excuser de son retard.

Mais c'était Charlie.

— Alors, comment ça s'est passé ? voulut savoir ce dernier.

— Bien, lâcha Michael.

— Bien ? Qu'est-ce que ça veut dire, « bien » ? Et puis, qu'est-ce que c'est que ce bruit, d'abord ?

— Je suis en train de manger.

— Des cookies ? Des Oreos ?
— Ouais.
— Oh, merde ! C'est grave, alors. Il est toujours là ?
— Nan. Il est parti.
— Vous vous êtes disputés ?
— Non, Charlie, il n'y a pas eu de dispute. Il est rentré chez lui, c'est tout.
— Eh bien... tu t'y étais préparé...
— C'est vrai... Bon, change de sujet, maintenant.
— D'accord.... Que dirais-tu de m'accompagner à une veillée mortuaire ?
Michael sentit un fourmillement lui parcourir le visage.
— Il s'agit de qui ?
— Tu connais pas. Philip Presley. Je crois qu'il travaillait sur la Péninsule.
— Tu crois ? Tu ne le connaissais pas ?
— Eh bien, pas exactement. Son bénévole *Shanti* m'a donné un coup de main, pour les obsèques de Lou Pirelli ; je me suis donc senti plus ou moins obligé de lui rendre la pareille. Je t'en prie, Michael, ses parents font un numéro de cirque avec des serpents ou un truc dans le genre. Je ne peux pas m'occuper de tels cinglés sans un peu de soutien moral.
— Je n'ai plus rien à me mettre.
— Mets un blazer. Le blazer te va bien.
— Quand est-ce ?
— Demain.
— Je serai au travail.
— C'est pendant l'heure du déjeuner. Je viendrai te chercher. Ça ne sera pas long. Je ne sais pas ce qu'il faut amener, mais je vais toujours faire ma tarte aux noix de pécan, et je pourrai dire que c'est de notre part à tous les deux.
Michael capitula avec un rire las.
— C'est à quelle heure ?
— Midi... Merci, Michael : tu es un chic type !

— À bientôt, alors.

— Au revoir.

Michael raccrocha et continua à dévorer ses Oreos. Il en mangea une demi-douzaine et emporta le reste dans la salle de bains, où il fit trempette dans sa baignoire en attendant le coup de fil de Brian.

Le mal du pays

Cette pommeraie, cette piscine, ces rangées de lavande bourdonnant d'abeilles, et montant vers les collines jaunes : pour DeDe, cela représentait l'image même de la tranquillité. Si *Wimminwood* avait été le pays magique de D'or, DeDe, en regagnant son Hillsborough chéri, avait retrouvé son havre de consolation, la zone réservée aux Halcyon.

Souriante, elle s'assit sur sa serviette et regarda se coucher le soleil semblable à un vieux penny sur l'horizon jaune paille. Un léger nuage de poussière brune planait au-dessus des pommiers, et des particules dansaient dans la lumière, donnant à la scène une teinte sépia.

Elle appela sa fille qui folâtrait en solo dans la piscine.

— Quoi ? répondit celle-ci en faisant mine de ne pas comprendre.

— C'est l'heure de sortir.

— Ohhh...

— Ne rechigne pas, Anna. À force, tu vas rétrécir !

— Non ! Je me rattrape ! J'ai été privée de piscine.

DeDe lui fit une grimace.

— Mais ma pauvre chérie, tu avais là-bas une merveilleuse rivière à tes pieds.

— C'est ça, une merveilleuse rivière dégueulasse ! ronchonna Anna en sortant de l'eau.

DeDe, dans une certaine mesure, était d'accord avec sa fille, mais elle renonça à lui en parler. Anna courut vers elle en poussant des cris aigus, puis exécuta sur place une petite danse guerrière en attendant d'être essuyée. Le seul vrai luxe, pensa DeDe, c'est l'enfance.

— Où est Edgar ? demanda-t-elle en frictionnant les jambes d'Anna avec la serviette.

— Dans la chambre, répondit-elle.

Le ton employé par sa fille éveilla les soupçons de DeDe.

— Vous n'êtes pas encore en train de vous chamailler, tous les deux ?

— Non, expliqua Anna. Il dit qu'il se sent triste.

— Il est malade ?

— Non. Il a le mal du pays.

— *Le mal du pays ?*

— Oui... tu sais bien : le Camp du Frère Soleil.

DeDe sécha le visage d'Anna, puis l'enveloppa dans la serviette comme dans un paréo. Elle eut une idée :

— Tiens, je parie que si tu demandes à ton frère de jouer au Monopoly...

Anna secoua lentement la tête :

— Il ne voudra pas.

DeDe ramassa ses produits solaires et à grandes enjambées traversa la terrasse jusqu'à la véranda où D'or passait au crible les factures.

— Ta mère a appelé, annonça celle-ci en levant les yeux. Elle veut qu'on vienne chez elle demain prendre un brunch.

— Comment t'a-t-elle semblé ? s'inquiéta DeDe.

— Bien. Joyeuse. Pas elle-même, en fait.

— As-tu accepté ?

— Oui. Encore plus joyeusement.

DeDe sourit d'un air narquois.

— C'est toi qui n'es pas toi-même !

Après avoir déposé ses affaires dans la cuisine, elle coupa à travers la maison et monta les escaliers rapidement ; enfin, elle s'arrêta devant la chambre des enfants, dont la porte était entrouverte. Edgar était assis en tailleur près de la fenêtre sur un siège, son journal intime posé sur ses genoux.

— Salut ! lança-t-elle.

Il leva les yeux d'un air grave.

— Salut.

— Tu as beaucoup de choses à écrire, n'est-ce pas ?

Il haussa les épaules.

— Mais si ! insista-t-elle en s'asseyant à côté de lui. Tu t'es fait beaucoup de nouveaux amis, tu as appris à confectionner des portefeuilles... plein de choses intéressantes !

Il fit oui de la tête.

— C'est normal que tes amis te manquent, tu sais.

— Je sais.

— J'aimais beaucoup Philo... Ce garçon s'appelait bien comme ça ?

Il fit un autre oui de la tête.

— As-tu écrit quelque chose sur tes activités là-bas ?

— Oui.

— Peut-être que si tu me lisais...

Il secoua la tête.

— Pourquoi non ?

— C'est juste pour les garçons.

— Oh... je vois.

— Je ne veux pas te vexer, mais...

— Je comprends, je comprends...

Elle posa la main sur son petit genou, le secoua et se leva.

— D'or fait du thon grillé, ce soir. Ton plat préféré.

— Avec la sauce au beurre de cacahuètes ?

— Je crois, oui !

— Miam-miam.

Elle s'arrêta à la porte, se retourna pour le voir à nouveau plongé dans son journal intime, et ressentit les affres indéniables de la jalousie.

Geordie

Installé sur une dune de sable à Point Reyes, Brian regarda le soleil disparaître lentement dans la brume océane, puis il retourna à la voiture en traînant les pieds, longeant la lagune secrète appelée Abbott's Lagoon. Il adorait cet endroit — l'avait adoré pendant des années — pour son aspect désert et dramatique, ses dunes régulières et son eau scintillante, une sorte de Sahara romanesque descendant vers la mer mythique.

Chez certaines personnes, l'approche de la mort provoquait apparemment des révélations de dernière minute, mais pas chez lui.

Cela signifiait-il quelque chose ?

Il retourna à la ville en empruntant la route vertigineuse de Stinson Beach, puis resta coincé dans les embouteillages sur le pont le temps qu'une Saab accidentée fût remorquée. La nuit était tombée quand il arriva finalement devant la porte du cottage de Geordie.

Elle le regarda par le judas, puis ouvrit la porte.

— Tu as oublié quelque chose ? demanda-t-elle sur un ton légèrement moqueur.

Elle avait l'air moins abattue qu'avant. Reposée, tout du moins.

— Excuse-moi, implora-t-il.

Elle haussa les épaules.

— Je n'aurais pas dû me sauver comme ça.

— C'était il y a une semaine, lui rappela-t-elle en souriant avec lassitude. J'avais déjà oublié.

— Je peux entrer ?

Elle haussa les épaules encore une fois, puis d'une manière désinvolte lui fit signe d'entrer. Il passa devant elle maladroitement et pénétra dans la pièce au plafond bas. Un plateau télé à moitié vide, encore fumant, se trouvait sur la table basse.

— Je te dérange en plein dîner.

— Quelles sont les dernières nouvelles ? Assieds-toi.

Elle enleva quelques journaux du canapé pour lui faire une place.

— Tu veux que je t'en réchauffe un plat ? C'est allégé.

— Non, refusa-t-il. Merci.

Elle devina à quoi il pensait, et sourit :

— Ce n'est pas un refus de la nourriture. Je ne fais pas de régime. C'est juste que depuis le diagnostic je n'ai pas fait de courses.

— Ça a l'air bon, concéda-t-il sans conviction.

— Tu as fait le test ?

— Oui.

— Quand auras-tu les résultats ?

— Dans cinq jours.

Elle coupa un morceau de dinde avec sa fourchette et le mastiqua énergiquement.

— Tout ira bien.

Il ne savait pas quoi dire. Cela semblait plutôt égoïste de souhaiter s'en tirer alors qu'elle-même était atteinte par le virus.

— Que dirais-tu d'une bière ? demanda-t-elle.

— Non, merci.

— Eh bien ! Tu as l'air de vouloir t'éclater ! ironisa-t-elle.

Il lui rendit son sourire, puis s'assit, muet, les mains pendant entre ses jambes.

— Comment va ton ami ? demanda-t-il finalement.

— Mal, avoua-t-elle. Il est sous perfusion... Enfin tout ça, quoi. Il ne me reconnaît plus.

— Je suis désolé.

Il baissa à nouveau la tête pour mettre de l'ordre dans ses pensées.

— Écoute... je pourrais aller te faire des courses, si tu veux. C'est ma spécialité.

— D'accord, se rembrunit-elle, ils m'ont trouvé une lésion. Mais je suis encore capable de me déplacer, Brian !

— Tu devrais mieux manger, lui recommanda-t-il. Des légumes. Des trucs sains. Des champignons japonais.

— Je déteste les champignons.

— Oui, mais ils sont excellents pour le système immunitaire. On les trouve en poudre. Tu en mets dans du jus de tomate et tu auras dans la bouche le même goût que celui d'une pizza.

Il se souvint de Jon, assis dans son lit avec un verre de cette mixture, se léchant les babines et plaisantant : « Quoi ? Il n'y a pas de pepperoni ? »

— C'est vraiment dégoûtant ! grogna Geordie.

— Ni plus ni moins que de la pizza liquide. Pour moi, ça marche, répliqua-t-il en riant.

— Non merci.

— Tu vas avoir besoin de quelqu'un...

Elle se tourna pour le regarder fixement.

— Et je suis très souvent libre, Geordie.

— Tu as une femme et un enfant.

— Oui, et une femme de ménage. Qui fait le plus gros du travail.

Elle examina son visage un peu plus longtemps, puis déclara :

— Ma sœur m'a dit qu'elle m'aiderait.

— Bien. Comme ça, on sera deux.

Elle découpa un autre morceau de dinde, puis lui demanda :

— Est-ce que ta femme saura où tu vas ?

Ce soir-là, avec surprise, il trouva une place de parking au pied même des marches de Barbary. Quand il arriva dans la cour, il leva la tête vers la fenêtre de Michael, une barre de lumière dorée enfouie dans le lierre sombre du premier étage. Voyant une ombre passer, il faillit l'appeler à haute voix, mais il changea d'avis, monta jusqu'à sa porte et appuya sur la sonnette.

Quand il ouvrit Michael avait l'air particulièrement en colère.

— Je suis en retard, reconnut Brian avec diplomatie. Et tu avais besoin de la voiture.

Le visage de Michael resta impassible.

— Thack voulait que je l'emmène à l'aéroport, expliqua-t-il.

C'était donc ça ! Il les avait privés d'adieux prolongés et sentimentaux.

— Excuse-moi, lui accorda-t-il d'un air contrit un peu forcé. Je ne savais pas qu'il partait ce soir.

— Ce n'est pas grave.

— Je pensais que tout le monde... se reposerait.

Michael lui adressa un petit sourire tordu.

— Il se repose dans un Bœing 747.

— Je peux entrer ?

— Bien sûr, répondit Michael.

Il fit un pas de côté, puis referma la porte derrière eux.

— Ce n'est pas ta faute. Je ne savais pas non plus qu'il partait ce soir.

Brian se dirigea vers le fauteuil et s'écroula dedans.

— Je crois que je lui ai foutu les boules, raconta Michael en s'asseyant sur le canapé.

— Pourquoi ?

Michael tapota un coussin.

— Parce que je suis séropositif.

— Tu le lui as dit ?
— Oui.
— Quand ?
— Il y a deux jours. Avant de coucher avec.
Quelque chose, là-dedans, n'était pas logique.
— Dans ce cas-là, il aurait tiqué plus tôt, non ?
— Oh, il s'est montré cool là-dessus. Et on s'est protégés, tout ce qu'il faut, quoi. Sauf quand on s'est roulé des patins, mais selon moi ça ne compte pas.
— Alors pourquoi aurait-il tout à coup... ?
— Je pense, en fait, que ça a eu pour effet dans son esprit d'exclure tout... projet à long terme.
— Ça ne l'aurait pas fait partir prématurément.
Michael promena sa main sur l'accoudoir du fauteuil.
— Je ne sais pas. Il se peut que j'aie trop montré que je recherche une relation à long terme, justement.
Il adressa un sourire mélancolique à Brian.
— Tu me connais !
Maintenant, Brian comprenait.
— Ce n'est pas sa faute, continua Michael. Quand on est séronégatif... Qui se ressemble s'assemble, tu sais bien !
Il se mordit la lèvre inférieure.
— Cela dit, Thack est un mec bien, je crois : il ne m'a pas exclu d'emblée.
Avant que Brian eût pu réagir, Michael ajouta :
— Tu as pris des couleurs.
— Tu trouves ?
— Où es-tu allé ?
Brian haussa les épaules.
— Sur la côte. À Point Reyes. Puis je suis allé voir Geordie.
— Qui ?
— Mon... amie.
— Ah. Comment va-t-elle ?
— Bien, je crois. Mieux qu'avant, en tout cas.

Michael hocha la tête.

— Je me demande d'ailleurs comment elle y arrive.

— À quoi ?

— À se comporter aussi normalement. Moi, je balancerais tout, je mettrais la maison sens dessus dessous...

— Il se peut qu'elle l'ait déjà fait.

— Eh bien, je continuerais à le faire ! Je serais fou !

Michael lui sourit faiblement.

— Tôt ou tard, il ne s'agit plus que de savoir comment tu veux organiser ton temps, tu sais !...

— Je suis désolé, dit Brian. Je trouve que tu abordes la chose de façon trop pratique...

Michael l'observa un moment, puis déclara :

— Ma mère m'a offert un nouveau carnet d'adresses, à Noël. Je n'ai encore rien écrit dedans, parce que je n'arrive pas à me résoudre à en exclure les gens qui sont morts. Je ne suis même pas capable de barrer leurs noms.

Brian acquiesça.

— Tu trouves ça « trop pratique » ? Il y en a un par page. Tous les *H* sont partis, à part toi.

Brian Hawkins eut l'impression d'avoir reçu un coup de poing au ventre :

— Merci de me le dire !

— Ah, pardon ! se corrigea Michael en levant les yeux au ciel avec impatience. Je voulais dire : tous les homosexuels, tous les Haïtiens, tous les hémophiles et tous les autres dont le nom commence par un *H.*

— Écoute, si tu vas...

— Brian ! C'est normal, d'avoir peur !

— Je sais.

— C'est aussi épuisant, et j'en ai assez. Donc ne recommence plus. C'est probablement ainsi, avec ton amie. Il n'y a rien là-dedans de particulièrement noble. Ça arrive, c'est tout.

— Alors c'est ça, le truc, hein ? « N'aie pas peur » : c'est tout ce que tu trouves à me conseiller ?

— Fais-en ce que tu veux, se résigna Michael.

Brian n'avait pas besoin d'entendre ça.

— Génial ! ironisa-t-il en se levant pour partir.

— Assieds-toi, lui ordonna Michael.

— Laisse tomber, mec.

— Assieds-toi, d'accord ? Excuse-moi. C'est à cause de Thack si je suis grincheux !

Brian s'assit mais évita de le regarder.

— Et j'en ai marre de parler de ça. Si tu veux un vrai conseil, discutes-en avec Mary Ann.

— Je sais que t'as raison.

— Ça se passera bien : je le devine. Pour l'instant, tu te sens coupable et ça ne fait qu'envenimer les choses.

— Peut-être.

— La culpabilité, c'est quatre-vingts pour cent du problème, Brian : je m'y connais.

— Et... tu te rappelles, quand j'ai transpiré la nuit ?

— Ça n'est arrivé qu'une fois.

— Deux.

— D'accord, deux fois. C'est peut-être seulement psychologique.

— Tu penses que c'est dans la tête ?

— Ça se pourrait bien.

— Je n'en suis pas si sûr...

— Tu n'as plus de migraines, non ?... Tu as retrouvé toute ton énergie ?

Brian dut admettre que c'était vrai.

— Tu n'as pas le droit de mourir maintenant, plaisanta Michael. Il faut que quelqu'un s'occupe de moi.

— Hé !

Brian fronça les sourcils.

— Dis pas de conneries, tu veux ?

— D'accord, d'accord... Personne ne va mourir.

Brian aperçut dans les yeux de Michael la petite lueur de lutin familière et lui rendit son sourire.

— Je t'aime, Michael... laissa-t-il échapper.

Celui-ci tapota à nouveau le coussin.

— Alors épouse-moi.

Cela fit rire Brian.

— Je suis sérieux... J'ai besoin d'un partenaire.

— Un partenaire ?

— À la jardinerie, espèce de godemiché ambulant !

— Depuis quand as-tu besoin d'un partenaire ?

Michael haussa les épaules.

— J'y pense depuis que Ned est parti.

— Tu en as parlé avec Wren ?

Michael broncha :

— Qu'est-ce que Wren a à voir avec ça ?

— Tout, j'en suis persuadé.

— Oh, ne sois pas aussi stupide ! J'y songe depuis au moins un an.

— Mais tu en as parlé à Wren...

— Eh bien, il se peut qu'elle m'ait parlé d'un intérêt que tu aurais exprimé pour... Écoute, si tu trouves que c'est une mauvaise idée...

— Je ne trouve pas *du tout* que cela soit une mauvaise idée.

— J'ai envie d'acheter le terrain voisin, d'agrandir la serre. J'ai besoin d'un investisseur, et le fait de ne plus avoir d'associé me gêne. Tu es suffisamment costaud, on s'entend bien : il n'y aura pas de mauvaises surprises.

Michael sourit.

— « Vous n'avez pas de mystères pour moi, Amanda. »

Brian lui sourit à son tour.

— *Vies privées.*

— Gagné. Tu vois ?... Un hétéro qui connaît par cœur Noël Coward : que puis-je souhaiter de mieux ?

Brian hésita, puis :

— Ça pourrait marcher, effectivement...

— *Marcher ?* Tu verras : on ne se sera jamais autant amusés !

Michael lui évoqua un gamin qui à force d'enthousiasme réussirait à entraîner son meilleur copain dans une cabane construite en haut d'un arbre.

— Allez, dis oui !

— Je dois d'abord en parler a Mary Ann...

Rentrant à pied au Summit, et parcourant la colline éclairée par la lune, il évita de céder à l'appréhension de l'échange imminent avec Mary Ann.

Le portier, dans le hall, lui servit une blague idiote sur les incendies qui menaçaient toujours les montagnes de Santa Cruz. Il semblait que tout, alentour, eût brûlé, mais Brian n'y avait plus pensé depuis des jours.

Au vingt-troisième étage, Mary Ann l'accueillit vêtue d'un Levi's et d'un chemisier rose. Il y avait partout plus de bougies allumées que d'habitude, et il entendit en fond sonore la musique au synthétiseur qu'ils mettaient toujours pour faire l'amour. Il se demanda si en attendant son retour elle n'avait pas écouté cette cassette toute la soirée.

— Enfin ! soupira-t-elle doucement, une fois dans ses bras.

— Excuse-moi, dit-il.

— Je t'en prie...

— Je suis passé par Abbott's Lagoon. Et j'ai perdu la notion du temps.

— Tu as mangé ? demanda-t-elle en se dirigeant vers le salon.

— Je n'ai pas faim, répondit-il.

Il se rendit compte que ce n'était pas exactement vrai ; mais il n'avait pas prévu la nourriture dans son scénario.

— Il y a une très bonne salade de fruits, dans le frigo. Tout est frais.

— Non, merci.

Elle le prit par la taille.

— Tu as perdu du poids, constata-t-elle. Ça te va bien.

Il fuyait son regard.

— On voit tes pommettes, le taquina-t-elle en lui touchant le visage.

Il s'assit sur le canapé et enleva ses chaussures d'un coup de pied. Elle se pelotonna à côté de lui et déclara :

— J'ai enregistré *Super Soirée*. Ça n'a pas l'air mal.

— C'est ce que j'ai entendu dire, moi aussi.

— Qui t'en a parlé ?

— Euh... Mme Madrigal, en fait. Michael a discuté avec elle.

Il lui était difficile d'admettre qu'il avait appelé la logeuse alors que Mary Ann avait attendu en vain des nouvelles de lui.

— Je croyais que c'était toi qui lui avais parlé. En tout cas, c'est ce que prétend Shawna.

— Oh, eh bien... oui, cette fois-là, du moins. Mais je te parle d'une autre fois.

Pour changer de sujet, il sauta sur l'occasion qui se présentait de l'entretenir de leur fille.

— Comment va-t-elle ?

— Bien. Elle a aspergé le chat des Sorenson avec de la mousse ce matin.

Cela le fit sourire un peu.

— De la mousse à raser. Pas du chocolat.

Il pouffa, ce qui permit à Mary Ann de continuer :

— Tu lui as manqué.

— Vous m'avez manqué toutes les deux.

Elle le regarda tendrement, mais en biais, avec circonspection.

— Ça t'a aidé ?...

— Quoi ?

— De t'éloigner.

Que pouvait-il répondre à ça ? Il l'enlaça et resserra son étreinte.

— Je n'essayais pas de m'éloigner de toi.

— Laisse tomber, murmura-t-elle, sa joue contre la

sienne. Ça peut arriver, ça, d'en avoir un peu marre de l'autre.

Elle ricana et lui donna une petite tape.

— Moi aussi, j'en ai marre de toi, quelquefois ! Tu m'as seulement devancée cette fois-ci !

Cette remarque le blessa. Il n'en avait jamais vraiment eu marre de Mary Ann. Même quand il avait eu recours à Geordie, ça n'avait pas été pour cette raison.

Comme il se taisait, elle lui demanda :

— Qu'est-ce qu'il y a ?

— Il faut qu'on parle, se débonda-t-il enfin.

C'était suffisamment brutal — exprimé sur un ton suffisamment urgent — pour qu'elle s'assît en clignant des yeux.

— D'accord, l'encouragea-t-elle avec douceur.

— Quelqu'un que j'aime bien a le sida, commença-t-il ainsi qu'il l'avait prévu.

Le front de Mary Ann se rida. Elle approcha ses doigts du menton de Brian et les y posa avec délicatesse, comme s'il se fût agi de papillons.

— Brian... Ne me dis pas que Michael... ?

— Non ! s'exclama-t-il. Non, Michael va bien.

— Mon Dieu, tu m'as fait peur !

Elle posa une main sur sa poitrine en signe de soulagement.

— Qui est-ce ? Je le connais aussi ?

— Ce n'est pas un homme, Mary Ann. C'est une femme.

D'une génération l'autre...

La matinée était déjà bien avancée à Hillsborough quand Booter sortit de sa chambre, attiré par l'odeur de saucisses qui grillaient comme au camp. Il avait dormi pendant plus de quatorze heures, et son organisme semblait avoir récupéré admirablement. Les courbatures qu'il ressentait n'étaient rien de plus que des douleurs somme toute assez normales pour quelqu'un de soixante et onze ans. Il allait vivre avec, ainsi qu'à l'ordinaire.

Dans la cuisine, il trouva Emma en train de disposer des serviettes en papier sur le comptoir.

— Ça sent très bon, la félicita-t-il en tournant autour du gros poêlon en fer.

— N'en piquez pas, hein ! menaça-t-elle. C'est pour les invités.

Il lui jeta un regard taquin.

— Ne suis-je pas invité moi aussi ? Rassurez-moi, je le suis bien, n'est-ce pas ?

— Demandez à Miss Frannie, bougonna la domestique. Vous êtes parti si longtemps que je ne crois pas qu'elle se souvienne de vous.

— Ah ? Allons.

Il lui sourit, surtout par gratitude pour sa loyauté indéfectible. Quand Frannie boudait, Emma boudait aussi. C'était comme ça depuis qu'il la connaissait.

— Où est-elle ?

Emma posa des saucisses chaudes sur les serviettes en papier.

— Dans le patio, je pense. Elle prépare un bouquet de fleurs pour la table.

Il trouva Frannie les bras chargés de roses roses. En le voyant, elle sembla vouloir faire un effort de cordialité, mais la mauvaise humeur d'Emma était bel et bien le reflet de la sienne — à l'état brut.

— Ne sont-elles pas magnifiques ? roucoula-t-elle théâtralement.

Il acquiesça et sourit à sa vieille amie :

— Il y a de jolies fougères derrière le court de tennis, si tu veux...

Visiblement déjà un peu éméchée, elle battit des

cils. Son visage aux joues rebondies avait cet air puéril qui le charmait toujours autant.

— Pour aller avec les roses ! expliqua-t-il.

— Ah, c'est que... Oui... Bonne idée.

— Où est le sécateur ?

Elle fouilla dans son outillage, lui tendit le sécateur et le remercia avec un air légèrement interdit.

Près du court de tennis, il coupa cinq ou six branches de fougères, puis alla retrouver sa femme qui plaçait élégamment des serviettes en lin sur la table en verre.

— Elles sont parfaites ! se réjouit-elle.

Frannie prit les feuillages, le visage rayonnant.

— Qui vient pour le petit déjeuner ? s'enquit Booter.

— Oh, seulement la famille, aujourd'hui... Tu parais bien plus reposé ce matin.

— Oui, je vais mieux, confirma-t-il. Euh... De quelle famille parles-tu exactement ?

— DeDe et D'orothea.

— Avec les enfants ?

— Mmm... Emma est en train d'installer une table de jeu sur la pelouse. Ils ne nous dérangeront pas.

Booter n'en était pas si sûr.

Cependant, les enfants furent remarquablement calmes, se tenant à l'écart de la table des adultes et ne manifestant aucun intérêt pour eux. Booter se détendit un peu, apaisé par le soleil et les voix soporifiques des femmes qui papotaient.

— Alors, dit Frannie, où avez-vous atterri ?

Il remarqua que DeDe avait jeté un coup d'œil rapide à son amie avant de répondre :

— À Eureka, finalement. Mais on est allés par ailleurs dans pas mal d'endroits... sans se presser.

— Vous avez couché dans des motels ?

En prononçant ce mot, Frannie fit une légère grimace.

— Non, dit D'orothea avec presque autant d'aplomb dans la dissimulation. Dans des *bed-and-breakfast.*

— Certains sont très agréables, ajouta DeDe, sur la défensive. Avec moquette et tout ce qu'il faut.

D'orothea leva les yeux au ciel.

— Je suis sûre que tu as raison, commenta Frannie aimablement, bien décidée à éviter les ennuis. Je suis certaine qu'ils sont agréables.

— Et toi, maman ? Qu'est-ce que tu as fait ?

Booter trouva que DeDe changeait de sujet plutôt adroitement.

— Oh... tu me connais. Un peu de jardinage, quelques déjeuners ennuyeux. Beaucoup de télévision. Tiens, pendant que j'y pense : j'ai vu cette femme, celle que tu aimes tant. Ce matin même, dans l'émission de Mary Ann !

— Quelle femme ?

— Tu sais : cette poétesse qui passait à Broadway.

— Poète, corrigea D'orothea. Sabra Landauer.

— Oui, dit Frannie. C'est elle.

DeDe se renfrogna :

— Elle était invitée à l'émission de Mary Ann ?

Frannie acquiesça :

— Du début à la fin. Sauf les quinze dernières minutes, quand ils ont présenté un médium pour chiens.

Booter ne pouvait pas laisser passer ça.

— Un médium pour chiens ?

— C'était un personnage vraiment extraordinaire.

Elle jeta un regard réprobateur à son époux.

— Ne te moque pas de ce que tu ne comprends pas, s'il te plaît.

DeDe garda les yeux baissés tout en dégustant son pamplemousse.

— Est-ce que le médium a dit ce qu'il voyait dans l'esprit de Sabra ?

Booter gloussa : DeDe sortait une bonne blague, de temps en temps.

L'air perplexe, sa femme se tourna vers DeDe.

— Je pensais que tu l'admirais. En tant que féministe.

— Elle est parfaite, déclara DeDe quand Emma arriva avec un plat d'œufs brouillés et de saucisses, parsemé de persil.

Booter surprit un autre bref échange de regards entre DeDe et D'orothea.

Frannie prit le plat des mains de la domestique et tint à ajouter :

— Eh bien, elle était beaucoup plus jolie que ce à quoi je m'attendais.

DeDe grogna :

— Elle a lu ses poèmes, ce genre de truc ?

— Non, répondit Frannie. Elle a surtout parlé.

— De quoi ? demanda D'orothea.

— Oh... De son fiancé, entre autres.

— Son *fiancé* ! se récrièrent en chœur les deux femmes.

— Il est acteur, révéla Frannie.

— Ça ne m'étonne pas, fit DeDe.

— Il est passé à *St Elsewhere* la semaine dernière. Pourquoi cela ne t'étonne-t-il pas ?

— Elle s'intéresse avant tout à sa carrière, expliqua DeDe.

— Je ne comprends pas.

— Elle est lesbienne, maman !

D'orothea se mit à ricaner.

Frannie semblait perdue.

— Dans ce cas, pourquoi se...

— Pour donner le change.

— Tu veux dire qu'elle...

— C'est une star, maman. Les stars ne sont pas censées être lesbiennes.

— Eh bien, je sais, mais... ce pauvre homme !

— Mais maman !... Il est probablement homosexuel lui-même.

— Ah bon ?

— Oui. Comme ça, ils dissimulent leur sexualité tous les deux...

D'orothea s'étranglait de rire. S'écartant de la table, elle rejeta la tête en arrière et chercha sa respiration.

Frannie était manifestement offusquée.

— Ce n'est pas parce que j'ignore que...

— Maman, la coupa DeDe, D'or ne se moque pas de toi !

Frannie se rengorgea comme un pigeon :

— Je veux dire... ça alors !

— Je suis désolée, s'excusa D'orothea en se frottant les yeux et en se reprenant. Quand se marient-ils ?

Frannie continuait à ronchonner.

— Maman, insista DeDe, quand ?

— Demain, je crois. C'est pour ça qu'elle était invitée à cette émission.

D'orothea regarda DeDe et haussa les épaules.

— J'ai dû l'aider à enterrer sa vie de jeune fille, souffla-t-elle.

Après le petit déjeuner, Booter se retira et alla faire un tour dans le jardin, savourant l'agréable prévisibilité des choses lorsque l'on est chez soi. Sur la pelouse, les enfants s'étaient lancés dans une partie de croquet tapageuse qu'il suivit de loin, prenant plaisir à voir leur enthousiasme.

Quand le garçon vint de son côté pour chercher la balle, Booter sauta sur l'occasion.

— Dis donc, fiston, commença-t-il doucement, pourrais-je te dire un mot ?

Edgar s'approcha d'un air presque coupable. « Bon Dieu, pensa Booter, suis-je aussi terrifiant que ça ? »

— Je voulais te remercier, continua-t-il. Pour ton aide, l'autre soir.

Le garçon se tut.

— Tu as été très courageux, et je t'en suis reconnaissant.

Edgar se gratta le cou, puis :

— Comment tu t'es échappé ?

Booter décida de ne pas entrer dans les détails.

— Quelqu'un d'autre est venu, lui révéla-t-il.

Depuis l'endroit où elle se trouvait sur la pelouse, Anna appela :

— Edgaaar... dépêche-toi !

Booter regarda la petite fille avant d'interroger son frère :

— Est-ce que tu lui en as parlé ?

— Non ! s'indigna Edgar.

— Et à ta mère ?

— Non plus.

— Pourquoi ça ?

— C'est que des filles.

Booter lui sourit et ébouriffa les cheveux foncés, raides et soyeux du garçon.

— Bravo ! Vas-y, mon gars.

— Edgaaar ! vociférait Anna.

— Il faut que j'y aille, murmura ce dernier.

— Je pensais, suggéra le vieil homme, qu'on pourrait peut-être faire quelque chose tous les deux le week-end prochain. Aller au musée... Chercher des dinosaures ?

Edgar hésita.

— On doit se serrer les coudes entre hommes, n'est-ce pas ?

— Je crois que oui.

— Edgaaar, je vais m'en aller tout de suite !

— Tu ferais mieux de courir, dit Booter en souriant.

— Qu'est-ce qu'elle est embêtante !

— Eh bien, ne cède pas... Au fait, tu me donnes la réponse ?

— Quelle réponse ?

— Tu sais bien : « Qu'est-ce qui est bleu et crémeux ? »

— Je te le dirai plus tard, promit Edgar en retournant vers sa sœur à fond de train.

Enchaînement

La veillée mortuaire devait avoir lieu dans une maison du quartier de Richmond. Ils se rendirent là-bas dans la Fairlane de Charlie. Dès qu'ils eurent traversé Park Presidio, Michael ouvrit l'œil pour trouver une place de parking.

— En voilà une ! cria-t-il alors qu'ils se trouvaient à encore trois ou quatre rues de l'endroit en question.

— Pas si loin ! protesta Charlie.

— On va pas trouver mieux, rétorqua Michael.

Charlie tapota sur le tableau de bord et indiqua un panneau où figurait un fauteuil roulant :

— Tiens ! Voilà une place pour les handicapés.

— Hé ! plaisanta Michael. Avantages des années quatre-vingt.

— C'est ça, ironisa Charlie. Gagnez une place de parking et crevez !

La plus grande partie de l'assistance était venue directement de la crémation qui s'était déroulée au *Neptune Society Columbarium.* Michael ne pouvait pas s'empêcher de se sentir une sorte d'imposteur, comme un clochard parlant de Tchekhov aux passants sur le trottoir.

— Je ne connais personne, chuchota-t-il tandis qu'ils tournaient autour de la table des desserts.

— Et moi ? Personne ne mange de ma tarte ! se plaignit Charlie en fronçant les sourcils.

— Tiens.

Michael lui tendit son assiette en carton.

— J'en veux bien une part.

— Non. Tu n'en auras pas si c'est seulement pour me faire plaisir.

— Donne-moi une putain de part ! insista Michael en riant.

Charlie lui en donna une.

— Il ne reste que la moitié de cette tarte au citron, et regarde sa couleur : elle est bien trop artificielle !

— Que veux-tu ! soupira Michael. Nous sommes dans un contexte postmoderne.

Il avala une bouchée de la tarte aux noix de pécan que Charlie avait préparée, et la mastiqua avec plaisir bien qu'elle collât terriblement aux dents.

— Je n'ai jamais su comment me comporter dans ce genre de situations, avoua-t-il.

— Qu'est-ce que tu veux dire ?

— Tu sais bien... Est-ce qu'il faut rire, est-ce qu'il faut pas...

Charlie haussa les épaules :

— C'est une célébration. C'est comme ça qu'ils l'appellent.

— Je sais, mais certaines de ces personnes se sentent très mal, en ce moment.

— Quand ce sera mon tour, vieux, je te conseille de rire.

— D'accord, Charlie.

— J'ai prévu ça de telle façon qu'en fait... tu riras. Je l'ai organisé quand tu étais parti. Je ne vais pas tout te révéler, mais j'ai prévu plusieurs centaines de mètres de fausse peau de léopard et une imitation d'Ann-Margret.

Michael lécha le sucre sur ses doigts.

— Pourquoi pas la vraie Ann-Margret ?

— Eh bien, c'est en option, bien sûr. À toi de juger.

— Qui est en option ? demanda une voix.

Il s'agissait de Teddy Roughton, vêtu d'une tenue assez lugubre : un jean noir, une chemise blanche et un nœud papillon en cuir noir. Il passa son bras autour de la taille de Michael et inspecta les tartes aux framboises.

— C'est une longue histoire ! expliqua Michael. Teddy, je te présente Charlie. Charlie, voici Teddy.

— On s'est déjà rencontrés, lui rappela Teddy en tendant la main. À la soirée sida de Ringold Alley.

— Ah, oui... Bien sûr.

Le ton de Charlie devint doucereux, remarqua Michael, et il se souvint que la tendance de Teddy était trois quarts *Vanity Fair* et un quart *Drummer.* Charlie, lui, était impressionné par la noblesse.

— Depuis, fit Teddy en roulant les yeux, notre ami a brisé le cœur d'un brave touriste qui ne s'est pas méfié.

— Quel ami ? s'enquit Charlie, un peu interloqué.

— Celui-ci, répondit Teddy en secouant Michael.

— Moi ? fit Michael. Qui a dit ça ?

— Qui a dit quoi ? insista Charlie.

— Il était désespéré, poursuivit Teddy, oublieux de la question de Charlie. Il a dit qu'il était fou de toi, mais que cela n'était pas réciproque.

— Et puis quoi encore ?... s'inquiéta Michael, persuadé qu'il s'agissait d'un canular.

— Est-ce de Thack qu'il s'agit ? se renseigna Charlie.

— Teddy l'a emmené à l'aéroport, lui glissa Michael.

— Pauvre garçon ! se lamenta Teddy.

— Tu vois ? triompha Charlie en regardant Michael dans les yeux. Tu vois !...

— Qu'est-ce qu'il a dit ? demanda Michael en cherchant à soutirer des informations à Teddy.

— Je te l'ai déjà raconté. Qu'il te trouvait pas mal du tout. Et que ce n'était pas réciproque.

Michael éprouva une envie violente et soudaine de hurler, au beau milieu de la veillée mortuaire.

— Ce n'était pas *réciproque* ?

— Enfin, ce sont mes mots, bien sûr...

— C'est lui, qui était froid avec moi ! s'insurgea Michael. Il est parti le plus tôt possible, et... Est-ce que c'est bien la vérité, Teddy ?

Teddy se pencha sur la table pour examiner les tartes de plus près.

— Oui, oui, oui... l'assura-t-il vaguement.

— Tu devrais essayer la tarte aux noix de pécan, recommanda Charlie.

La bienveillance lui sortait par tous les pores.

— Elle est extraordinaire.

Charlie, alors, se tourna pour réprimander Michael :

— Qu'est-ce que je t'avais dit ?

Après la veillée mortuaire, Michael était trop bouleversé pour aller travailler et il demanda à Charlie de le ramener chez lui en voiture. Quand ils arrivèrent aux marches de Barbary Lane, Charlie lui déclara soudain :

— Ne regarde pas tout de suite... Je crois que ta logeuse est devenue complètement folle !

Michael tourna la tête et aperçut Mme Madrigal enchaînée au bas de l'escalier. Elle avait utilisé divers modestes accessoires de quincaillerie pour s'y attacher, ce qui ne manquait pas de paraître légèrement ridicule dans le contexte. Elle portait sa tenue passe-partout, une jupe ample et une veste en tweed sur un chemisier blanc à col haut. Bref, elle avait manifestement mis le paquet.

— Elle fait ça en signe de protestation, commenta Michael.

— Oh, très bien.

Charlie loucha.

— Mon Dieu ! Les habitants de Russian Hill sont *tellement* bizarres !

Michael rit et l'embrassa sur la joue :

— Je t'appelle ce soir.

— Pas avant d'avoir appelé Thack.

— D'accord.

— Nom d'un chien, Michael, je suis sérieux : ne gâche pas tout.

Michael rit et traversa la rue en bondissant. Charlie klaxonna deux fois et descendit Leavenworth. Mme Madrigal lui fit joyeusement un signe de la main depuis les marches, puis salua Michael.

— J'espère que je ne lui ai pas fait peur au point qu'il s'enfuie, lança-t-elle.

— Non, la réconforta Michael. Pas du tout.

Il monta les marches jusqu'au palier où la logeuse était installée, magnifique et digne, tripotant paresseusement le col de son chemisier et... ses chaînes.

— J'attends Mary Ann, l'informa-t-elle, au cas où tu te poserais des questions.

— Elle va filmer ça ?

Michael ne savait pas quoi dire.

Elle acquiesça modestement :

— J'ai bien peur qu'elle soit un peu en retard.

— À quelle heure était-elle censée débarquer ?

— Je suis sûre qu'elle va arriver bientôt, répondit la logeuse.

Elle le regardait d'un air qui lui ordonnait de ne pas s'indigner de la conduite de Mary Ann, tout en signifiant qu'elle savait, elle, exactement ce qu'elle faisait.

— Est-ce que les... euh... démolisseurs vont venir ? se préoccupa-t-il de savoir.

— On ne sait pas, répondit-elle d'un air sombre.

— Mary Ann n'est pas au courant ?

— Non, répondit la logeuse. Enfin, elle dit que non. Elle a souhaité cette mise en scène pour « mieux susciter l'émotion ».

Elle leva les bras et lui adressa un petit sourire contraint.

— Alors, si c'est ce que je dois faire, je veux le faire.

Michael se demanda un moment si l'absence de Mary Ann n'était pas due au retour de Brian, s'il ne lui avait pas dit son secret, et si elle n'avait pas piqué une crise de nerfs...

— Quand lui avez-vous parlé pour la dernière fois, madame Madrigal ?

— Oh... Hier en fin d'après-midi. Elle m'a précisé qu'il faudrait que je sois... euh... enchaînée à partir de midi ; mais qu'elle ne pouvait pas être là quand je le ferais : on aurait l'air d'être de mèche.

— Vous ne l'avez pas eue ce matin ?

— Non.

Son front se rida.

— Est-ce qu'il y a un problème, chéri ?

— Non. Je me posais seulement la question. Écoutez, je vais appeler les studios à votre place.

— Cela serait très gentil.

Elle comprit son expression.

— Ne sois pas en colère contre elle, Michael.

Il continua à monter les escaliers, puis s'arrêta.

— Ah, au fait... Qu'avez-vous pensé de Thack ?

— Il m'a paru charmant. Exactement ce qu'il te faut.

— Je suis bien de cet avis.

— Est-il déjà parti ?

— Hier soir.

— Oh, mon enfant !

— Ce n'est pas grave. Je veux dire... pas encore. En ce moment, je suis heureux. Vous me comprenez ?

— Je te comprends, dit-elle.

Il lui sourit.

— Apporte-moi un caramel, mon grand, quand tu reviendras. Ils sont sur le piano, dans le plat en cristal.

Il monta les dernières marches avec des bottes de sept lieues, jouissant de l'aura de sa bénédiction.

Quand Michael téléphona aux studios, un producteur associé grincheux lui apprit que Mary Ann était rentrée directement chez elle après l'enregistrement du matin, et qu'il n'avait pas entendu parler de l'envoi d'une équipe sur les marches de Barbary Lane.

Il essaya alors le Summit. Brian répondit par un « allô » atone.

— C'est Michael. Est-ce que Mary Ann serait là, par hasard ?

— Eh bien... oui. Mais elle ne prend pas d'appel en ce moment.

« Il lui a donc raconté », pensa Michael.

— Je me doute que ce n'est peut-être pas le bon moment, reprit-il. C'est juste que Mme Madrigal est enchaînée à son escalier.

— *Quoi ?*

— Dis-le à Mary Ann : elle comprendra !

Brian laissa le combiné. Vingt secondes plus tard, Mary Ann arrivait sur la ligne.

— Mon Dieu, Mouse !... commença-t-elle.

Il essaya d'être aimable :

— Il n'est pas trop tard.

— Je vais appeler les studios. Je vais trouver une équipe.

— Bien.

— J'avais complètement oublié, Mouse ! Je suis tellement désolée. S'il te plaît, dis-lui que je ne voulais pas...

— Je m'en occupe. À quelle heure viennent les démolisseurs ?

— Euh... trois heures.

— Bien. Si tu t'actives, tu peux... Est-ce que ça va, tous les deux ?

— Mouse...

— Juste « oui » ou « non ».

— Plus ou moins...

— Je t'aime, Babycakes.

Elle resta silencieuse un moment, puis :

— Oh, vous les mecs !... soupira-t-elle sur un ton résigné, comme si elle mettait tous les hommes dans le même sac.

— Demande à Brian s'il peut apporter sa grosse chaîne, aussi !

— Hein ?

— Celle en chrome, qu'il utilise pour la Jeep. Ce sera beaucoup mieux que ce qu'on a pour le moment, tu peux me croire ! Si je dois être filmé enchaîné, autant que ça fasse vrai.

— Mouse, on n'a pas besoin de deux...

— Allez ! l'interrompit-il. Rendons ça drôle.

Elle grogna.

— On va faire ressembler ces marches à un putain de bracelet à breloques.

— D'accord. Comme tu veux. On te verra là-bas. Et... Écoute, Mouse...

— Oui ?

— Si elle fume de l'herbe, quand l'équipe arrivera...

— T'inquiète. Je lui dirai. Au revoir.

Il raccrocha, monta dans sa chambre à toute vitesse, se débarrassa de ses vêtements et s'ébroua sous l'eau comme un chien. Quatre minutes plus tard, quand il éteignit son sèche-cheveux, il s'aperçut que le téléphone sonnait.

Il se précipita sur le combiné.

— Oui... Allô !

— Je tombe mal ? demanda Thack.

— C'est que... une équipe de la télévision arrive. On essaie de sauver les marches.

— Ah, oui ! J'avais oublié !

— Nous aussi. Presque.

— Tu me manques, lâcha Thack.

— Vraiment ?

— Terriblement.

— C'est tellement génial ! Tu me manques aussi... dit Michael en riant.

— Qu'est-ce qu'on va faire ?

— Eh bien... Pour commencer, je vais t'écrire une longue lettre sentimentale... Mais je préfère te prévenir : ça va être un véritable débordement !...

— La mienne est terminée, lui confia Thack. Je l'ai déjà postée.

— Ouah ! s'exclama Michael en riant à nouveau.

— Mais tu es pressé, je ne vais pas te retenir plus longtemps.

« Oh si ! Retiens-moi », pensa Michael.

— Je t'appelle ce soir à mon tour, OK ?

— Génial. Je serai là.

Michael raccrocha et fonça sur l'armoire devant laquelle il se fit momentanément un sang d'encre pour savoir comment s'habiller correctement afin de paraître sous son meilleur jour à la télévision. Il fixa finalement son choix sur une sorte de look sportif mais classe : un pantalon en velours côtelé, une chemise écossaise, une cravate tricotée et des baskets montantes.

Au milieu de la cour, il se souvint des caramels de Mme Madrigal, revint sur ses pas, et en ramassa une poignée généreuse dans leur plat, sur le piano.

Ils en auraient vraiment besoin pendant la durée des opérations !

Happy end !

Cinq jours plus tard...

« C'est mieux comme ça », pensa Wren.

Il était presque minuit, et elle était affalée sur son lit

avec Rolando, sous la lumière rouge de leur juke-box Empress 1939 (uniquement des disques de tango).

Elle avait payé l'engin avec l'argent du chèque de Booter, du *nouveau* chèque de Booter : dix mille dollars exactement. D'une certaine façon, cela lui faisait plaisir car elle savait que ses souvenirs de Monte Rio seraient toujours présents à travers cet objet de fantaisie dont la musique émoustillait tant son amant.

Booter avait été tellement gentil de lui envoyer cet argent... Elle l'avait accepté facilement car elle savait que cela signifiait beaucoup pour lui. Ce n'était pas un mauvais bougre, après tout. Au moins, en amour, c'était un gentleman.

La nuit était délicieusement douce, à Chicago. Une brise qui venait du lac serpentait dans le loft, chatouillant la dentelle des très grandes fenêtres. Elle poussa des gémissements de contentement et se blottit contre la chair chaude de Rolando, qui sentait la lotion capillaire.

Le téléphone sonna.

— Oh, merde ! s'exclama Rolando.

— J'y vais.

— Laisse !

— Non...

Elle avait un pressentiment.

— Je reviens tout de suite.

Elle se glissa hors du lit et se dirigea nue vers le téléphone dans le coin bureau du loft.

— Allô !

— Wren, c'est Brian.

— Tiens ! Comment vas-tu, chéri ?

Elle se rendit compte que cette fois, pour elle, la question avait un sens capital.

— Je vais bien.

— Vraiment ?

— Oui. Je suis séronégatif.

— C'est merveilleux ! se réjouit-elle en se laissant tomber dans un fauteuil.

— Oui, vraiment...

En bruit de fond, elle entendit la voix d'une femme, puis le rire de Michael qu'on ne pouvait pas ne pas reconnaître.

— Est-ce que vous fêtez quelque chose ?

Il rit.

— Eh bien, oui... mais pas ça ! On vient de remporter une bataille contre la Ville.

— Tu es chez toi ?

— Non, je suis chez ma logeuse.

Elle ne comprenait pas : il y avait une « logeuse », dans cette tour ?

— Ta femme est là ?

— Oui. Pas dans la pièce, mais...

— Elle aussi va bien ?

— Oui. Plutôt.

— Parfait... Est-ce qu'elle est au courant, pour nous ?

— Non.

Le rire, derrière, s'enfla à nouveau.

— Michael est complètement défoncé ?

Brian s'esclaffa.

— Non, je pense qu'il est seulement amoureux.

— De quelqu'un qu'on connaît ? demanda-t-elle ironiquement.

— Euh... je crois que oui. Tu as deviné ? Figure-toi qu'ils en sont aux lettres d'amour.

— Oh, mon Dieu !

— Je vais être son associé à la jardinerie ! Tu ne trouves pas ça génial ?

— Si.

Il marqua un temps d'arrêt avant de lui demander :

— Comment va Rolando ?

Il s'en souvenait : comme c'était charmant !

— Il va bien. Comme d'habitude.

— Il a de la chance, de t'avoir.

— Merci.

— Eh bien, je voulais juste... Puppy, attends une minute... D'accord... Papa est en train de parler.

— C'est ta fille ? s'enquit Wren.

— Oui. Ils veulent que je retourne avec eux pour faire la fête... C'est un peu mouvementé. Pardonne-moi.

— Eh bien, merci d'avoir appelé, en tout cas ! Cette histoire de Rock Hudson m'avait tellement inquiétée...

— Euh... Rock Hudson ? Je ne vois pas bien le rapport ? Puppy, laisse-moi parler !

— Allume la télé, conseilla Wren.

La petite fille se mettait maintenant à hurler.

— Écoute, je te laisse tranquille, Brian.

— Ça vaut mieux, oui.

— Je te souhaite une vie heureuse, chéri.

— Je t'en souhaite autant, Wren. Et... merci !

— Appelle-moi quand tu veux.

Elle raccrocha et retourna au lit, où Rolando était à présent étendu sur le ventre et ronflait. Dans la lumière du juke-box Empress, ses petites fesses magnifiques ressemblaient à deux boules de sorbet à la mandarine. C'était une vision paradisiaque. Elle se glissa alors entre les draps sans un mot et s'allongea, en proie à ses souvenirs, attendant la fin du tango.

Si vous désirez être régulièrement tenu au courant de nos publications, merci de bien vouloir remplir ce questionnaire et nous le retourner :

Éditions 10/18
c/o 10 Mailing
35, rue du Sergent Bauchat
75012 Paris

NOM : ....

PRENOM : ....

ADRESSE : ....

....

CODE POSTAL : ....

VILLE : ....

PAYS : ....

AGE : ....

PROFESSION : ....

TITRE de l'ouvrage dans lequel est insérée cette page :

D'un bord à l'autre, n° 3283

....

Imprimé en France sur Presse Offset par

BRODARD & TAUPIN

GROUPE CPI

La Flèche (Sarthe), 6714
N° d'édition : 3238
Dépôt légal : avril 2001